仏教・開発《かいほつ》・NGO

タイ開発《かいほつ》僧に学ぶ共生の智慧

西川潤・野田真里 編

新評論

本書を読むための

基本用語解説

私たちにとって、近くて遠いタイの人々の日常生活とタイ仏教の世界。本書をお読みいただくにあたり、まず、「開発《かいはつ》」とは何かということ、そしてタイの人々と私たち自身の真の人間的発展をみつめるために有用なキーワード群をご紹介します。

基本用語解説（〔パ〕はパーリ語、〔タ〕はタイ語を表す）

◆**開発／発展**（development）

開発／発展には自律的・内発的な意味と、他律的・外発的な意味がある。developmentの語源をたどれば、de+envelopすなわち、封じ込まれていたもの、包まれていたものが解き放たれるという意味がある。また、ヘーゲル哲学においては、封建社会のタテ割り支配の中に押し込められていた市民社会がその抑圧から自律的に脱却し、自己展開・自己発展する様相を呼んだ（ドイツ語でEntwicklung）。また日本においても、もともとの仏教用語としての開発《かいほつ》は、仏となる性質（仏性《ぶっしょう》）に目覚め、悟りを開くことを意味した。だが近世の徳川時代には「新田開《しんでんかい》発《はつ》」のように用いられ、未開の土地に外から新しく何かを開くことを意味した。脱亜入欧の近代化が推し進められた明治期以降は、北海道開発、満蒙開発、地域開発のように政府が上から事業を行う様相を指すようになった。しかし、本書で示すように、今日地域社会や仏教の内部で、「お上」にいったん独占された開発を自らの手にとり戻そうとする動きが出てきている。すなわち、元来、自律的・内発的な意味であった自動詞の開発《かいほつ》が、他律的・外発的な他動詞の開発《かいはつ》として使われるようになったが、再び、人々自身の自己発展や目覚めを意味するものとして本来の自動詞に戻ろうとしている。このような動き自体が開発／発展の動きに他ならない。

◆**内発的発展**（endogenous development）

第二次世界大戦後、近代化論に基づく先進社会・先進地域の発展が、途上国・途上地域に伝播して発展を呼び起こす状況が開発と呼ばれた。だが、このような開発は外発的なものであって、途上国・途上地域の社会に大きな歪みを引き起こしかねない。そこから、一九七〇年代に、地域社会の固有の思想・文化に基づき、地域社会の資源を用いて、地域社会独自のイニシアティブ、創意による発展を重視する考え方が生まれた。多様な形態、多元的な価値観を前提とする発展、これが内発的発展である。

◆パッタナー（開発《かいはつ》）とパワナー（開発《かいほつ》）（pattana〔タ〕／pavana〔パ・タ〕）

タイの学僧、パユット師によれば、仏教においてパッタナー（開発《かいはつ》）とはタンハ（tanha＝貪欲）に基づいて他律的・外発的に物質的富を増やすことである。この物欲に基づく開発こそが今日のタイの経済成長を突き動かす力となり、タイ政府も上からこのパッタナー（開発《かいはつ》）を推進した。だが、こうした飽くなき貪欲さに基づく「物の開発」は同時に格差や貧困、環境破壊、人々の心の荒廃、家族や共同体の崩壊等多くの問題を生み出した。これに対して、パワナー（開発《かいほつ》）は、チャンタ（chanda＝精進意欲）に基づいて「心の開発《かいほつ》」を行い、物欲を自制しつつ、自律的・内発的に調和の取れた発展をめざすものであるとしている（パワナーには瞑想という意味もある）。このように開発《かいほつ》という概念は仏教に由来するが、本書では仏教という一宗教を越えて、地球社会全体の共生や真の発展のありかたに対する普遍性のある示唆を与えていると考える（開発《かいほつ》の定義および詳しい内容については序章および第1章を参照）。また、本書において「開発」という用語を用いる際、パッタナー（開発《かいはつ》）ないしパワナー（開《かい》発《ほつ》）をとくに強調したい場合にはそれぞれにルビを振ってある。

◆タイの国家経済社会開発計画

タイでは一九六〇年代以降、今日まで八次にわたり国家経済社会開発の五カ年計画が実施された。当初、「国家経済開発計画」と呼ばれ、経済成長の実現を重視したこの計画は、第二次から「国家経済社会開発計画」として、貧困問題や地域格差の是正をも配慮するようになった。しかし、この計画の基本的性格は上からの強権的・中央集権的なもので、開発の優先分野を指示し、優遇税制等の措置を定めることにより、外資を呼び込み成長のエンジンとすることをねらいとした。その意味で、一九八〇年代から九六年に至るタイの七~八%の高い経済成長は、この計画の枠内で実現したともいえる。しかしながら最近では、このような上からの外資依存型成長が九七年の通貨・経済危機で挫折し、また、九二年の民主化運動によって新憲法が制定されるなど、新たな開発への模索が始まっている。

◆タイ新憲法

一九九二年の民主化運動、文民政権の登場以降、知識人や労働組合を中心に政治改革運動が盛り上がり、九六年に市民代表から成る憲法制定会議が発足した。新憲法草案は九七年八月に完成し、経済危機の中で九月に国会を通過、一〇月から新憲法が施行された。その内容は①上院の任命制を廃止し、直接選挙により上院議員を選出する、②大臣ポストを三五人以下に抑え、首相、大臣の議員兼務を認めない、③下院選出には小選挙区（四〇〇人）、比例代表制（一〇〇人）を併用する、④内務省が任命していた地方の首長を選挙で選ぶ、⑤国民五万人以上の署名で法案の審議を要求できる等、民意の政治への反映を強くうち出したところに特色がある。

◆上座部仏教（Theravada Buddhism）

タイをはじめ南・東南アジアの各地域で信仰されている仏教の一派。ブッダの死後、仏教教団はブッダの時代の戒律をそのまま遵守しようとする上座部（テーラワーダ Theravada とは「長老」の意味）と、新しい戒律の解釈を求める大衆部に分裂した。上座部仏教は別名「南伝仏教」とも呼ばれ、スリランカを中心に発展し、その後東南アジアに伝播し、タイには一三世紀の中盤に伝わった。もう一つは大衆部の流れを汲む大乗仏教であり、別名「北伝仏教」の名の通り、チベット、中国を通って、韓国、日本、ベトナム等に伝播した。大乗（マハーヤーナ）とは「大きな乗りもの」の意味である。一般には大乗仏教が菩薩行と呼ばれる善行によって、生あるものすべての救済をめざすのに対し、上座部仏教は出家者が戒律を守り、厳しい修行によって自らの悟りをめざす。大乗仏教側からはこうした上座部仏教の自力救済主義的性格を揶揄して小乗（ヒーナヤーナ＝小さい、劣った乗りものの意）と呼ばれることもある。しかし、本書で明らかにするように、タイの開発僧《かいほつ》／尼僧や社会行動仏教者は、まさにこうした限界を乗り越え、生あるものすべての救済のための活動を行っている。タイの上座部仏教にはマハーニカーイ派とタンマユット派の二派がある。

◆サンガ（sangha〔パ〕）

仏教の三宝（ブッダ Buddha＝仏陀、ダンマ dhamma＝真理の法、サンガ＝僧伽）（タイ語ではブッダはプッタ、ダンマはタンマであるが、この二者について本書ではより一般的な呼称と思われるパーリ語のブッダ、ダンマを原則として採用した）の一つで、元来は真理の法を求める仲間、共同体のこと。現在タイにおいてはサンガとは出家者の仏教教団ないしその組織のことを指し、二二七の戒律を守るプラ（僧侶）と、十の戒律を守るサーマネーン（沙弥《しゃみ》・見習い僧）よりなる。ブッダの時代には比丘《びく》（男性出家者）とならんで、比丘尼《びくに》（女性出家者）もサンガの構成員であった。しかし現在、上座部仏教に比丘尼は存在せず、タイの尼僧であるメーチーと呼ばれる白衣を着た女性の出家者はタイのサンガの正式な構成員とはみなされない。タイのサンガと国家は密接な関係を持ち、国家は「サンガ法」によってサンガを管理しており、憲法上、国王は仏教の庇護者であるなど、タイ仏教は多分に国家仏教、体制仏教的性格を持つといえる。

◆在家者とタンブン（積徳）

タイの上座部仏教においては、出家者である僧侶と在家者の間には明確な区別がなされる。出家者にとって仏教の実践は、戒律を護持し、一切の世俗の活動を行わず悟りをめざすことであるのに対し、在家者の仏教実践は、功徳（ブン）を積む（タム）ことにある（タイ語ではタム（積）＋ブン（徳）でタンブン（積徳）となる）。タイでは「ブン」が多いと幸福な生活を送れると考えられている。在家者はブンを積むために、托鉢僧への食事の供養、寺院への寄進等を行う。しかし、なかにはこの習慣を悪用し、在家者、とくに「ブンが少ない」と考えている不遇の者に過大なタンブンを半ば強要したり、資産家や政治家からタンブンと称して多額の金品を受けとる寺院や僧侶もおり、仏教の腐敗・堕落や消費主義の仏教への浸透を示すとして問題になっている。

◆社会行動仏教（socially engaged Buddhism）

ベトナム人僧侶ティック・ナット・ハン（釈一行）師が一九五〇年代後半に提唱した概念で、苦からの解放と生あるものすべての幸福の実現という仏教の原点に立ち返り、仏道修行によって自らの悟りを求めるのみならず、寺院を出て積極的に社会の諸問題に取り組み、行動していこうという仏教。世界各国で開発のみならず人権、平和、環境、ジェンダー等多くの分野において、開発《かいほっ》僧／尼僧はもとより多くの在家の仏教者が活躍している。

◆開発僧《かいほっそう》／尼僧（development monk / nun）

社会行動仏教者の中で、出家者として物心両面の開発《かいほっ》に取り組む者を指す。従来は、タイ、カンボジア等東南アジア諸国において、仏法に基づいて地域の社会開発に取り組んでいる上座部仏教僧を指す場合が多かった。しかし、本書で詳しく述べるように、開発《かいほっ》僧の活動範囲は農村開発のみならず都市の貧困、環境、エイズウイルスおよびエイズの脅威、社会福祉等幅広く、また物質的開発・物の開発のみならず精神的開発・心の開発にも取り組んでいることも重要である。従来、開発《かいほっ》に取り組む僧侶は男性が中心であったが、近年は女性の出家者（メーチー）も、開《かい》発《ほっ》に取り組むようになってきた（開発《かいほっ》尼僧）。また、歴史的にみて東南アジア以外の国々（日本など）でも多くの僧侶が物心両面の開発に取り組んでいる。本書では開発《かいほっ》僧／尼僧を、先にみたような仏教的開発《かいほっ》をＮＧＯや民衆とともに実践する担い手であると同時に、自らの存在をもって開発《かいほっ》のあり方を示す体現者でもあると考える（開発《かいほっ》僧／尼僧の詳しい定義については序章を参照）。

◆森林僧

料金受取人払

新宿北局承認

3294

差出有効期限
平成14年4月
9日まで

有効期限が
切れましたら
切手をはって
お出し下さい

169-8790

165

東京都新宿区
西早稲田三—一六—二八

株式会社
新評論
読者アンケート係行

読者アンケートハガキ

お名前	SBC会員番号 L 番	年齢
ご住所 (〒) TEL		
ご職業（または学校・学年、できるだけくわしくお書き下さい） E-mail		
所属グループ・団体名 連絡先		
本書をお買い求めの書店名 市区郡町 書店	■新刊案内のご希望 □ある □ない ■図書目録のご希望 □ある □ない	

●このたびは新評論の出版物をお買上げ頂き、ありがとうございました。今後の編集の参考にするために、以下の設問にお答えいただければ幸いです。ご協力を宜しくお願い致します。

本のタイトル

●この本を何でお知りになりましたか

1.新聞の広告で・新聞名（　　　　　　）2.雑誌の広告で・雑誌名（　　　　　　）3.書店で実物を見て 4.人（　　　　　　）にすすめられて 5.雑誌、新聞の紹介記事で（その雑誌、新聞名　　　　　　）6.単行本の折込みチラシ（近刊案内『新評論』で）7.その他（　　　　　　）

●お買い求めの動機をお聞かせ下さい

1.著者に関心がある 2.作品のジャンルに興味がある 3.装丁が良かったので 4.タイトルが良かったので 5.その他（　　　　　　）

●この本をお読みになったご意見・ご感想、小社の出版物に対するご意見があればお聞かせ下さい（小社、PR誌「新評論」に掲載させて頂く場合もございます。予めご了承下さい）

●書店にはひと月にどのくらい行かれますか

（　　　）回くらい　　書店名（　　　　　　）

●購入申込書（小社刊行物のご注文にご利用下さい。その際書店名を必ずご記入下さい）

書名　　　　冊　書名　　　　冊

●ご指定の書店名

書店名　　都道府県　　市区郡町

特定の寺院に住むのではなく、「僧侶は森の下に住む」というブッダの言葉に倣い、森から森へと移動して修行を重ねる遊行の僧侶のこと。こうした森林僧の中には近年のタイの森林破壊に危機感を抱き、「木の出家」といった儀式を行うなど、開発《かいほつ》僧として森林保護活動に取り組む僧もいる。

◆プッタタート比丘《びく》と仏法共同体原理（Buddhadāsa Bhikku/dhammika sanga-niyama〔パ〕）

プッタタート比丘（一九〇六―九三年）はタイで最も高名な仏教改革者で、社会行動仏教、開発《かいほつ》僧の思想的キーパーソンである。ブッダの本来の教えに帰ることを提唱し、伝統的教理解釈を批判する一方、大乗仏教をはじめ他の宗教の良さも積極的に認めた。プッタタートとは「ブッダの僕《しもべ》、奴隷」の意味である。プッタタート比丘はその教えを実践するために「スワンモーク」という寺院を開いた。スワンモークとは「解放の園」「解脱への力となる園」の意味である。仏法共同体原理はプッタタート比丘が提唱する重要な思想である。すべてのものは相互依存関係（縁起）にあるという真理の法（ダンマ）に基づき、人と人、人と自然の調和のとれた共同体（サンガ）をつくっていこうという原理（仏教でいう決定《けつじょう》、niyama）である。なお、従来、この概念をタイ語からそのまま訳して「仏法社会主義」ないし英訳してdhammic socialismとする著作が多くみられるが、プッタタート比丘の思想はいわゆる「社会主義」とは大きく異なるものと考えられるので、本書では「仏法共同体原理」と訳す、あるいは並記する。

◆止観瞑想法（vipassana〔パ〕）

上座部仏教の瞑想法で、雑念に動じず、心を定めて一つの対象に注ぎ（止）、正しい智慧を起こし対象を観ること（観）。開発《かいほつ》僧は物的開発と心の開発《かいほつ》は等しく重要で、心の開発《かいほつ》なしには社会の開発《かいほつ》も成功しないと考え、止観瞑想法を積極的に取り入れている。なお、厳密に言えば、観（vipassana）は止（samatha）とは異なる概念であるが、タイの開発《かいほつ》僧は内容的に「観」を「止観」とほぼ同義で用いているので、本書ではvipassanaを止観瞑想法と訳した。

◆仏教的農業

仏教の縁起思想に基づいた持続的な農業で複合農業（integrated farming）ともいう。縁起思想とはすべてのものが自然の中で持ちつ持たれつの相互依存関係にあるのが本来の姿であるとするもので、農業においても、単一の作物だけを栽培するのではなく、養魚、養豚、果樹栽培、水田耕作、薬草栽培等を組み合わせ、一つの小さな生態系を保って持続的なものにしようという農法である。スリン県等タイ東北部で、商品作物栽培がもたらした借金による貧困や環境破壊からの脱却のオルタナティブとして、ＮＧＯや在家の篤農家、開発僧《かいほつ》が実践している。

◆イーサーン（Isan〔タ〕）

タイ東北部のこと。面積・人口ともに全国の三分の一を占めるにもかかわらず、水利環境等の問題から伝統的に貧しい地域として知られる。したがって一方では、そうした貧困を解決するために多くの開発僧《かいほつ》やＮＧＯが活動している地域でもある。

◆開発のための仏教連合（セーキヤタム）／開発のための宗教委員会（Sekya Dhamma〔パ〕/ Thai Inter-Religious Commission for Development、ＴＩＣＤ）

セーキヤタムはスリン県の開発僧《かいほつ》、ナーン和尚が中心となって一九八八年に設立したＮＧＯ。東北タイを中心に全国の開発僧《かいほつ》のネットワーク作りと人材育成を目的としており、二〇〇名以上の会員がいるといわれる。開発のための宗教委員会（ＴＩＣＤ）はタイを代表する知識人スラック・シワラック氏によって設立されたＮＧＯで、セーキヤタムや開発僧《かいほつ》と協力し合い、仏法に基づく開発《かいほつ》を実践している。

◆**仏教者国際連帯会議**（International Network of Engaged Buddhists、ＩＮＥＢ）

社会行動仏教者の国際的ネットワークＮＧＯとして、一九八九年にスラック・シワラック氏と、日本の仏教僧、丸山照雄師によって提唱、設立された。現在、世界三三カ国に出家・在家合わせて四〇〇名以上の会員がおり、ダライ・ラマ一四世法王、カンボジアのマハ・ゴサナンダ大僧正、ベトナムのティック・ナット・ハン師などが主な指導者。仏教に基づく社会正義の実現のため、平和・人権等のアドヴォカシー（政策提言）活動、行動する仏教者のネットワーキングとトレーニング、出版活動等を行っている。また、ＩＮＥＢの研究グループとしてThink Sangha（研究サンガ）がある。

◆**サンティ・アソーク**（Santi Asok〔パ〕）

ポーティラック師（一九三四年—）が指導する、都市部を中心としたタイの仏教改革運動の一つ。「仏教原理主義」ともいえる性格を持ち、商品化した伝統仏教の腐敗・堕落を批判、菜食主義等厳格な戒律と善行主義（ブンニョム）に基づく社会活動を特徴とする。その伝統的サンガに対する攻撃的性格のため、一九八八年にはサンガ法に反するとしてポーティラック師は逮捕され、以後上座部仏教僧の象徴である黄衣をまとうことを禁じられ、公には「僧侶」ではなくなったが、その影響力は都市中産層を中心に根強い。タイ語ないしパーリ語でサンティは「平和・静寂」、アソークは紀元前三世紀頃のインドで仏法に基づく平和政治を行ったアショカ王のことである。

◆**パランタム（法力）党**

サンティ・アソークの信者が結成した政党で、仏法に基づく社会正義の実現をめざす。タイ語でパランは「力」、タム（＝タンマ、パーリ語でダンマ）は仏法をはじめあらゆる宗教の真理の法を意味する。信者で党首のチャムローン・シームアン氏は「清貧」のイメージで知られ、バンコク知事を務めたほか、一九九二年の五月民主化運動のリーダーとして活躍、総選挙後には副首相となった。現在は政界から身を引き、青少年育成等のＮＧＯ活動をしている。

◆タンマカーイ（Dhammakaya〔パ〕）

クンヤーイ尼とその弟子たちが設立した、都市部を中心とするタイの仏教改革運動の一つ。在家者も出家者と同様に瞑想修行をすることによって自らを高めることができるとする点が特徴的で、在家者は僧侶や寺院に供養をするだけという「タンブン」仏教に飽き足らない、都市中産層に支持されている。サンティ・アソークのようなストイックな面はなく、多分に現状肯定的な性格も支持が集まる理由の一つであろう。ただし、多額の寄付を集めて仏塔を建立するなどその商業主義的な手法に批判的な声も上がっている。タンマカーイとはパーリ語のダンマカーヤ、すなわちブッダの三身の一つである法身（永遠不滅の法）のことである。

仏教・開発・NGO／目次

序章　豊かさを問い直す共生社会の展望
——開発《かいはつ》から開発《かいはつ》へのパラダイム転換

第Ⅰ部　開発《かいはつ》の思想

*本文中および参考文献のタイ人の氏名は、タイの慣例に従い、すべて姓・名の順に示す。

*タイの人名・地名等の表記は、原則として石井米雄監修、一九九三年、『タイの事典』（同朋舎出版）に準拠した。また仏教用語については、中村元、一九七五年、『佛教語大辞典』（東京書籍）等を参照した。

*カバー写真および本文中の写真の撮影ならびに説明文は、特に記載のあるものを除き、すべて野田真里（編者）による。

ためのデータ

生活と文化

気候　国土の大部分が熱帯モンスーン気候に属し、雨季（5～10月）と乾季（11～4月）に大別される。3～5月頃は特に暑季とも呼ばれ、一年で最も暑い。バンコクの気温は最低18.6度、最高37.1度、年平均28.8度（2000年気象庁発表）。年間降水量は約1,800ミリ。

教育　6・3・3・4制（義務教育は小学校6年間。これを2002年までに中学校までの9年間に拡大する予定）

識字率　95％　＊2000年国家統計局調査

平均寿命　男69.97歳、女74.99歳　＊1997年推計

HIV（エイズウイルス）感染者数　約984,000人

宗教　国民の大部分（約93％）が仏教徒。仏教寺院数は約3万、僧侶は約29万人。

政治と軍備

政体　立憲君主制（1932年初の憲法公布）

〈元首〉プーミポン・アドゥンラヤデート国王（ラーマ9世、1946年6月10日即位）

〈首相〉タクシン・シナワット。タクシン内閣（2001年2月18日成立）はタイ愛国党、新希望党、タイ国民党、自由正義党の4党からなる連立内閣。

国防予算　884億バーツ　＊2001年。2000年は773億バーツ。

兵役制度　徴兵制。18歳以上の男子は原則として2年間の兵役義務を負う。

軍事同盟　タイ・アメリカ軍事援助条約（1950年10月17日）

日本とのかかわり

商工会議所に登録されている在タイ日本企業数　1,165社

在留日本人数　21,154人　＊2000年。1999年は21,400人。

在日タイ人留学生数　1,245人　＊2000年。1999年は1,107人。

＊『タイの事典』（石井米雄監修、同朋舎出版、1993年）、『大百科事典』（平凡社、2000年）、在日タイ大使館ホームページなど2001年10月現在で入手可能な資料をもとに作成した。（編者）

タイに近づく

概要

正式名称　タイ王国（Prathet Thai／Kingdom of Thailand）　＊1939年までの旧称は「シャム」。Thai は「自由」を意味する。

面積　51万3,115km²（日本の約1.4倍、フランスとほぼ同じ大きさ）

国土　国土の大半を平野が占め、農地面積は国土の約40%。全国76県。

人口　6,188万人（日本の約２分の１）　＊2000年末現在内務省統計局発表

人口密度（人／km²）　120.5

首都　バンコク（タイ語では「クルンテープ」（天使の都）。日本との時差＝－２時間）

民族　大多数がタイ族（85%）。タイ族以外で最多数は華僑（10%）。その他マレー系、インド系、カンボジア系を中心にさまざまな民族で構成される。

主要言語　タイ語。文字は13世紀末にクメール文字を範に作られた表音文字。語彙は３分の２近くがサンスクリット・パーリ語、中国語、カンボジア語などの外来語である。敬譲表現が発達しているのが特徴。

通貨　バーツ（１バーツ＝約2.7円）

経済指標（2000年）

GDP　1,295億ドル（日本の約35分の１）　＊1999年

一人当たり GDP　2,095億ドル（日本の約17分の１）

経済成長率　4.3%

失業率　3.8%

消費者物価上昇率　1.6%

最低賃金　165バーツ／日（バンコク）

総輸出額　679億ドル

〈主な輸出品〉コンピュータ、同部品、衣類、IC、プラスティック製品、米、エビ、ゴム、貴金属・宝石、自動車など

〈主要相手国〉①アメリカ②日本③シンガポール④香港⑤マレーシア

総輸入額　624億ドル

〈主な輸入品〉電気機械、同部品、原油、化学品、金属、自動車、同部品など

〈主要相手国〉①日本②アメリカ③シンガポール④マレーシア⑤香港

産業と就業　産業構造は伝統的に農業中心であったが、1980年代以降は急速に工業化が進んだ。とはいえ就業構造の面においてはいまだ農業は重要であり、就業人口の約半数が依然農業に従事している。

タイ王国全図

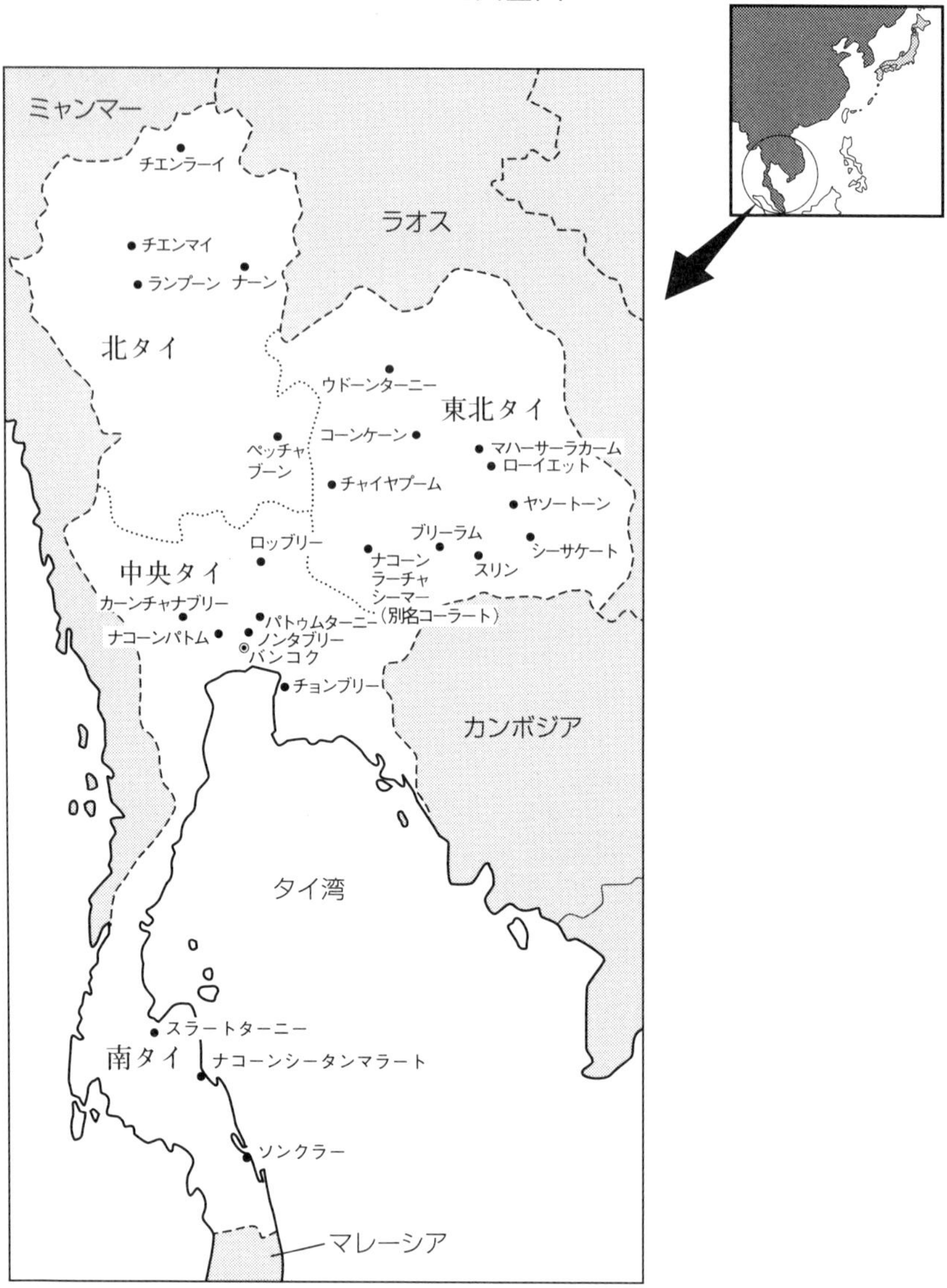

● 印は県庁所在市（県名と同名）。１都72県（首都バンコク）の内、本書に関連する地名を示した。

序章

豊かさを問い直す共生社会の展望

開発《かいはつ》から開発《かいほつ》へのパラダイム転換

西川　潤＋野田真里

はじめに

私たちは本当に豊かなのであろうか。

地球上の人々が、生あるものすべてが共によりよく生きるためにはどうすればよいのであろうか。

真の開発/発展とは何であろうか。

二一世紀という新しい世紀を迎えた今日、地球社会における真の共生のためには開発/発展のあり方そのもの、開発/発展の思想と実践そのものが改めて問い直されるべき時にきている。物質的富をひたすら追い求める経済成長を主目的とする従来型の開発から、持続可能な共生社会のための「もう一つの発展」(オルタナティブ発展)のための開発へのパラダイム転換が求められているのである。

前世紀、第二次世界大戦後の開発において、「開発」とは「西洋的な近代化による経済成長」を意味する時代が長く続いた。その一方で、環境破壊や貧困等、そうした経済至上主義的な開発がもたらすさまざまな矛盾への反省から、内発的発展論をはじめとする共生社会をめざすオルタナティブ発展が議論されてきた。一九九〇年代に入り、国連の場で環境、人権、社会開発等の地球規模問題(グローバルイッシュー)に関する一連の国際会議が開催され、『人間開発報告書』が刊行されるようになったことなどもその動きの現れである。

我々のアジアにおいても、戦後近代化論をはじめとする西洋の開発思想や実践をモデルとして国家主導の下に上からの他律的・外発的な経済中心の開発が推し進められ、タイ等のＮＩＥｓ（新興工業国・地域）における経済成長の成功は「東アジアの奇跡」ともてはやされた。だが、その一つの帰結が九〇年代後半にアジア諸国を襲った通貨・経済危機であり、また、急速な経済成長の歪みとしての環境破壊、貧困等の社会問題であった。

他方で、こうした西洋近代的開発がもたらした矛盾を鋭く批判しつつ、人間や自然本来のあり方や調和を重んじる、アジアの思想に基づくオルタナティブ発展のあり方、共生社会のあり方を模索する動きが芽生えてきている。タイをはじめ、スリランカ、カンボジア等のアジアの仏教国においては、多くの知識人、ＮＧＯ、僧侶、市民、そして草の根の民衆によって、アジアの伝統文化である仏教の智慧に基づいた市民社会の民衆主体による自律的・内発的な開発／発展が実践されてきているのである。こうした、仏教に根ざした方法でさまざまな地球規模の問題に取り組む僧侶や在家者は社会行動仏教者（socially engaged Buddhist）と呼ばれ、アジアはもとより世界各国にそのネットワークを持つ。

アジア、なかんずくタイにおいては、このような開発のパラダイム転換が草の根から、着実に大きなうねりとなって動き始めている。このタイにおける新たな開発パラダイムである仏教に根ざした共生社会づくりの思想と実践は、タイ一国におけるオルタナティブを示すのみならず、仏教国はもとより非仏教国を含む他のアジア諸国や途上国、ひいては日本を含む先進諸国に対しても、従来型の開発の持つ問題を克服し、グローバル化の中で持続可能な地球共生社会を築いていくための、普遍性のある強力なメッセージを与えるものではないだろうか。西洋近代型の開発モデルの限界が明らかになった今日、アジアの智慧に共生社会づくりの思想と実践を学び、アジアから開発のオルタナティブを発信していくことが、その轍《わだち》を抜け出す鍵となるのではないか。我々はこうした問題意識に基づき、「タイ仏教の社会思想と社会行動」研究会（主査：西川潤、事務局長：野田真里）を発足させ、その成果を深め、広く世に問うために本書の刊行を企画した。

一 アジアにおける近代的開発の光と影

アジアの諸国は第二次世界大戦後、とりわけ一九六〇年代以降、先進国へのキャッチアップをめざして、工業化と高い経済成長の道をひたすら歩んできた。途上国が次々と国家主導の下に多国籍企業を誘致して、経済成長と近代化をめざすこの開発路線は、雁が次々と飛び立つ様にも似ていて、「雁行的発展」とも呼ばれた。また、その勇ましい成長の姿を称して、東アジアのＮＩＥｓは「アジアの龍」「アジアの虎」とも呼ばれた。

ところが一九九七年夏、タイのバーツ切り下げをきっかけとして、アジアの多くの国々が通貨・経済危機に突入し、これまでの経済成長を担っていたアジアの龍や虎たちが次々とダウンすることになった（バーツ危機）。いったん復調したかにみえた、これらアジア経済も、二〇〇一年に始まる世界不況の中で、再び低迷している。

アジアの経済混乱の原因としては、基本的に次のような要因が考えられる。

第一には、世界市場目当ての輸出主導型成長が、さらに後発の新興工業国（中国、インド等）の台頭により頭打ちになったこと。第二は、一九八〇年代末以降、先進国の余剰資金を導入した経済ブームがバブル経済化し、それが崩壊したことの後遺症から投資が伸びないこと。第三には、国家エリート（政官業体制）の手になる、民衆のコントロール・参加を排した「上からの開発」路線が、厖大な不良貸付を生み（とくに日本、タイ、韓国）、金融システムを麻痺させ、その後始末がいまだについていないこと。

これらの諸点は日本にも共通した問題（とくに一九九〇年代不況、九七―九八年の円安、近年の構造改革の遅延による経済低迷）だが、東南アジア諸国や韓国ではこうして経済の基本条件（ファンダメンタルズ）が悪化した国々の通貨が、ドルにリンクしていたために、九五―九六年のドル高とともに割高化し、ヘッジファンド等の投機筋の売り浴びせ、およびそれに続く短資の海外移動に抵抗できず、通貨レートの低落を導いた。これがアジア経済危機の本質だが、この時期に、自国の通貨レートを守るために借り入れた厖大な外貨の代償として、これらの国は緊縮財政を余儀なくされ、そのツケが失業、物価高騰等の経済問題として低所得者層を直撃した。この状態は二〇〇一年になってもそのまま続いている。

いやすでに、高度成長期にはタイをはじめアジアの随所で、地域格差（とりわけ首座都市と呼ばれる首都と地方の格差）、貧富格差、出稼ぎ等による人口移動、ＨＩＶ（エイズウイルス）およびＡＩＤＳ（エイズ）の脅威、そして環境・生態系等の悪化（天災・公害の続発や九七—九八年に東南アジアを襲った大規模な煙霧等）などの経済社会問題・環境問題が深刻化していたのである。

二　開発《かいはつ》から開発《かいほつ》へ——共生社会のためのオルタナティブへのパラダイム転換

（1）「開発《かいほつ》」の思想と定義

このように、グローバル化経済の進展の中で、世界市場に依存した、アジアの国家主導型・外発型近代化路線は大きく挫折し、その矛盾がさまざまな問題となって噴出してきた。だが他方で、実はアジア諸国ではここ数十年の近代化・高度成長期を通じて、このような上からの経済至上主義的な開発路線を批判し、草の根レベルの市民社会の民衆による「もう一つの発展」をめざす内発的発展の動きが随所で広がってきている。

とりわけタイでは、伝統文化としての仏教の内部から仏教のあり方や教理の革新が見られ、仏教僧や彼らと連帯する知識人・非政府組織（ＮＧＯ）の独自の開発運動が進展してきている。すなわち、西洋近代をモデルとした従来の「外発的・他律的な経済中心の開発」から、独自の伝統文化や共生の智慧——すなわちタイにおいては仏教——に基づく「内発的・自律的な人間中心の開発」への、開発のパラダイム転換が起きているのである。この新しいパラダイム、すなわち仏教に根ざしたオルタナティブな内発的発展、仏教的開発の思想と実践を、われわれは仏教用語にならって、「開発《かいほつ》」と呼ぶことにしよう。そして後に述べるように、こうした開発《かいほつ》運動の主たる担い手の一つが仏教僧である開発僧《かいほつそう》／尼僧に他ならない。

では、「開発《かいほつ》」と従来型の「開発《かいはつ》」はその思想と実践においてどう異なるのか。「開発《かいはつ》」から「開発《かいほつ》」へのパラダイム転換はどのようになされるのか。「開発《かいほつ》」はタイ、アジア、ひいては地球全体においてどのような意味をもつのか。このテーマは本書全体を通じて検討されるものであるが、ここではまず開発という概念について簡潔に検討してみたい。

今日、開発という概念は通俗的には、「○○を開発《かいはつ》する」という形で、他動詞として用いられ、「上から／外発的・他律的に、人為的に」といったニュアンスを持つものとされる。すなわち開発とは、自然を切り開き資源を人間社会の役に立てること、未開の土地や社会を切り開いて近代的なものにしていくこと、といった意味合いで用いられている。わが国においてはこうした開発《かいはつ》概念の用い方は江戸時代の新田開発《かいはつ》にはじまり、明治期の北海道の拓殖開発《かいはつ》、満蒙開発《かいはつ》等を契機に定着したといえる。

しかし、「開発」という言葉の起源をたどれば、実はこうした理解とは全く異なる意味をもつ概念であることがわかる。開発は今日使われている他動詞的意味とは逆に、本来自動詞的意味を持つ。英語の development の語源をたどれば de+envelope、すなわち封じ込まれていたもの、包まれていたものが解き放たれるという意味がある。また、ヘーゲル哲学では封建社会の支配の下に押し込められていた市民社会が解き放たれて自己展開・自己発展する様相を呼ぶ言葉（ドイツ語で Entwicklung）であった。さらにきわめて重要なことに、日本においては元来「開発」は仏教用語として用いられてきた。仏教用語の「開発《かいほつ》」は、現在用いられている「開発《かいはつ》」とはまったくニュアンスが異なり、「内から／内発的・自律的に、自然に」という意味合いを持つ。仏教においては、人間を含む一切衆生（生あるものすべて）は、悟りを開き、仏になる潜在能力である仏性《ぶっしょう》を備えているとされる。仏性とはこの地球社会や宇宙を司る相互依存の法則（縁起の法）、という自然・人・社会の本来のあり方に目覚め、生あるものすべてに慈しみをもち、あらゆる苦から解き放たれて生きていく能力であり、本来の人間性・自然性といってもよいであろう。この潜在能力である仏性を仏教の実践を通じて開花させていくことこそ、仏教でいう開発《かいほつ》なのである（仏性開発《ぶっしょうかいほつ》）。

また日本のみならず、タイの仏教者も通俗的な仏教を乗り越え、仏教本来の教えに帰るなかで、仏法の真理とは何か、開発とは何かについて再考している。タイの代表的学僧、故プッタタート比丘《びく》は「ブッダに帰れ」と述べ、「生あるものすべてが相互依存の法則（縁起の法）に基づいて本来のありかたをしていることこそが自然であり、真理の法である」とした。そして、このような真理の法に基づく共同体こそが共生社会の姿であるとし、「仏法共同体原理」（dhammika sangha-niyama）を提唱したのである。また、同じくタイの学僧であるパユット師によれば、仏教においてパッタナー（開発《かいはつ》）とはタンハ（tanha＝貪欲）に基づいて他律的・外発的に物質的富を増やすことである。この物欲に基づく開発こそが今日のタイの経済成長を突き動かす力となり、タイ政府も上からこのパッタナー（開発《かいはつ》）を推進した。だが、こうした飽くなき貪欲さに基づく「物の開発《かいはつ》」は同時に格差や貧困、環境破壊、人々の心の荒廃、家族や共同体の崩壊等多くの問題を生みだした。これに対して、パワナー（開発《かいはつ》）は、チャンタ（chanda＝精進意欲）に基づいて「心の開発《かいはつ》」（パワナーには瞑想という意味もある）を行い、物欲を自制しつつ、掠奪的でない自律的・内発的な調和の取れた節度ある開発／発展をめざすものであるとしている。この二人の思想は後に述べる社会行動仏教者や開発《かいほつ》僧／尼僧、そしてオルタナティブ発展をめざすNGOや市民社会に大きな影響を与えている。

このように開発《かいほつ》という概念は仏教に由来するものであるが、我々は仏教という一宗教を超えて、地球社会全体の共生や真の開発／発展のあり方に対する普遍的な示唆を与えていると考える。このような点をふまえて今日的に定義しなおせば、開発《かいほつ》とは「我々の社会や個人が、その本来のあり方や生き方に目覚め、自然および他の社会や個人との共生のために、苦からの解放をめざして、智慧と慈悲をもって自らの潜在能力を開花させ、人間性を発現していく、物心両面における内発的な実践」といえるであろう。

（2）開発理論における開発《かいほつ》の思想

では、次にこの仏教に基づく内発的発展・開発《かいほつ》の思想が、従来の開発理論と比べてどういう点で斬新なのか、なぜ開発のパラダイム転換と呼ぶにふさわしいのかについて、従来の開発理論を概観する中で位置づけ直してみよう。戦後の開発を支配してきた理論は近代化論であったことはすでに見た。近代化論の特徴は、開発とはもっぱら物質的富の増大すなわち経済成長であり、政府や企業が主体となって「上から」開発を進めるものとされた。また、先進国・地域の開発は途上国・地域にも波及するとされ、外資導入による外発的・他律的な開発政策がとられたのである。だが、こうした経済を中心に置く近代化論的な開発の行き詰まりが明らかになり、そのオルタナティブとして登場したのが、「下から」の内発的・自律的な開発をめざす、人間を中心に置く基本的人間ニーズ（Basic Human Needs）戦略や「持続可能な発展」（sustainable development）論、人間開発（human development）論、参加型開発（participatory development）論等の理論である。

近代化論と仏教的開発《かいほつ》の理論が対極にあることはすでにみたので、ここでは開発《かいほつ》の理論とそれ以外の人間中心の開発論、特にＢＨＮ戦略、「持続可能な発展」論、人間開発論との関係について述べてみよう（参加型開発論との関係については次節で論じる）。

第一に、ＢＨＮ戦略は一九七〇年代に世界銀行や国連によって提唱された。マクロな経済成長を追求するのみならず、まずは衣食住などの人間の基本的ニーズを満たすことが開発の基礎である、とするＢＨＮの考え方は開発《かいほつ》の理論と共通する部分もある。仏教的開発《かいほつ》においては、貧欲にかられて必要以上にものを求めるのでなく、衣食住薬の基本的ニーズを満たす「少欲知足」の教えが基本だからである。しかし、ＢＨＮ戦略においては、そうした基本的ニーズは外部援助によって「上から」与えられるべきものであり、またそのニーズももっぱら物質的なものであり、精神的ニーズ、心の開発《かいほつ》の観点がほとんどない点においても、開発《かいほつ》の理論とは性格を異にするといえる。

第二に、「持続可能な発展」論は、一九八七年のブルントラント委員会報告『我ら共通の未来（*Our Common Future*）』で取り上げられ、一九九二年にリオデジャネイロで開催された国連環境開発会議（ＵＮＣＥＤ、通称「地球サミット」）において展開された。これは開発と環境のバランスを保ち、将来の世代の必要性を満たす能力を害することなく、現在の世代がその必要性を満たすような開発であり、人々の生活の質的改善を、その生活基盤となっている各生態系の収容能力の限度内で生活しつつ、達成することであるとされる。この環境と開発のバランスを重んじる思想は、人間は自然の一部であり、人間と自然、現世代と次世代すなわち生あるものすべてが相互依存（縁起）の関係にあるとする開発《かいほつ》の思想と共通している。こうした「持続可能な発展」のためには、環境と開発を両立するための諸制度・諸政策にもまして、我々の物質主義的な大量生産・大量消費の生活様式の変化が求められる。開発《かいほつ》の思想においては、先に述べた必要以上の生産・消費をいましめる「少欲知足」の思想や、そうした人間と自然との相互依存（縁起）の生活様式に人間が自発的・自律的に目覚める、心の開発《かいほつ》が重視される。「持続可能な発展」論も「持続可能な生活様式」を強調するが、開発《かいほつ》の思想は、むしろ内面からの生活様式の変革によって、自然との共生の実現もはかる。

　第三に、人間開発論は、一九九〇年より国連開発計画（ＵＮＤＰ）によって刊行されている『人間開発報告書』において展開されている開発理論である。この報告書では、国・地域の開発を従来の一人当たりＧＤＰ（国内総生産）といった経済指標だけで見るのではなく、教育（就学率、識字率）、保健（平均寿命）といったいわゆる社会指標も交えて指数化し、ランキングをつけている点が特徴的である。また、この人間開発論の背景となっている理論に、アマルティア・センのケイパビリティ論がある。ケイパビリティ論では、富（一人当たりＧＤＰで表される）や効用（欲望の満足）に焦点を当てるのではなく、人間が発揮しうる能力・潜在能力、すなわち人は何をなしうるか、あるいは人はどのような存在でありうるか（そのための教育や保健）に関心を寄せている。この人間開発論の考え方、とりわけケイパビリティ論の考え方は、仏教的開発《かいほつ》の基本思想である「自らの潜在能力を開花させ、人間性を発現していく」という考えと極めて近いことは注目に値する。だが、次のような相違点も見逃せない。第一に、誰の、何の潜在能力の開花か、という点である。人間開発論・ケイパビリティ論においてはもっぱら個人であるのに対し、開発《かいほつ》思想においては、人間個人のみならず、生あるものすべて（社会も含む）の潜在能力の開花を説いている。第二に、心の開発《かいほつ》についてである。開発《かいほつ》思想においては、心の開発《かいほつ》こそが、物的開発の基礎であり、止観瞑想法などによって、人間や社会の問題や本来のあり方に目覚め、智慧をおこしていくことこそが潜在能力を発現する上で重要であるとされる。だが、人間開発論・ケイパビリティ論においては、そうした心の開発《かいほつ》についてはほとんど触れられていないのである。

以上みてきたように、仏教に基づく内発的発展・開発《かいほつ》の思想は、近代化論と対極にある一方、他のオルタナティブ発展の思想と比べてもそれぞれに差異がある。開発《かいほつ》の思想は、心の開発《かいほつ》＝目覚めを独自の特徴としつつ、これまでのＢＨＮ戦略、「持続可能な発展」論、人間開発論、ケイパビリティ論を抱合しうる思想であるともいえよう。

三　開発《かいほつ》僧／尼僧と開発《かいほつ》実践の特徴

（１）住民参加型開発における開発《かいほつ》僧／尼僧と従来の開発僧理解の問題点

開発《かいはつ》から開発《かいほつ》へのパラダイム転換は単に思想の上だけでなく、実践においてもタイをはじめとするアジアの仏教国で草の根から着実に取り組まれている。開発《かいほつ》の実践例については本書の他の章に譲るとして、ここではその重要な担い手たる開発《かいほつ》僧／尼僧の役割について論じてみよう。もちろん、仏教に基づく内発的発展・開発《かいほつ》の担い手としては、出家者のみならず、在家の社会行動仏教者やＮＧＯ、村人や市民も重要であることはいうまでもない。だが、開発《かいほつ》僧／尼僧は厳しい修行生活において自ら仏教的開発《かいほつ》の思想を実践しているという意味で、また社会において在家者の模範となり大きな影響力をもつという意味で、特に重要な担い手であることは疑いがない。

開発僧の活動や仏教的開発の運動についてはこれまでもいくつかの研究で取り上げられてきたことがある。だが、本書においては、従来用いられてきた開発《かいはつ》僧という呼び方ではなく、とくに開発《かいほつ》僧／尼僧という呼称を用いるのには次のような理由がある。我々は前節で詳しく検討した「仏教に基づく開発《かいほつ》の担い手としての僧／尼僧」という意味合いを込めて「開発《かいほつ》僧／尼僧」と呼んでいる。だが、これまで多くの場合、開発僧や仏教的開発の運動は、こうした「開発《かいはつ》」への理解が不十分なまま、表層的になされてきた。すなわち、「開発僧」とはタイ等の上座部仏教圏の農村において、村の中心的存在として社会開発に参加する僧侶を指し、仏教的開発についても「お寺が開発の役に立っている」といった見方が従来は無批判になされてきたのである。端的に言えば、「寺院やお坊さんが学校建設や米銀行等による村の開発を助けている」といった理解である。

一九八〇年代の後半から、開発援助委員会（DAC）などでは裾野の広い成長、住民参加型開発が開発の新たなパラダイムとして注目されるようになってきた。従来のマクロ経済の成長を主とした近代化論的な開発戦略は国レベルでみた場合には平均的数字の上での豊かさをもたらした。だが、近代化論の言うトリックル・ダウン（均霑《てん》・波及）効果は必ずしも働かず、多くの草の根の民衆が経済成長の恩恵を受けられずに貧困化が進んだ。そして一九九〇年代の経済のグローバル化を通じて、世界規模でも、また各国国内でも、富める者と貧しい者の格差は増大したのである。これはひとえに所得の分配構造が不平等であり、また、市場経済化の中で、草の根の民衆が開発過程から取り残されたことによるものであった。こうした背景から、開発の恩恵を幅広い層に行き渡らせること、そしてそのために開発過程に住民・民衆が参加することの重要性が認識されてきたのである。

住民参加型開発の重要性が高まる中で、どうすれば住民が積極的に開発に参加できるか、そのための社会的・文化的・制度的要因は何かについて関心が集まるようになってきた。タイをはじめとするアジアの仏教国においては、僧侶が村人のリーダーであり、仏教が村人の心のよりどころであり、寺院が村の共同体の中心であることも注目されるようになってきたのである。

こうした住民参加型開発は政府や開発機関が主導する開発計画・プロジェクトに受動的に住民を参加させるという「上からの動員による開発」に陥る危険性をはらんではいる。だが、基本的には参加型開発は住民の主体性やイニシアティブを重視する、下からの自律的・自発的開発をめざすものとしてきわめて重要であるし、また、その中で近代化論においては無視されてきた開発の社会的・文化的・制度的要因、具体的にはタイにおいては仏教や寺院、僧侶の役割にも注目が向くようになったことは大いに評価できる。だが、参加型開発との関連において、従来のような開発僧理解、仏教的開発への理解にとどまることは次のような点で問題があるといわざるを得ない。

第一に、僧侶（ないし寺院、仏教それ自体）を、もっぱら開発のための手段としてしか捉えていない点である。

従来の開発僧理解においては、開発の主なステークホルダー（利害関係者）としての僧侶の役割は認めつつも、仏教の担い手、仏教固有の開発《かいほつ》の思想家・実践者であるという、より本質的な役割は充分に評価されてきたとは言いがたい。たとえば、「僧侶は村で影響力があるので、村人を開発プロジェクトに参加させる上でその役割は重要である」といった理解が支配的であった。また、開発《かいほつ》僧が行っているさまざまな開発プロジェクト（たとえば、東北タイの開発《かいほつ》僧・ナーン和尚の米の共同管理・「米銀行」）についても、その表面的・物理的側面にのみ目を奪われがちで、その背景となっている心の開発《かいほつ》の重要性についてはきちんと理解されない場合も多い。その結果「米銀行なら僧侶でなくてもできるし、境内に施設を建てる必要もない。仏教をわざわざ開発に持ち込む必要はない」といった狭い評価にとどまることになる。

重要な点として、開発《かいほつ》僧／尼僧にとっては、仏教の実践こそすなわち彼らの考える開発《かいほつ》そのものであり、仏教は開発《かいはつ》のための手段などでは決してない。また、民衆にとっての開発《かいほつ》僧／尼僧とは、戒律を守り質素な生活を送りつつ、人々を導くことによって、彼／彼女の生活や実践それ自体が開発《かいほつ》のありかたを具現している存在であって、民衆を開発プロジェクトに外から参加（動員）させるための単なる触媒ではない。

第二に、開発《かいほつ》というオルタナティブへの理解の欠如、言いかえれば「開発」から「開発《かいほつ》」へのパラダイム転換についての開発機関や研究者の理解の欠如である。開発僧は政府やNGOが推し進める開発（いわゆる従来型の物的な開発）に貢献する限りにおいてのみ有益な利害関係者ないし「人的資本」であるとみなす考えには、開発そのものを問いなおす視点は全く欠如している。こうした視点からは、開発《かいほつ》僧が重視する瞑想等を通じての心の開発《かいほつ》や目覚めについても、「時間やコストがかかる余計なプロセス」とか、せいぜい「村人の関心をひきつけるためのプロセス」といった一面的な評価に終ってしまうことになる。だが、開発《かいほつ》僧にとっては、こうした心の開発《かいほつ》や目覚めをベースとした自制・自律の原理こそが、バランスの取れた社会開発、持続可能な発展や共生社会への鍵となる。

先のナーン和尚の開発《かいほつ》実践の例に即していえば、米の共同管理（サハバーン・カーウ）は、単に倉に米を貯め、それを貸し出す米銀行（タナカーン・カーウ）とは本質的に異なる点がある。ナーン和尚は止観瞑想法の実践による心の開発《かいほつ》によって人々が目覚め、苦に対してともに立ち向かう人々の協働（サハバーン・コン）こそが、貧困をなくす米の共同管理の基礎にあると述べている。本書の刊行を間近に控えた本年十月、ナーン和尚に再会し、お話を聞くことができた。その際師は「心の開発《かいほつ》なくして、村の開発《かいほつ》はない。これは自分が開発《かいほつ》に関わった多くの村の経験から実証されている」と力説されていた。ナーン和尚によれば、師の村（ターサワーン村）の開発《かいほつ》モデルは、NGOのみならず、県行政（スリン県）の認めるところとなり、県をあげて村々で推進されているとのことである。また九九年には当時の世界銀行上級副総裁・ジョセフ・スティグリッツ博士（二〇〇一年ノーベル経済学賞受賞）がナーン和尚の村に視察に訪れた。開発《かいはつ》の主流をかたちづくる機関（世銀）の要人、しかもノーベル賞エコノミストが、仏教に基づく内発的発展・開発《かいほつ》に多大な関心を示し、わざわざ足を運んだことには非常に大きな意味があると考えられよう。

以上みてきたように開発《かいほつ》僧／尼僧とは、単に従来型の農村開発における重要な利害関係者としてのみ理解されるのではなく、先に見た仏教に基づく開発《かいほつ》の思想的・実践的担い手として、物心両面の開発に取り組み、社会や人々を目覚めへと導く一方、農村や都市において貧困、環境破壊、エイズ等のさまざまな「苦」に立ち向かい、共生社会づくりをめざすキーパーソン・社会起業家（ソーシャル・アントレプレヌール）として理解されるべきである。こうした点をふまえて開発《かいほつ》僧／尼僧を定義すれば、開発《かいほつ》の実践者であり体現者である。すなわち、開発《かいほつ》僧／尼僧とは「生あるものすべてが自然の摂理・相互依存の法則（縁起の法）に適った本来の共生的なあり方に目覚め、物心両面において苦から解放され、潜在能力を開花できるように、出家者として戒律を守り、瞑想を行い、智慧を会得し、生あるものすべてとともに歩みながらその生き方によって人間本来の生き方を体現し、共生の共同体としての社会のあり方を自ら示す存在」である、ということができよう。

（2）開発《かいほつ》運動の特徴と中道社会の展望

こうした開発《かいほつ》僧／尼僧を主たる担い手とする、仏教の開発《かいほつ》の思想に基づくタイの内発的発展の運動は次のように特徴づけられる。第一に、仏教寺院や僧侶を中心とする住民参加型の社会開発運動であるという点である。元来タイ社会において、寺院は文化行事、教育、医療保健等の社会開発の中心であり、僧侶はそのリーダーであった。近代化によって失われつつある寺院本来の社会的機能の回復、住民参加による問題解決が各地で試みられている。

　第二の特徴としては、タイ仏教のあり方そのものを問い直す、宗教改革運動でもあるという点である。従来、タイ仏教においては僧侶は世俗に関わらないことがよしとされ、僧侶が社会活動に参画することはほとんどなかった。僧侶はもっぱら寺院にとどまり、葬儀を行ったり、人々からの寄進を受け祝福を授ける儀礼者としての役割を担ってきた。しかし、開発《かいほつ》僧／尼僧たちは、在家者やNGOとともに積極的に社会問題に取り組み、農村の貧困、環境破壊、都市スラム、エイズといった「苦」からの解放のための行動をおこしている。

　そして第三に、最も顕著な特徴としては、この運動は物的な社会開発のみならず、「心の開発《かいほつ》」をも含んだ文化運動でもあるという点である。開発《かいほつ》僧たちは貧困の解消には人々や社会の目覚めが不可欠であるとしている。こうした仏教に根ざした内発的発展は、社会開発運動であると同時に、タイ社会における仏教本来のあり方そのものを問い直す、「仏教ルネッサンス」でもあるといえる。この開発《かいほつ》僧（出家者）を中心とした仏教改革運動の他にも、これまでタイ仏教においては王室や在家仏教者の立場から仏教改革運動が行われてきた。一八三五年に始まるモンクット親王（ラーマ四世）によるタンマユット派の運動、そして一九五〇年に始まる在家仏教者による仏教青年会の運動である。これらの改革運動に共通するのは、（一）仏教が現代社会に対応できなくなったことに対して警鐘を鳴らす、（二）西洋文明（キリスト教・西洋的開発モデル等）の脅威に対し、タイの仏教を基礎とし対抗する、（三）ブッダの本来の教えに立ち帰り、仏教のあるべき姿を見直す、といった点である。

　開発とは元来仏教の用語である開発《かいほつ》に由来する点はすでにみた通りである。開発《かいほつ》とは、仏性開発《かいほつ》、すなわち生あるものが元来みな備えている悟りの力、目覚めの力を開花させていくことである以上、それは単に我々の経済的・社会的な発展、物質的な開発を意味するのみならず、精神や文化をも含んだトータルな人間としての発展、すなわち、我々の人間性そのものの開発《かいほつ》、人間性に満ちた社会の開発《かいほつ》に他ならない。

そして第四に、この開発《かいほつ》の思想と実践は単にタイやアジアの仏教国にとどまらず、地球規模の共生社会のあり方を考えるうえでのオルタナティブを提示する普遍性のあるものである。現にこの開発《かいほつ》の運動は、社会行動仏教者によってアジアはもとより世界各地で実践されており、また、キリスト教、イスラム教等の仏教以外の宗教が信仰されている途上国や日本を含む先進国にも、すでにその思想と実践は少なからず影響を与えている。

では、こうした仏教に基づく内発的発展・開発《かいほつ》がめざす共生社会はいかなるものであろうか。開発／発展の行為それ自体が日々のプロセスであるだけに、その結果としての社会のありかたを展望するのは容易ではない。だが、抽象的な形ではあれ、開発《かいほつ》がめざす共生社会を素描すれば次のようなものとなろう。第一に、経済においては「少欲知足」に基づく、資源略奪的な過剰生産や消費もなく、貧困もない社会、すなわち安定した成長と平等な所得分配によってすべての人々が基本的人間ニーズを充足でき、健康で文化的な生活を送れるような社会であろう。これはJ・S・ミルのいう「定常経済」に通じるものがあろう。第二に、環境については、縁起の法に基づく自然と人間、環境と開発との調和の取れた社会となろう。資源略奪のない経済構造がこうした環境を可能にすることは言うまでもない。第三に、政治・社会においては、社会の中の各アクターが、アヒンサー（非暴力・不殺生）の原理に基づき、争いを避け、互いの違いを尊重しつつ相互依存（縁起）の関係の中で共存するような社会となろう。社会のアクターとはさまざまな分類が可能であるが、とりわけ、現代の社会を構成する市民社会・国家・市場の三者の協力関係によって、既存の資本主義とも社会主義とも異なる共生社会の道を探ることが重要であろう。この点についてはギデンズの言う「第三の道」に通じるものがあろう。

以上みてきたような、自制・自律の原理に基づく、相互依存の共生社会は、仏教で言う「中道」(注)、すなわち極端に偏らず、社会全体として本来あるべき調和の取れた社会、つまり「中道社会」であるといえる。

（注）このような社会理想は東洋に共通しており、儒教でも、すべての家族が「小康」状態にある「大同」の世を理想像としている。社会主義の中国でも「小康村」という形でこのような社会理想の実現をめざしている。

四　アジアに学ぶ共生の智慧の必要性

以上みてきたように、タイにおいては開発から開発《かいほつ》へのパラダイム転換が、開発《かいほつ》僧／尼僧、知識人、ＮＧＯ、そして草の根の民衆によって実践されてきている。そして、この開発《かいほつ》の思想と実践は、二一世紀の共生の社会・中道社会への展望を切り開くものである。我々は、この新たな内発的発展の運動である仏教に基づく開発《かいほつ》の思想と実践のもつ独自性と普遍性を明らかにし、このアジアの智慧に学び、その実態と意義を本書を通じて日本に発信していくことが重要であると考える。

それは第一には、世界がますます多元化し、多文化世界として動いている今日、アジアの伝統文化・伝統思想に基づく内発的発展の動きを理解することは、二一世紀における日本とアジアの多様な関係を作り出していくうえできわめて重要だからである。

第二に、日本・アジアの高度成長は国家・大企業の主導によって行われたが、すでにみたように今日の世界ではますます民衆参加型の発展が重要になってきている。国連の場でも開発の主流は経済成長から人間を中心に置いた社会発展、環境を重視した持続可能な発展へと変化してきている。日本でも政官業体制による上からの開発が行き詰まった今日、アジアの草の根発展の智慧と実践から私たちが学び得るところは大きい。

第三に、高度成長期を通じて私たち日本人、とりわけビジネスマンの頭の中には「日本は先進国、アジアは発展途上国」、「日本は師、アジアは生徒」という牢固とした「八紘一宇」的固定観念が植え付けられたが、実は、国家＝企業主導型の上からの開発を批判し、草の根からの民衆参加による民主主義的開発、さらにはこのような開発実践を通じての人間としての発展、という点では、アジアのＮＧＯ運動の方がはるかに日本に先行している感がある。筆者ら自身、本書の母体となった研究プロジェクト「タイ仏教の社会思想と社会行動」に従事する中で、タイ各地で開発《かいほつ》僧／尼僧やＮＧＯの人々とインタビューしているとき、思わず心の中で両手が合わさっている（合掌している）場面を何度か経験した。二一世紀における日本とアジアの新しい関係は「日本が師、アジアが生徒」という先入観念を打破するところから始められなければならない。

　アジアにおける内発的発展が深い思想・実践の革新をともなっていることを本書は明らかにすることに努めた。世界的に、開発概念が、高度成長期の近代化論的なトリックル・ダウン理論から、より人間自身の開発／発展、民衆中心型の参加型開発論へと二〇世紀の最後の一〇年間に大きく転回してきたが、タイ仏教に根ざす内発的発展・開発《かいほつ》の試みはこのような二一世紀型の新たな開発／発展の方向に大きな示唆を与えるものであることを、我々は確信している。

五　本書の構成

　本書の成立の経緯は次のとおりである。我々の「タイ仏教の社会思想と社会行動」研究プロジェクトは一九九四年にスタートし、日本での研究会や、タイ現地でのフィールドワークおよび研究会を行い、開発の思想と実践についての理解を深めてきた。また、その中間総括として、九五年七月に、国内およびタイより研究会メンバーをはじめ開発《かいほつ》僧のナーン和尚をお招きし、研究会主催の国際シンポジウム「アジアの智慧に学ぶ共生の社会――タイ・ＮＧＯと仏教によるもう一つの発展」を開催した。本書はそれまでの研究成果に基いてこのシンポジウムで発表された報告を土台としつつ、その後の調査研究成果、とりわけここ数年の東南アジア民主化の動向をふまえた形でまとめられている。また、編者の責任において、一冊のまとまった本として世に問うために必要な作業（加筆修正、文構成、資料の追加等を含む）を行っている。

　本書の構成は次のとおりである。本書は第Ⅰ部「開発《かいほつ》の思想」、第Ⅱ部「開発《かいほつ》と農村・開発《かいほつ》と都市」、第Ⅲ部「開《かい》発《ほつ》とＮＧＯ」の三部構成となっている。これは、本書のタイトルである『仏教・開発《かいほつ》・ＮＧＯ』すなわち、仏教（開発《かいほつ》思想）、開発《かいほつ》（開発《かいほつ》僧／尼僧の実践）、ＮＧＯ（ＮＧＯの視点・活動）を反映したもので、この三つは仏教に基づく内発的発展・開発《かいほつ》には欠かせない三位一体の必須要素である。

第Ⅰ部「開発《かいほつ》の思想」には開発《かいほつ》の思想およびプッタタート比丘《びく》に関する次の論文が収められている。

第1章「開発《かいほつ》と仏教――タイにおける内発的発展の担い手としての仏教」では、近年タイでは高い経済成長の反面、社会・環境問題が激化してきたこと、この状態からの救いを求める人々が伝統文化としての仏教によりどころを求め、それが仏教自身の革新をもたらして、地域レベルでの内発的発展の動因となっていること、を示している。このような内発的発展は近年、国際社会で新しい発展のパラダイムとなっている人間開発とあい通うものであり、究極的には発展＝開発概念の再考、人間を中心とした発展を導く思想に他ならない。

第2章「仏教者の手によるもう一つの発展」は、タイの近代化＝工業化の過程で、国教としての仏教も制度化され、世俗化し、近代化体制の一翼を担ったが、同時に仏教の内部に物質主義的近代化を批判的にみつめ、人間と自然、社会と環境の関係を再建するような思想ダイナミズムとその実践が生まれたことを示す。本章はさらにこうしたダイナミズムが持続可能な発展の努力と結びついて実現可能になることを指摘している。

第3章「仏法共同体原理とオルタナティブ発展の展望」は、プッタタート比丘が展開した仏法共同体原理の独自性を解説しつつ、プッタタートによる近代化批判が現代世界の中で決して孤立した流れではなく、スリランカ、ベトナム、カンボジア、ビルマなど東南アジア世界の各地で今日始まっている仏教ルネッサンス、現代人の心の癒しを社会実践と結びつける努力の一環であることを示し、二一世紀においてもう一つの発展、内発的発展がさらに展開していく展望を示している。

第4章「プッタタート比丘の思想と生涯」は、一九三〇年代以降のタイ近代化の流れの中で、初めて仏教に基づいてこの近代化をスワンモーク寺院での実践に依りつつ全面的に批判した偉大な学僧プッタタートの思想と生涯を示した、本邦でも最初の本格的な評伝である。

第Ⅱ部「開発《かいほつ》と農村・開発《かいほつ》と都市」には、農村や都市で実際に活動する開発《かいほつ》僧／尼僧たちの実践についての論文が収められている。

第5章「社会開発に参画するタイの開発僧《かいほつ》」は、とりわけ東北タイの貧困地域で地域おこしに参画するナーン和尚をはじめとする開発僧《かいほつ》たちの豊富な事例を分析し、開発僧《かいほつ》たちの運動が村の文化の再生、そして人間の再生＝開《かい》発《ほつ》につながっていることを示している。

第6章「農村社会の変容と仏教寺院」は、村における伝統的な寺院の役割について述べ、近代化＝商品経済化に飲み込まれていき、もっぱら布施＝寄付に頼って暮らしていく寺と、仏教を村の共同体（コミュニティ）の再生＝発展と結びつけていく寺、という二つの流れがあることを明らかにし、開発僧《かいほつ》たちの自助努力が成功するケース、必ずしも成功に結びつかないケース、双方の条件を分析している。

第7章「タイ近代化・都市化における新仏教運動と開発僧《かいほつ》／尼僧」は、タイの近代化・都市化とそれにともなう文化・社会変容やさまざまな社会問題に対する新しい仏教者の取り組みを検討している。一つは、近代化・都市化による仏教の商品化への対応であり、独自の瞑想法でそれに順応するタンマカーイと、逆に厳しい戒律の遵守による仏教原理主義でそれを批判するサンティ・アソークを取り上げる。また、サンティ・アソークの信者であるチャムローン氏とパランタム（法力）党による「仏法に適った社会」づくりについても検討する。もう一つは、近代化・都市化が生み出した、スラム、家族崩壊、エイズなどの社会問題に対する都市の開発僧《かいほつ》／尼僧の思想と実践を紹介する。これまでの多くの開発僧《かいほつ》の研究が、農村の、男性の僧を中心になされてきた点を考えると、ユニークであるといえよう。

第Ⅲ部「開発《かいほつ》とＮＧＯ」には、タイのＮＧＯの歴史と現状およびタイＮＧＯからみた仏教的開発《かいほつ》についての論文が収められている。

第8章「タイＮＧＯ活動と農村社会」は、タイ社会の都市化・工業化を背景に中産階層を基盤としたＮＧＯ活動が、当初は農村開発から出発し、ついで工業化・都市化・近代化の生み出す諸問題と向き合う中で、一方では住民運動と結びつく形で発展し、他方では「もう一つの開発／発展」のようなオルタナティブ開発路線の担い手となった歴史を示している。タイのＮＧＯ活動は欧米諸国のＮＧＯにより推進された側面を持つが、同時に仏教など伝統的価値観に支えられてもう一つの開発路線を提起もしてきた。今日タイが中所得の工業国となった時点で外部からの支援も減り、またタイの輸出主導型経済、外部資金によるバブル景気の崩壊の時点で、タイのNGO活動も明白に転機に差しかかっている。すなわち、経済グローバル化の中でいかに外部に依存せず固有のアイデンティティを打ち立てていくか、また中産層と農民・社会的弱者層を基盤とする住民運動（住民組織＝PO）との連携をいかに築いていくか、という新しい課題に直面しているが、その場合に農村出身の知識人としての開発僧《かいほつ》がNGOとPOを結ぶ役割はますます大きくなろう。

第9章「タイにおける仏教と自然保護」は、タイNGOの視点から、仏教と環境保護について論じている。もともと自然の一員として人間を考える仏教思想を背景に、僧侶たちがいかに急速な開発の中で伐採される森林を守る活動に乗り出したか、各地での実例を通して、その論理と実践を描き出している。ガイア・ブッディズム（地球仏教）、グリーン・ブッディズム（緑の仏教）の実状が伝わってくる。

また第I～III部にそれぞれ続いている資料編では、マハーチュラーロンコーン仏教大学の仏教研究所長マハ・チェム師による仏教僧の地域開発に占める役割に関する論文、農村および都市の開発僧《かいほつ》の実践事例としてナーン和尚の講演やパヨーム和尚の寺のルポ、仏法思想を政治の場に生かそうと努めるパランタム（法力）党の創始者チャムローン氏のインタビュー、東北タイでの日本NGOと開発僧《かいほつ》の協力についての報告を収めた。いずれも開発僧《かいほつ》あるいは在家の仏教者自身による開発《かいほつ》実践の報告であり、本編に収めた諸論文の事例が社会の随所で具体的に展開されていることを示す資料である。

おわりに――謝辞

この研究プロジェクトおよび開発僧《かいほつ》を招いて開いた国際シンポジウム、そして本書の編纂については、アーユス＝仏教国際協力ネットワーク、日本ASEAN学術交流基金、庭野平和財団の助成を得た。

タイ現地での調査およびワークショップ開催にあたっては、本研究会タイ代表のスリチャイ・ワンゲーオ氏、同タイ事務局のヌッチャリー・シリビロジャーナ氏をはじめ、開発のための宗教委員会（ＴＩＣＤ）、仏教者国際連帯会議（ＩＮＥＢ）、社団法人シャンティ国際ボランティア会（ＳＶＡ）に全面的な協力をいただいた。

そして新評論編集部の吉住亜矢氏、山田洋氏には有益なコメントやひとかどならぬお力添えをいただき、本書の完成を本当に辛抱強く支えていただいたことに心から感謝している。

また、紙数の都合ですべてを記すことはできないが、タイの多くのＮＧＯ、開発《かいほつ》僧／尼僧、知識人、そして草の根の人々の研究への協力が、本書にとってもっとも大切であったことはいうまでもない。

最後に、本書はアジアの智慧である仏教の開発《かいほつ》の思想と実践に学び、アジアからのメッセージとして発信し、共生の社会を、日本で、そして世界で実現していこうとする試みである。このささやかな一里塚を築く努力に、多くの人が力を合わせていただいたことに深く感謝したい。我々は本研究のための調査や議論、そして本書をまとめる過程において、多くの人々に支えられた。また「本当の豊かさとは何か」「真に人間を幸福にする開発／発展とは何か」について、ともに学び、目覚めていった。その意味において、本研究の過程それ自体も一つの開発《かいほつ》の実践であったと実感している。本書が一人でも多くの人にとって、豊かさを問い直し、真の開発、真の共生社会を模索する、その目覚めと実践（開発《かいほつ》）の一助となれば幸いである。

二〇〇一年十一月

西川　潤
野田真里

第I部

開発《かいほつ》の思想

この第Ⅰ部「開発《かいほつ》の思想」では、開発《かいほつ》とは何かを問い、仏教に基づく内発的発展の思想をその源流に遡りつつ掘り下げ、またそれらがどのように実践に結びついてゆくかを明らかにする。

第1章

開発《かいほつ》と仏教

タイにおける内発的発展の担い手としての仏教

西川　潤

タイの開発《かいほつ》僧、プラチャック師。森林を守るために村人やNGOとともに闘ったが、政府の弾圧により還俗《げんぞく》させられた。

はじめに――開発と文化

一九九〇年代以降、タイの各地において仏教を中心とした「もう一つの発展」(オルタナティブ発展)をめざす動きが展開されてきている。これは草の根レベルでの発展／開発の動きであり、それがタイの伝統的文化としての仏教の中から生まれてきていることは、たいへん興味深いことである。今日まで、世界的に開発は一つの地域が豊かになるとそれが他の地域に波及する、あるいは他の地域を豊かさの方に向けて牽引していく、という「均霑《てん》効果」(トリックル・ダウン・エフェクト〔滴が下方に落ち、伝わる効果〕)の考え方が支配的だった。これは当然のことながら、豊かな中心地域から生まれた世界観であり、先進地域が市場経済を通じて、後進地域を近代化に向けて引っ張っていくという意味で、この考え方は近代化論と呼ばれてきた。ところが、近代化が進めば必ず他の地域がそれとともに発展するかというと、必ずしもそうとは限らず、むしろ資源や人材が中心地域に流出し、後進地域では過疎や貧困がより深刻化するという現象もある。また、中心・周辺の両地域で市場経済の発展が近代化を促すことは事実だが、それとともに社会問題、環境問題が起こってきて、開発の基礎それ自体が脅かされるという深刻な問題も起こってきた。これが「持続可能な発展」の問題提起である。そして、近年では単に市場経済を通じた経済成長を開発の目的とするのではなく、むしろ人間や、社会の発展を重視する考え方も出てきた。このように、近代化と先進地域キャッチアップを開発の至上目標とするのではなく、むしろ、各地の伝統や文化に基づき、地域の資源を活用してその地域のイニシアティブに沿うような開発過程を重視する考え方が、近年各地で生成・展開してきていることに、私たちは注目したい。これが「内発的発展」と呼ばれている発展／開発の動きである。私たちは、今日アジアの各地で起こってきている内発的発展の動きに着目し、これをタイの実例を通じて検討することにしたい。

もう一つ、開発と文化とはどのような関係にあるか、という問題がある。仏教を中心テーマとして取り上げ、仏教と開発の関係を調べることは、開発過程における文化の役割を重視することにほかならない。近代思想において、文化とは常にある経済社会の土台の反映、あるいは上部構造だと考えられてきた。しかし、実は文化とは個人や集団のアイデンティティと関連しており、単なる経済社会の土台の反映を超えたものである。むしろ、ある特定の文化こそがある特定の社会の発展パターンを導き得ることは十分考えられよう。この点を最初に指摘したのはマックス・ウェーバーであり、彼は西欧社会において、プロテスタンティズムというキリスト教の個人主義的な文化こそが資本主義的な経済制度を導くうえで大きな役割を果たしたと考え、両者の関係を検討した。このような文化と経済社会との関係（ウェーバーによるところの宗教と社会類型の関係）もまた、開発を考えるうえで十分考慮するに値するであろう。

タイにおける仏教は、一九世紀以降タイの近代化の中で国家宗教としての側面をもってきた。同時にサンガと呼ばれる仏教僧の組織がタイという国民国家の精神世界を統制するうえで主要な役割を担ってきた。ところが、一九六〇年代以降このような仏教の中から、国家主導の開発《かいはつ》、「上からの開発《かいはつ》」に対する批判が生まれ、近年この動きが著しい展開を示すようになってきたのである。ここに、宗教なり文化なりが経済社会の動きに持つダイナミズムが見出される。タイでは、他の第三世界諸地域と同様に、開発過程の中で、近代化論と内発的発展との対抗関係が見出されるが、実のところタイ仏教そのものも一方では近代化にともなう精神世界の混乱を癒し、国民的一体性を保つ役割と同時に、他方では草の根レベルから起こってきている「上からの開発《かいはつ》」批判と、内発的発展を支持する運動に論拠を提供する、という二重の機能を果たしてきたのである。

以上の問題意識から、最初にタイの経済成長とその結果として起こってきた社会問題を概観し、次に「上からの近代化」に対する内発的発展パターンがどのようなものかを見ることにしよう。次に、物的な富の拡大を追求する経済成長、近代化を唯一の発展の道と考える主流派の思考に対して、個人の発展をめざす問題提起がなされるに至った事情を検討する。これは同時に仏教を革新する動きでもあり、その動きはすなわち、革新的仏教を成立させるものである。

一　タイの経済成長と社会問題

タイは東南アジアにおいて経済成長の優等生といわれ、一九七〇年代以降、経済成長率は年平均七～八％を下らず、今日（二〇〇一年時）、平均一人当たり年間所得は約二〇〇〇ドルとかなり高いレベルに達している。そのため、ＮＩＥｓ（新興工業国・地域）に続く第五の虎であるとか、「新ＮＩＥｓ」などとも呼ばれている。実際、バンコクの高層ビル群や続々と出来るショッピングモール街、そして中心部各所で見られるひどい交通渋滞等はタイの経済成長を反映するものである。このような工業化を契機として、タイではそれまで見られなかった中産階層が厚みを増してきた。また、テレビなど耐久消費財の普及、情報網の全国的拡大化、人々のモビリティー（農村から都市、また海外への出稼ぎ等による人の移動）の増加が起きている。一九九七年夏以降のバーツ危機によって、半ばバブルを含んだこの成長は一時頓挫したが、最近四半世紀におよぶ高い経済成長の事実そのものは変わらない。ところが、他方でこの成長の反面、地域格差、社会格差といった社会問題が大きくなってきた。この格差問題はすでに一九八〇年代初期にバンコクと地方の一人当たり所得の大きな格差、といった形で現れ、それ以前からタイの経済計画も「国家経済社会開発計画」というように「社会」という言葉を入れ、格差是正が開発計画の目標の一つとなったのである。しかし現実は、この一人当たりの所得格差は経済成長期を通じてますます広がっている。

第一に、地域格差に関してはバンコクと地方との所得の格差は今日平均して約一〇対一だが、（深刻な貧困問題を抱える）北部や東北部だけをとると、その差はさらに拡がる。また人口もバンコクが約六〇〇万人であるのに対し、第二の都市であるチエンマイは三〇万人ほどで、一点集中型の経済成長を示している。しかし、この一点集中も、テレビ、オートバイ等耐久消費財の各地方への普及という形で消費文化が拡散していることによって、むしろ地方でのバンコク信仰をかき立てていることも事実だといえよう。第二に、貧富の格差がある。一人当たり所得におけるバンコクと地方の格差のみならず、社会における貧富の差、とくに華僑系タイ人と一般のタイ人との格差、また定職を持つタイ人と持たないタイ人との格差が著しく拡大してきた。第三に、公害問題が挙げられる。これはすべてのＮＩＥｓに共通する問題ではあるが、とりわけタイでは工業化とともに排水・排煙による環境汚染、また森林面積の減少（一九六〇年代に国土面積の四〇％を占めた森林面積が今日では二〇％以下に激減）による雨季の洪水あるいは土砂流出が起こっている。河川や貯水池の汚染などもかなりの程度進んでいる。

　こうしたいくつかの格差や環境悪化の結果、次のような社会問題がクローズアップされてきた。それは、農村から都市への人口流出、スラムの増殖（バンコクの四人に一人がスラム居住者）、森林破壊、大気・水質汚染、そしてＨＩＶ（エイズウイルス）感染者の増加などである。特にタイは発展途上国のなかでも感染者が多い（一九九八年時点で感染者一〇〇万人以上、エイズ発病者約八万人）。ＨＩＶに関しては、先進国の感染経路がかなりの程度中産階級における同性愛や薬害であるのに対し、発展途上国においてＨＩＶに感染する人々は主に貧困層、しかも女性に多い。これは、発展途上国における社会環境がこの病気の流行と密接に関連していることを示している。

　このように、経済成長の反面、社会環境問題が厳しくなっている。

貧困にあえぐタイ農村。近代化による大都市部の繁栄の影で、疲弊している農村部も多い。

次に、どのようにしてこれらのような社会問題に対応して、民衆レベルでの内発的発展の動きが現れてきたかを見ることにしよう。

二　上からの開発《かいはつ》過程に対するオルタナティブとしての内発的発展パターン

(1) 内発的発展の意味

内発的発展は、一九七〇年代にユネスコ(UNESCO＝国連教育科学文化機関)の場で定義された。それは、近代化論に基づく外発的発展の波及、地域個性喪失の危機に際して、自らの地元固有の価値観に根ざし、地元の資源、地元のイニシアティブを活用するような発展形態を指しており、第三世界の台頭とともに、新たに社会科学の分野でクローズアップされてきた世界観、および学問方法論である。近代化論は、経済成長を政府や多国籍企業、政府開発援助(ODA)など巨大組織の巨大資金を外部から持ち込むことによって実現させる、という考えに基づいている。その背景には、経済の動きを物的生産の増大を通じて計るという一元的な価値観に基づく発展段階説がある。つまり、生産性の低い前近代/伝統的段階から、市場経済が発達し一人当たり生産物増大が進む近代的資本主義社会へのそれである。しかし、近代化や経済成長がすべての社会成員にとって望ましい生活を保障するかどうかは必ずしも確実とはいえない。近代化が都市や工業の急成長、繁栄をもたらす反面、伝統的な生活が壊れ、地元の人々の間で格差を生み、人々の資源や機会に対するアクセスの不平等をもたらすということはないだろうか。つまり、ある資源が役に立つか立たないかという価値判断は地元の人々の価値観ではなく、外部の基準による。そのことによってこれまでの村落社会の中で尊ばれていた、老人の立場や共同体のハーモニーを重視するような価値観が壊れ、カネという新しい価値観に立脚した社会的強者と弱者との格差が出てくる、あるいは持ち込まれる。そこから一部の人は自らの必要を大きく上回る浪費的生活を営むのに対し、多くの人は基本的ニーズを満たすこともできず、精神的・肉体的に惨めな生活を送らざるを得ない状況が生まれてくる。

これに対し内発的発展は、多様な発展形態、多元的な価値観を前提とし、単に物の生産にとどまらず、人間の発展、社会の発展をめざしていくものである。したがってそれは、一人ひとりの個人の基本的ニーズを基礎として人々の自由な選択を重視するような発展過程であり、各地域における社会的、文化的、経済的要因の結びつきによってきわめて多様であり得る。そうすると、内発的発展においては、単に経済成長にとどまらず、人々の基本的ニーズがどれだけ充足されているか、どれだけ人々の参加が保障されているかが、豊かさの一つの尺度となる。この意味で、それぞれの地域にふさわしい発展を判定できるようなものさしを用いることが重要であり、そのようなものさしになるべき社会指標を選ぶ必要性が出てくる。近代化論ではこのものさしは一人当たり国民総生産（GNP）だが、内発的発展論ではそれぞれの地域にふさわしい発展のものさしを作り出していくことになる。この点についてはさらに後述する。

(2) 内発的発展を支える仏法

タイの仏教は国家宗教として国民国家を支えてきた。しかし、仏教二五〇〇年余の歴史の中にも上座部仏教（俗に言う小乗仏教）と大乗仏教という二つの流れがある。南伝の上座部仏教が個人の解脱《げだつ》を追求することを目標とするのに対し、北伝の大乗仏教は自らが世人を救う、世界を救うことによって自らの悟りをひらくことを目標とする、といった違いがある。両方とも今日までの発展の中で、かなりの程度各時代の社会的な影響を受けながらそれぞれの地域に適するように展開してきた。したがって、上座部仏教も大乗仏教も社会問題に答え得る場合もあれば、答えられない場合もある。

急速な近代化にともなって、心の救いを求める人は増えている。上座部仏教、大乗仏教を問わず、これに対する宗教側の答えが十分に提示されていない場合、いわゆる新興宗教の必然性が起こってくるのである。タイにおいてもこの二〇年来、経済成長を通じてかつての地域コミュニティや家族といった社会制度が急速に解体していく中で、人々は新しい魂の救いを求めるようになっている。それに応えようとする新しい流れには三つの方向があり、そのうち二つは一九八〇年代以降、都市仏教の中で展開されている（詳細は本書第7章参照）。一つは、中産階級に対して瞑想を推奨する、タンマカーイと呼ばれる瞑想サークルである。これは、強力な指導者である僧の下で瞑想の中に個人の救いを求めていくものである。二つめは、仏教原理主義としてのサンティ・アソークの考え方である。これはポーティラック（一九三四年—）という僧がひらいた仏教改革運動で、戒律を通じて仏法の原初的な生活に戻ることによって俗世から解脱することを目標とする。彼は開発《かいはつ》に対して厳しい批判をしている。それは、「近代化が進めば進むほど人々の悩みは増えており、開発《かいはつ》は人の心の問題を解決していない。むしろ豊かな人も貧しい人も心が乱れるようになった」という（一九九四年八月、筆者とのインタビュー）。こうした乱れや苦悩（煩悩）からの救いとして、悩みを少なくして本来の自分自身にめざめるために厳しい戒律を守る教団を作ったのである。この教団は、政党「パランタム（法力）党」として政界にも進出しており、その有力な指導者の一人にチャムローン氏（元バンコク都知事・副首相）がいる（本書第7章および第Ⅱ部資料2参照）。

三つめの流れは、プッタタート比丘《びく》（一九〇六—九三年）の思想である（本書第3章、第4章参照）。タイの南部スラートターニー県チャイヤー郡出身のプッタタート比丘は一九三〇年代にバンコクに出て仏教を学んだが、この時すでにタイの近代化、都市文化に失望し、故郷チャイヤー郡に帰って森の中にスワンモーク（解放の園）と名づけた道場を開き、仏教の厳格な実践を行うようになった僧である。それは、原始仏法に生きる中で近代化の流れを批判していくものであり、自己革新的仏教ともいえる。つまり、ブッダの教えを、瞑想、戒律、学問（智慧）を通じて体得することによって近代社会で形骸化した仏教を改革していく、それが自己の救いの過程にほかならないと考える。今日ではスワンモークに学んだ僧をはじめ、プッタタートの広汎な著作に影響を受けた多くの開発僧《かいほつ》と呼ばれる僧たちがこの流れに沿って活発に活動している。開発僧《かいほつ》は、教育、瞑想、村おこしの互助プログラムあるいは森林保全、エイズ患者の救済、山岳民族への支援やストリートチルドレンの救済といった広範な社会活動に従事している。上座部仏教では肉体労働や社会活動はあまり好まれないが、彼らは戒律と瞑想を実践しながら自らの解脱を追求し、それが社会の解脱につながると考える。彼らの思想と実践はそのまま政府主導の開発《かいはつ》政策（パッタナー）に対して、人間のめざめとしての開発《かいほつ》（パワナー）を追求する動きとなっている。このように、「上からの開発《かいはつ》」に対して、下からの個人のめざめを重視する仏法が実は内発的発展を支える文化となっており、また苦悩からの救いを求める人間一人ひとりの倫理となっている。

三　物的な富の拡大から個人の発展へ――仏教の革新と革新的仏教

（1）人間革新の倫理としてのパワナー＝めざめ

前節で述べたパワナー＝めざめとは、プッタタート比丘に発する考え方である。プッタタート比丘以外でも上座部仏教の内部でこのような考え方に近づいた人々はいる。その一人がパユット師（一九三九年―）で、彼はタイ僧団（サンガ）の中でも要職を占めるが、パワナーを追求する活発な言論活動を行っている。プッタタート比丘の『人生読本』（一九五六年）、『仏法共同体原理（仏法社会主義）』（一九八六年）やパユット師の『仏法経済学』（一九九二年）、『持続可能な科学を求めて』（一九九三年）等に従い、師らの開発観を見ることにしよう。

タイの代表的学僧、パユット師。パッタナー（開発《かいはつ》＝物的富の増大）とパワナー（開発《かいほつ》＝真理へのめざめ）の違いを説く。

プッタタート比丘は人間と世界に関する根源的なものの見方について語ってきており、その著作は一〇〇巻を越える。スワンモーク道場は世界中から信者が訪れて修行を行う場所であり、プッタタート比丘が一九九三年に亡くなった後も仏教の実践の場として弟子たちにより守られている。師の考え方はサンガ仏教では欠くことのできないお守りやお祓いなどの迷信的な要素を排除する。そしてブッダの原初的な教説の中に人間の救いを求めるのである。プッタタート比丘やパユット師は、開発との関連において、「人間は本来、タンハ（貪欲）につきまとわれた存在であり、この煩悩こそが世の中の紛争や苦悩の根源である。開発《かいはつ》政策（パッタナー）による物的富の増大の追求は、人間の迷いを増大させている。よって瞑想や戒律など仏法にめざめることによって自らの持つタンハをチャンタ（精進意欲）に変えていき、真理にめざめる（パワナー）ことができる」とした。この教えは近代化の動きをラディカルに批判している。近代化論では人間の欲望こそが経済発展の動因である。しかし、プッタタートらによれば、貪欲＝煩悩は人間に苦悩をもたらす。苦悩から逃れるためにはタンハをチャンタに変えて自分を変えていくことが必要である。このように考えると、開発とはもはや富の増大ではなく、むしろ自分がどのように真理にめざめていくかという追求（求道《ぐどう》）の過程にほかならない。この真理へのめざめこそが仏教でいう開発《かいはつ》にほかならない。これはそのまま、国家が主導する開発《かいはつ》を、人間が自分で選びとる開発《かいはつ》に変えていく動きといってもよいが、これは物質文明と妥協した仏教を内部から革新する根元的な動きとなっており、ここから革新的仏教が生まれてくる。この革新的仏教、革新的文化こそが、タイそして広くアジア仏教国における内発的発展の担い手となっている（西川編、二〇〇一年）。

開発《かいはつ》はよく、古い文化、伝統といったものに戻ることと考えられがちだが、全くそうではない。むしろ、今の社会体制を維持するイデオロギー装置として大きな役割を持っている文化を変えていくことによって、新しい社会への展望が拓かれてくる。そういう意味で内発的発展とは、古い伝統に立ち戻ることではなく、むしろ常に伝統文化の革新をともなうものである、ということがタイの仏教革新運動から理解できよう。

（2）開発概念の変化と世界の変化

一九九〇年代に入り、第二次世界大戦後今日までの開発を支えてきた理論・政策は、大きく転換しようとしている。一九八〇年代頃まではひたすら物的富を増大させることが開発と考えられ、アジアのキャッチアップ国家では「開発独裁」体制が、タイ、インドネシア、シンガポール等で続々と生まれ、開発の前には人権や人間の尊厳は二の次とする風潮が一般的となった。その結果、世界的規模での環境問題、社会問題が悪化したといえる。タイの社会・環境問題もその一環にほかならない。一九九五年三月コペンハーゲンで開かれた世界社会開発サミット（WSSD）では、この社会問題の悪化を三つの側面で示している。第一には世界的な貧困の増加であり、第二には世界的な失業の増加、そして、第三には社会分裂の増大である。この三つの社会問題は世界的な開発ブームの結果として現れてきたといえよう。本来、開発は貧困や失業をなくすためにとられてきた政策であった。しかし、開発の結果、これらが逆に拡大してきたのは、今までの開発が行き届かなかったためではなく、むしろ開発が人間の発展ではなく、資本蓄積、生産力の増大を至上目的として物的富を追求して進められてきた結果として出てきた問題であるといえる。

そこで、八〇年代後半から経済協力開発機構（OECD）の開発援助委員会（DAC）の場において、九〇年代の開発政策として「持続可能な発展」あるいは「裾野の広い成長」という開発理念の転換が提起された。「持続可能な発展」とは、経済社会の「持続可能性」が危うくなっている発展をいかにして持続的に進めていくか、経済と環境保全をいかに調和させるか、という問題提起である。そして「裾野の広い成長」とは、社会の裾野、民衆レベルまで行き渡らない経済成長をいかにして草の根レベルに行き渡らせるかということである。この二つを達成する手段として、人々が開発過程に参加していくことをめざす「参加型発展」政策が提示された。民衆参加のない国家・企業主導の巨大開発《かいはつ》こそが環境を損ない、貧富の格差、貧困人口を拡大し、発展の基礎を脅かしていると考える。この「参加型発展」政策が社会開発サミットにおいてはさらに「人間中心的・民衆中心的発展」という理念に裏打ちされていることになった。つまり、今までの「上からの開発《かいはつ》政策」に対して、その歪みを是正する新しい方向として「持続可能な発展」「裾野の広い成長」そしてこれらを保障する「参加型発展」「人間・民衆中心的発展」という一連の新しい考えが出てきたのである。

ここでいう発展とは「上からの開発《かいはつ》」ではなく、社会の自己展開という意味での発展である。これまでの経済成長重視の開発《かいはつ》政策では、必然的に一人ひとりの人間が一括して「労働力」とみなされてきたために、人権、あるいは人間の尊厳の問題が二の次になっていた。民主主義・民衆参加がある程度保障されている先進国では人権は重視されるが、国家・企業主導型発展路線をとる後進国・発展途上国では人権はえてしてないがしろにされる傾向がある。人権を損なう要因は、大きく社会的あるいは環境的不均衡に基づいている。国際的な人権基準というものが後進国ほど守られていないことを考えると、人権を開発の中心課題として考えなければならないことが明らかになってくる。

このように、新しい発展の方向として、人間そして社会の発展が重要になってきた。人間の発展に関しては一九九〇年来、国連開発計画（ＵＮＤＰ）が「人間開発指標」（Human Development Indicator、ＨＤＩ）を提示した。これは保健・教育・実質購買力に基づく所得の三つの開発指標を合成したものだが、未だ完成したものとはいえず、毎年計算方法にも改善が加えられている。発展の理念・目的がどれだけ達成されていくかを見るためには指標が必要であり、この指標は発展目的に応じて異なるはずのものである。ＨＤＩは、これまでのＧＮＰで計る成長至上主義に対して、人間の発展を中心にした社会開発の方向を促進するのに役立つ社会指標の一つであると考えられる。この意味で、人間の自由な選択を重視し、実現していくための社会発展の目標は次の三点にある。第一に貧困をなくす、第二に雇用を創出する、第三は民衆の実質購買力を高め社会分裂をなくしていくこと、である。現在のＨＤＩは主として、保健・教育・実質購買力に関する指標だが、将来的にはこれを、それぞれの地域に適した指標として運用していくことが可能になるだろう（西川、二〇〇〇年）。

おわりに

近年、開発の目標自体がこのように非常に大きく転換してきた。そして、この目標転換のために必要な手段として、市民社会の参加が重視されるようになってきた。市民社会とは、国家、企業と対置される概念であるといってよい。国家が権力をコントロールする機関であり、企業が利潤を追求する機関であるのに対し、市民社会は一人ひとりの個人の人権、尊厳に基づいて市民の自由な選択を守る市民による自発的な結合組織である。その構成要素としては、非営利組織（NPO）の住民組織（PO）、開発協力団体（非政府組織＝NGOなど）、そして自由で独立した言論機関等が挙げられよう。よって、社会開発というときには、第一には目標が物の成長から人間の成長に変わったこと、第二には手段において国家、企業と並んで市民社会の参加が必要になってきたこと、という開発理念・政策における二つの主要な変化が含まれていることを念頭におくべきである。

　これらを考えたうえで、それでは市民社会がどの程度開発過程に参加できるのか、またどの程度開発の流れを変えることができるのか、ということが課題となってくる。このとき、仏法は人々の貪欲をこの世の苦悩の根源においた。これはイギリスの歴史学者R・H・トーニー（一八八〇―一九六二年）が言う「獲得欲に突き動かされた社会」だといってもよいが、私たちが絶えず何かを得たい、支配したい、という獲得欲を原理として行動しているかぎり、決して大量生産・大量消費の社会のジレンマから抜け出すことはできないといえる。このような大量生産・大量消費の社会システムこそが地球的規模での危機を招いていることを私たちは想起するべきである。市民社会を構成する私たち一人ひとりの心が変わっていかないかぎり、開発《かいはつ》は開発《かいほつ》には絶対に変化していかない。私たちは人間としての心を失い、モノに動かされる存在にすぎない。このことをタイの仏教は教えているのである。そういう意味で、タイの仏教が私たちに提起している最も重要な問題は、人々が貪欲（タンハ）に突き動かされているかぎり、個人のめざめに基づく開発《かいほつ》、人間社会の真の発展は実現しない、ということである。これが、私が革新的仏教と呼ぶ、今日のタイ仏教の中に出てきている新しい開発《かいほつ》理論にほかならない。自らが変わらないかぎり世界は変わらない、これこそがアジアの風土に根ざした智慧ではないか。このような自己変革の考えは、今までの西洋起源の開発《かいはつ》理論には見られなかった。かつてインドのガンジーは平和の基礎をアヒンサー（非暴力・不殺生）とサルボダヤ（すべての生あるもののめざめ）に求めた。このように、平和を単に戦争や暴力の不在にとどまらず、むしろ積極的な非暴力に基づく慈悲と自立の構築に求める平和思想は西欧には見られない考え方であり、今日、開発思想・開発理論の大きな転機に際して、アジアからの智慧として大きなインパクトを与え得るものであるといえよう。

【参考文献】

〔外国語〕

Buddhadasa Bhikku,1956, *Handbook for Mankind,* Bangkok : Dhammasapa.

——————, 1986, *Dhammic Socialism,* Bangkok : TICD.

Mahatma Gandhi, 1966, *India of My Dreams,* Ahmedabad : Nanajiyan Publishing House.

Sulak Sivaraksa (ed.), 1994, *The Quest for a Just Society,* Bangkok : Suksit Sian.

——————, 1981, *A Buddhist Vision of Renewing Society,* Bangkok : TICD.

P.A. Payutto, 1992, *Buddhist Economics,* Bangkok : Buddhadhamma Foundation.

——————, 1993, *Toward Sustainable Science,* Bangkok : Buddhadhamma Foundation.

United Nations Development Report (UNDP), 1990~, *Human Development Report,* London : Oxford University Press.

〔日本語〕

西川　潤編、一九九七年、『社会開発——経済成長から人間中心型発展へ』有斐閣。

西川　潤、二〇〇〇年、『人間のための経済学——開発と貧困を考える』岩波書店。

西川　潤編、二〇〇一年、『アジアの内発的発展』藤原書店。

第2章

仏教者の手によるもう一つの発展

タイ仏教の世俗化を超えて

スリチャイ・ワンゲーオ
〔野田真里＝訳〕

東北タイ農村の民家。降水量が少ないため、雨水を水瓶に貯めている。

はじめに

本章の目的は、タイの宗教とくに仏教とタイ社会の関係について、個別的な実証を行うことではなく、全体の流れを考察することにある。近代化にともなう必然として一般に考えられている宗教の役割の低下、タイの場合で言えば、仏教の世俗化のもつ意味やその実態からこの考察を始めたい。それにより、タイの社会経済発展の本質を検討することができるからである。また、タイにおいて開発がもたらした結果を検証することによって、アンバランスで矛盾に満ちた開発の本質を考察する。世界を相反する二分法、つまり「伝統」から「近代」への移行として見るのでもなく、また仏教をはじめとする宗教が今やその重要性を失ったかのごとく理解するのでもない。実態はむしろその逆であると考えられる。本章では、主流派の開発戦略のもとでは持続可能な発展を実現し得ないのではないかという批判的観点に立ち、とくにタイの文脈に基づいて、仏教が社会的創造力や「もう一つの発展（オルタナティブ発展）」を推進する重要な鍵を握っていることを明らかにしたい。

タイにおける筆者の経験と研究から見て、仏教の役割は次の三点に整理することができる。すなわち第一に、仏教は社会開発の目標を定義し直すために重要な示唆を含んでいる。第二に、仏教は人間と自然、社会と環境との関係、さらに各個人が内なる自分と向き合うその新しい枠組みを提供する。第三に、人類生存のための最重要課題となっている真の持続可能な発展の原動力になる、という点である。

一　タイにおける国家主導型開発《かいはつ》と宗教の世俗化

本章の主題は、開発における大きな矛盾を抱えたタイにおいて、仏教の実践がいかなる役割を担うものであるかを問うことにある。まず、宗教の世俗化を社会学的見地から簡潔に検証し、近代化の帰結として生じた社会問題のさまざまな側面を検討する。

ここ一世紀以上にわたって、タイの上座部仏教は国家の近代化の営みの中で大きな役割を担ってきており、第二次世界大戦後は国家経済開発計画（第二次以降は国家経済社会開発計画）の重要な柱であった。しかし、この一〇年をふりかえってみると、この近代化や開発の営みは世俗的な意味で多様な問題に直面しているばかりでなく、もっと深い意味での危機、つまり近代の意味そのものが問われるという意味での危機に直面している。そこで我々は近年ＮＧＯ（非政府組織）による開発の営みと連携している上座部仏教の新たな潮流に着目し、この潮流がタイにおける「もう一つの発展」の中で持つ意味を検討したい。

最初に、宗教の世俗化に関して簡単な整理をしておこう。「宗教は開発の障害であり、社会が発展するにつれて姿を消す存在である」という点で、不思議なことにこれまで自由主義者とマルクス主義者の多くが意見の一致を見ていた。とくにここでは世俗化（secularization）について考えてみたい。この社会学用語が意味するところは、宗教がもはや社会生活の道徳的側面ではその役割を失っているという点ばかりではなく、宗教思想、宗教実践、宗教組織自体が社会的意義を失ってきた、まさにその過程そのものであるとされる（Wilson 1987; Turner 1991）。

ここで我々はタイの開発と仏教の世俗化に目を転じてみよう。タイの近代的開発は、一九六一年から六六年の第一次国家経済開発計画の下での一連の政策・プロジェクトに始まるといえよう。以後タイにおいては今次の計画（第八次国家経済社会開発計画）を含め七次の計画が実施に移され、相対的に高く安定した経済成長率を実現し、ＧＮＰ（国民総生産）を増大させてきた。タイの経済成長を後押しした国際的要因としては、一九六〇年代後半か

タイの首都バンコク。国家主導の開発計画は経済成長を最優先するものであった。

らのベトナム戦争と、八五年のプラザ合意以後の東アジアの経済再編が挙げられる。

国家経済（社会）開発計画下で行われた三〇余年にわたる開発《かいはつ》は次のように特徴づけられよう。第一の特徴に、開発の目標は経済成長であり、その方向はまさに近代化そのものであるとされた点である。当時としては普遍性を持つと考えられていた西洋化、とくにアメリカ化をめざす国家目標が基本とされた。経済は、社会生活の一部であるにもかかわらず、最も重要であるとみなされ、すべての政策遂行努力の中で優先された。経済成長は、いくらかのタイムラグがあるにせよ、ほぼ同時に全国民に対し発展を約束することを意味していた。このように、「成長」と「開《かい》発《はっ》」はほとんどの場合、同じ意味で使われている。経済が発展すればするほど、伝統は、近代、とくに西洋的近代の諸特徴によって取って代わられると考えられてきた。

第二の特徴は、中央政府の官僚制こそが、国家の目標を達成する手段であり、その主要な組織、実行主体とされた点である。官僚は近代的専門性を備え、政治的に中立で、かつ国家開《かい》発《はっ》の名の下に社会生活のすべての分野に介入する唯一の法的正当性を持ってきた。とくに冷戦下では、それまでの価値観にとらわれない新たな近代化計画を実行する最適な存在として、強力な国家と近代化の実行者たる官僚がより一層重視された。一九五七年のサリットによるクーデター後の政権下では、首相を議長とする国家経済開発庁（ＮＥＤＢ）が新設され、前述の国家経済開発計画が策定された。そしてさらに、新設された国立行政開発学院（ＮＩＤＡ）は、西洋諸国、とくにアメリカの多大な援助を受けて、国家目標達成のために高級官僚の訓練・教育にあたった。

思想面で政府が警戒したのは、多くの僧侶が、人々を経済利益追求に駆り立てるという国家の目標からすれば甚だ不都合で好ましくない考えを国民に広めるのではないかということであった。当時の首相サリット元帥は、この件でサンガ内の上級僧侶に対し通知書を送付した、とされている（Payutto 1982）。政府は、仏教僧の組織サンガに対し、開発《かいはつ》に否定的で不適切な仏教の教えを説くことを制限さえした。たとえば、「自らの限界を知り、今自分の持っているものに満足せよ」という意味を持つ少欲知足という教えなどがそうした規制を受けた。政府にとってはむしろ次のようなスローガンの方が好ましかった。つまり「労働はカネ。カネは労働。これこそが幸せの源泉」である、といったものである。なぜなら、政府高官は、経済学でいうところの「さらなる欲求」とか、成長や生産を刺激する消費欲の拡大、それがもたらす経済成長をめざしていたからである。

第三の特徴に、こうした国家経済開発計画の主たる開発戦略は、農業を基盤とするものではなく輸出志向工業化へと変わった点がある。農民はタイ国家の背骨としばしばいわれてはいたが、農業自体はその重要性を失ってきた。農業は長い間、農産物輸出による工業化促進のための外貨獲得の手段という点でのみ重要であった。今日まで国民の福利増進をめざすすべての施策は、多くの場合、工業化戦略の成功、あるいは消費中心の開発《かいはつ》の実現に寄与するかどうかを基に決定されてきた。これが国民や国家にとって現実的な理想であるとされたのである。

第四の特徴に、開発政策において一般的に宗教の役割、とくに仏教の役割はかなり低下したが、部分的には強化もされた点がある。というのも、国家経済開発計画に沿う範囲であれば、仏教は有用であるとみなされたからである。開発の文脈における宗教の明らかな役割は、目標を明示する一つの「手段」であった。開発《かいはつ》、タイ語では「パッタナー（pattana）」、つまり近代化の推進に際しては、合理性が宗教よりも重要な役割を担うとみなされたが、政府は仏教をも利用することを考えたのである。これは前述した社会学的意味での世俗化である。開発のこうした定義によって、社会の目標は宗教上の個人的救済から世俗的な福利の向上に転換させられる。仏教は合理的宗教であると往々にして考えられているが、他方で西洋の宗教と同様に、近代化の影響を受けながら伝統社会の特徴を色濃く残していると思われていたのである。ただし、近代的な考え方や行動様式が社会全体の中に浸透するにつれて、そうした特徴も薄れていった。さらに、サンガも公私を問わず人々の道徳規範や儀式のうえで持つ役割は別にして、社会の精神的柱としての機能をますます低下させている。これはちょうど人間社会が自然との一体感を喪失してしまった事態と同じである。

二　国家仏教の成立

タイの近代化における仏教の位置は、一世紀を越える歴史の中でこれを見なければならない。アジア諸地域では西洋の列強による植民地化が進行していた時期、シャム（一九三九年まで、および四五―四九年の間のタイ王国の旧称）はちょうど国家統合過程の途上にあった。タイ人の多くが信仰する上座部仏教もこの国家統合の一つの鍵を握っていた。一九〇二年のサンガ統治法（「ラタナコーシン暦一二一年サンガ統治法」）の布告によって、仏教は国王によって指名されたサンガの王、つまりサンガラージャ（法王）のもとに統一された組織となった。タイ国内各地域の僧侶は、首都バンコクよりも長い何百年という独自の歴史を持っていた地方の王のもとにあったが、これを機に伝統的仏教組織は改革され、僧侶たちは新しく統一されたサンガの一員として吸収された。僧侶やサーマネーン（沙弥《しゃみ》＝見習い僧）のための標準的教育カリキュラムもこの時期に作成された。

その結果、サンガは国の組織となり、全国に広がりを持つに至り、国家の権威に正当性を与える機能を兼ね備えた（Ishii 1998）。サンガは直接的にはサンガ統治法に則っているが、同時に改革された県の行政組織と同じ階級制度を採用した。さらに、高僧は公式の国家行事や国の祝日に行われる儀式を司った。

冷戦下、とくに一九六五年から七八年にかけて対共産ゲリラ作戦が活発に行われていた頃、仏教は国家宗教かつ官僚的組織として、国家政策を補助する役割を担っていた。「民族、宗教、国王」が国体保持の原則となった。さらに、政府は共産主義に対する道徳的防衛としていくつかの仏教プログラムを支援した。なかでも、地方を対象としたタンマトゥート（仏法の使節）および山岳民族を対象としたタンマチャーリック（仏法の巡礼）という布教プログラムで、僧侶たちが各地に派遣された。

しかし、サンガが完全に国家の道具になったとみなすのは間違いであろう。たいていの僧侶は官僚と違い、地方出身であり、サンガ自体も官僚制以上に地方の意向に柔軟に対応してきた。政府などから比較的独立していた高僧もいた。また、サリット軍事政権時代（一九五八—七三年）には時に左翼として嫌疑をかけられつつも、村に根をおろし、村人とともに瞑想を広め、公の開発《かいはつ》とはひと味違う村落コミュニティ（共同体）の開発《かいほつ》を推し進め、骨の髄から村の指導者であり続けた開発僧《かいほつ》たちもいたのである。

以上述べた今日のタイに見られる開発のさまざまな諸側面は、人々の社会生活の中にいくつかの結果を生じさせている。都市、農村を問わずその生活の全領域で、強力な経済成長の影響を受けていないものはない。経済成長自体が目に見える形として現れ、経済成長率という考え方が、マスメディアばかりでなく学校や高等教育機関を通じて日常生活に浸透し、経済成長を正当化する風潮が強まった。しかし、現実には、経済成長がコストなしに実現したわけではなく、人間生活の他の側面では矛盾を生み出したのである。

三　近代化と社会矛盾

近代化による社会矛盾は、次のように大きく三つに分けられる。第一の矛盾に、物質的成長および経済機会の増大は、地域や社会階層によって格差を生む原因となったことが挙げられる。とくに、地方の農民は経済成長の恩恵から最も遠い存在であった。逆に、バンコクと大首都圏は最も恩恵に浴した地域であるように思われる。全社会階層の中で、小農民と地方の大部分の人々は幸運にむしろ見放されてきた。

一九七〇年代の政治的対立、暴力、流血事件をきっかけとして、より分配指向的でより地方重視、かつ住民参加型指向の政策がいくつか採択されることになった。これは、特別地方開発政策策定委員会の設立を含む第五次国家経済社会開発計画において準備されることになる。しかしながら、住民参加型および地方重視の原則が実施されたのはわずか数年でしかなかった。八〇年代後半以降の円高＝日本企業の投資の影響と、東アジアの産業再編の波によりこれらの改革の進展は鈍らされる結果となる。

第二の矛盾に、国家が工業化政策を推進するにつれて、環境問題が地域を越えて拡大するようになった点がある。森林伐採が進むにつれて、洪水が頻発するようになり、村によっては存続が危ぶまれるところさえ出てきた。一九八九年、ナコーンシータンマラート県の南部は最も深刻な災害に見舞われた。そこでは二つの村が洪水に押し流され、四〇〇人以上が溺れた。言い換えれば、我々が科学技術を応用し「自然を支配」しようとし、いわゆる開発《かいはつ》を推進し、経済的に成功を収めるにつれて、問題はさらに一層複雑になってきたようだ。

こうした経済成長・開発《かいはつ》の矛盾は、自然資源の枯渇、行き過ぎた搾取、環境破壊、農業および工業による自然の汚染となって立ち現れている。タイの河川の大部分は汚染され、飲用などの人間の直接的な利用には耐えられない事態に陥っていると科学者たちは警告している。それ以上に、環境コストの重荷は地方の村落共同体の肩に一層重くのしかかっている。ダム建設計画による地元民への立ち退き政策はその好例である。

第三の矛盾としては、物質的な開発《かいはつ》と消費主義の蔓延が一般的生活スタイルになるにつれ、日常生活の中で経済的な側面ばかりが強調されるようになったことが挙げられる。人々は物質的満足を得るために、限度をわきまえずいよいよ競争的になり、非人間的な生活に突入していく。主流派的・世俗的な意味での開発《かいはつ》が続くかぎり、こうした生活スタイルは、社会から距離を置いて、精神に重きをおく生き方からは遠く離れていく。

これらすべての問題は、タイ社会の中では誰もが感じ、気づいていることではあるが、その程度は人によって大きな開きがある。開発を担当する官庁に開発そのものを問い直すような働きかけも行われてきている。「開発《かいはつ》のための開発《かいはつ》」の賛美、人間の内なる幸福を考慮せず、人の顔の見えない開発《かいはつ》を進めるやり方は社会を表面上めざましく変えるが、必ずしも社会の成員の幸福につながるとは限らない。発展段階をいくつも駆け上がっていくという、国が設定した開発《かいはつ》の考え方にもっぱら従う場合には、常により多くを消費することが開発の推進力となってしまう。

消費中心で、人間の内なる幸福をかえりみないような開発《かいはつ》のあり方に疑問を抱くことから、開発をより深く考え、より根本から検討し直す試みが始まるわけだが、さらにこの作業によって開発それ自体が現在直面している危機の意味を明らかにすることが可能となる。なぜなら、消費に限らず人間存在の多面的なさまざまの側面をどう統一的に発展させるかという視点を無視しては、開発それ自体が意味をなさなくなるからである。

四　草の根からの仏教復興運動

一九六五年、アジアと東南アジアにおける近代化の現状、およびその研究動向に関する比較研究を目的とする会議の成果が、一冊の本として発表された（Bellah ed. 1965）。そこではさまざまな論点が提示された。一般に世俗化が進展し、合理主義・物質主義が蔓延すると宗教生活は捨てられていくのであるが、タイの場合、その逆であることがこの報告によって明らかにされた。つまりタイ社会が近代化するにつれ、宗教の意義は高まりこそすれ、廃れてはいないということである。こうした現実を見ると、私たちはタイ社会における宗教の本質をどのように特徴づけるか、という問題に再び立ち返る必要を感じることになる。これは、近年のさまざまな研究で取り上げられている課題とあい通じるものがある。たとえば、先に挙げたベラー編の本からおよそ三〇年を経て、最近ではカイース（Keys 1994）や田辺（一九八九年、九五年）の研究が注目されている。

托鉢する僧侶。近代化が進むタイ社会において、人々の精神生活に助言を行う仏教の意義は高まりこそすれ、廃れてはいない。

　タイにおける仏教の復興にはいくつかの潮流がある（プラサート、一九九五年）。そこで、現代タイの仏教的開発《かいほつ》の一つの主要な流れとその役割に焦点を当ててみよう。

世俗的な意味の物質的成長にともなう危機と同時に、開発現象はますます本来その主体たるべき民衆から離れ、地道な歩みを進めることなく、村落共同体とのつながりを失っているように思われる。実際にこの十数年、いわゆる開発《かいはつ》に対する人々の信頼は失われてきているが、この危機の中で、地域に根ざした仏教的実践は次のような意味できわめて重要な位置を占めている。つまり、地域の共同体とともに開発の意味を問い、単線的工業化や世俗化に従った開発《かいはつ》を当然のものとして受け入れることに異を唱え、これに批判的でかつ建設的な代替的方策——内発的なもう一つの発展——を提案してきたという点である（Jeffery and Piotr 1990）。

スリン県のナーン和尚（本書第5章および第Ⅱ部資料1参照）、チャイヤプーム県のカムキエン和尚（本書第6章参照）、ヤソートーン県のスパ・ジャワワット師、ナーン県のピタック・ナンタクン師（本書第9章参照）、そしてチエンマイにあるプアン・チーウィット・センター（プアンは友達、チーウィットは命・生命の意）のポンテープ師およびその他数名の開発《かいほつ》僧の実践を通じて、以下に仏教実践の役割を検討しておこう。

まず第一に、ここに紹介した僧侶たちは、開発を見直し、再構築していくうえで欠くことのできない原動力である。地域共同体を出発点とし、共同体の視点を強調することによって、従来の開発に批判的で、かつ創造的な活動の足場を固めてきた。開発／発展は、単なる物質的・経済的な意味を越え、人間生活の社会的・知性的・精神的要素を含む包括的・全体的な意味を持つ総体的開発としてとらえられた。この点は、パッタナー（物質的開発《かいはつ》）よりもパワナー（心の開発《かいほつ》）を重視するパユット師の議論の中でも強調されている（詳しくは本書序章、第1章を参照）。開発の意味を問うとき、こうした議論は、伝統—近代、物質—精神を排他的、二元論的にとらえる見方を克服する手だてともなろう。

第二に、仏教者による分権的実践は新たな関係の枠組みの基礎となる。これまでのサンガ組織のように世俗の中央集権的官僚制を真似るのではなく、独立し地域に根ざしたこれら僧侶の活動は、人間の苦しみに対する共通した関心を中心に、互いに助け合いながら、市民社会のさまざまな分野でともに関わりを持とうとする営みである。重要なのは、政治的利害や権威ではなく、社会的・文化的な関わり合いであり、そして何よりも人間への関心であって、これこそが共生社会への鍵なのである。

第三に、これら僧侶たちは、生あるものすべてのいのちとそれのもつ意味こそが人間にとって本質的に重要であるという考えを再び呼び起こさせた。そして、物質的近代化、つまり人間を無視した競争によって特徴づけられる開発《かいはつ》を後押しするためではなく、むしろ人間関係それ自体のあり方や人間と他の生きものとの共生に人々の関心を向けた。

第四に、人々は内発的な環境保全の思想や、自然との共生という生き方を再び発見することになった。近代的環境管理は一〇〇年以上も前から始まり、一八九六年には王立森林局が創設されて本格化した。その初代局長はイギリス出身の近代森林学の専門家であったが、彼の立場は経済成長のために自然資源を徹底的に利用するというものであった。近代的森林管理の原則とその実施によって、環境が保全されはしたが、一方では自然の搾取を拡大した側面がある。それゆえ、人間と自然の伝統的共生システムに基づいて、地方の村レベルでは、森を守る開発《かいはつ》僧・森林僧たちが中心となって、村の森林や川の共同管理を行うといった自然を保全する動きも根強く残ったのである。

おわりに

結論として、以上検討してきたように、タイにおける上座部仏教と近代化の関連を、通俗的な「近代化による宗教の世俗化」という理解、つまり「タイ仏教はすっかり世俗化し、近代化の一翼を担っている」ととらえる見方はいささか事態を単純化しすぎたものであると批判することができよう。こうした世俗化理解は、誤りを含んでおり、少なくとも全般的にこれを再検討することが必要である。社会問題や社会矛盾は近代化が不完全だということから生じるのではなく、近代化の成功そのものの帰結にほかならない。タイ社会の動きを分析するとき、我々は近代化が善か悪かといった二元論や、伝統社会から近代社会への移行は必然的だとする単線的発展段階説にとらわれることなく、それぞれの地域に根ざした実践、あるいは共同体に根ざしたさまざまな草の根の努力に目を向け、近代タイ国家＝社会の複合的な姿とそのダイナミズムを明らかにしていくことが必要なのである。

＊本章は、一九九五年に執筆した論文を原型としている。その後、環境・倫理・開発についての問題が世界中で顕在化した。一九九七年に発生したタイの金融・経済危機はアジア各地へ波及したが、この問題は現象としてとらえるのではなく、開発倫理の危機ととらえるべきである。このような開発危機の経験や「もう一つの発展」のあり方については、近代性の問題として本格的に検討すべき時期に来ていると思われる。

なお、本章の執筆にあたって、ナーン和尚、ジュームスワジョ大師および編者の西川潤・野田真里両氏に感謝の意を表す。また、催久憲、鈴木暁子両氏（ともに立命館大学大学院国際関係学研究科大学院生・当時）には原稿のタイピングにご協力いただいた。（筆者）

＊本書の翻訳にあたっては宮田敏之氏（天理大学国際文化学部講師）に多大なご協力をいただいた。（訳者）

【参考文献】

〔外国語〕

Alexander, Jeffrey C. and Piotr Sztompka eds., 1990, *Rethinking Progress : Movements,Forces and Ideas at the Age of the 20 th Century,* Boston : Unwin Hyman Inc.

Bellah, Robert N. ed., 1965, *Religion and Progress in Modern Asia*, New York : Free Press.〔邦訳：『アジアの近代化と宗教』佐々木宏幹訳、金花舎、一九七五年〕

Ishii, Yoneo, 1988, *Sangha ,State and Society : Thai Buddhism in History*, translated by Peter Hawkes, Honolulu : University of Hawaii Press.

Keys, Charles, Laurel Kendal and Helen Hardacre,eds., 1994, *Asia Visions of Authority : Religion and the Modern States East and Southeast Asias*, Honolulu : University of Hawaii Press.

P. A. Payutto, 1982, *Looking at America to Solve Thailand's Problems*, Bangkok : Maha Chulalongkorn Raja Vidhayalai.

———————, 1995, *Buddhist Solutions for the Twenty–First Century*, translated and compiled by Bruce Evans, Bangkok : Buddhahamma Foundation.

Preeda Ruangwichatorn, 1992, *Plik fuen kuen Cheewit Cheewit lae Polngan Khong Phra Kru Supa Jarwat* [*Revival of Life–Life and Work of Phra Kru Supha Jarwat*], Bangkok : Thai Inter–Religious Committee for Development (TICD), Medsaai Printing.

Turner, Bryan S., 1991, *Religion and Social Theory*-second edition, London : SAGE Publication.

Wilson, Bryan R., 1987, “Secularization”, *The Encyclopedia of Religion*, New York : Mc Millan Publishing Co.,.

〔日本語〕

田辺繁治編著、一九九五年、『アジアにおける宗教の再生——宗教的経験のポリティクス』京都大学学術出版会。

田辺繁治編著、一九八九年、『人類学的認識の冒険——イデオロギーとプラクティス』同文館。

プラサート・ヤムクリンフング、一九九五年、『発展の岐路に立つタイ』鈴木規之他訳、国際書院。

第3章

仏法共同体原理とオルタナティブ発展の展望

スラック・シワラック
〔野田真里＝訳〕

タイの偉大な学僧、プッタタート比丘《びく》（1993年入滅）。師の思想が開発《かいほつ》僧、知識人をはじめタイ社会、そして広く仏教界に与えた影響ははかりしれない。

はじめに――プッタタート比丘《びく》の思想と行動

微笑の国タイにおいては、一八八五年以来、西洋流の開発《かいはつ》に対して挑戦しようとする者は皆、支配的エリートによってその企てを阻まれてきた。だが、こうした流れに与《くみ》しない一人の僧侶がいた。その僧侶は一九三二年、タイが立憲君主制になる一カ月前に「自分はブッダの僕《しもべ》である」と宣言した。以来、その僧侶は新しい名前、プッタタート比丘として知られるようになり、スワンモーク（解放の園）という寺院を建立した。(1) 師はナショナリズム、資本主義、迷信などに仏教の教えが妥協するというような、一般に広まっているやり方をよしとしなかった。師は、寺院は単に学んだり瞑想したりするだけの場所ではないと考えていた。寺院とは森ないしは境内の中にいくつかの質素な建物が建っており、そこは僧侶と在家者が自然とともに慎ましく暮らすことができる場所であり、また社会的な害悪や個人的な束縛から人々が解き放たれるべき場所であるとした。師は社会のヒエラルキーそれ自体を非難したわけではなかったが、権力の乱用や、僧侶および一般人の道徳を欠く言動については容赦なく批判した。師は、僧侶は人格的のみならず社会的にも優れた存在であるべきだと考えていた。

一　ブッダに帰れ――仏法共同体・サンガの役割

プッタタート比丘はブッダの教えに直接帰ることによって、小さな共同体としての本来のサンガ――「体制化された仏教教団組織」ではない――に注目した。ブッダの教えに基づいた本来のサンガでは、成員が清純な人格であることによって共同生活を営むことが可能になる。それゆえ、この修行者の小さな共同体はそれぞれに理性的な生活様式を定めた。サンガで共同生活を営む僧侶ならば誰でも、この共同体の意思決定過程やその活動に参加しなければならないし、議論の場から席を外すこともできなかった。またできる限りサンガは共同体全体としてその活動に責任を負い、同時に各僧侶も個人として責任を負うことは自明の理とされていた。権威主義的な役職は存在しなかった。たとえば、プッタタート比丘はスワンモークの「住職」には決してならなかったのである。サンガにおいては戒律によって寺院における僧侶の神聖な生活様式や活動への参加が定められていた。これはサンガを共同体集団として緊密なものとするのに必要であった。他面では、サンガはその成員が各人の自己責任において行動する、という信頼関係に基づいたものでもあった。

こうした共同体集団では調和を保ち続けることが重要である。たとえば会合において意思決定がなされる場合、つまり新しい僧侶の参加を認める、戒律を犯した僧侶を戒める、争いを収める等々についての決定の場合、全出席者による暗黙の同意により、調和のうちに決定された。一つの決定のためには、何度も提案がなされ、徐々にそれが暗黙のうちに承認されることによって受け入れられていった。だが日常的な意思決定には、組織が機能的に動くように古参僧や導師の意見が支配的であった。

残念なことに、本来のサンガはスリランカにおいて仏教が公的なものとなって以降変質した。仏教はセイロン（現スリランカ）の王制を支える一部となった。端的に言えば、僧侶は権威主義体制に組み込まれた。すなわち、サンガが仏教や僧侶を統轄する教団組織として機能するようになり、僧侶を仏教国民国家の聖職者とする道が開かれたのである。

タイ仏教はこうしたスリランカ仏教の伝統にほぼ沿ったものだった。サンガ内の僧侶の人事までもが国王によって決められ、国家で定められた法律によって僧侶の戒律は一元的に規制された。寺院や授戒堂の建立には国王の許可が必要とされた。ひとたび国家体制に組み込まれると、サンガはだんだんとその性格を変質させた。僧侶は王政における儀式や学問の専門家となった。この当時、僧侶には二つの類型があった。一つは説教師、学僧、村の僧侶であり、もう一つは森で瞑想に耽る僧侶である。

プッタタート比丘は国家体制には挑まなかったが、仏教の保守的な伝統には挑戦した。師はサンガを上述の僧侶の二つの類型に従って分化することに反対した。師は言った、「各々の僧侶はブッダの本質的な教えを理解するために十分学ばねばならないし、また頭と心を調和させるために瞑想をしなければならない。このようにして各々の僧侶は精神的に成長し、生あるものすべて（一切衆生）の幸福のために社会的な関わり（social engagement）を深めるであろう」。

上座部仏教の僧侶として、プッタタート比丘は主にパーリ語経典に依拠していたが、彼はそれが批判の余地がない神聖なものだとは考えていなかった。師によれば、経典の形而上学的な部分、とりわけ『阿毘達磨論《あびだるまろん》』[1]は、知識人の修行者にとっては有益だが一般の信者には重要ではない。師はまた、偉大なるブッダゴーサ（仏音《ふっとん》）[2]和尚の最も重要な注釈書『清浄道論《しょうじょうどうろん》』も批判した。このことによって師は伝統的な学僧、とりわけスリランカの学僧たちから疎んじられた。彼はまた、大乗仏教の教えは上座部仏教にとって大いに有意義であると述べた。師自身、黄檗《おうばく》和尚や慧能《えのう》[3]和尚の教えをタイ語に翻訳した。このこともまた守旧派の僧侶たちにとっては面白くなかった。師はさらに進んで、仏教徒は他の宗教をも大いに尊敬すべきだと述べた。各宗教にはそれぞれの特徴と、世俗の言語では言い表せない精神的な深さがある。人々や宗教を分断しているのは、まさに世俗の言語なのだ。プッタタート比丘によれば、我々が真理の法の言語を発展させれば、聖書やコーランなどもパーリ語経典と同様に評価できるようになるという。各々の経典は信仰から解放へと導く固有の真理の法のメッセージを持っているのだ。

二　仏法共同体原理

プッタタート比丘によれば人間の人生の主目的は以下のようなものである。異なる宗教間での偏見や差別の根源を取り除くこと、あらゆる宗教の信者がそれぞれの信仰の真髄を理解し、その理解を深めるよう助けること、そして最後に人間を物質主義から解放することである。

こうした目的のために、プッタタート比丘は仏法共同体原理(4)（「基本用語解説」参照）という偉大な提唱を行った。タイの現代の僧侶の中で、社会や政治の問題に言及したのは師が初めてであったが、師にとってはこれらの諸問題は師の思想の範疇に収まるものであった。師の思想の出発点は、執着《しゅうじゃく》を捨てること、そして物質主義や利己的衝動による支配から精神を解放すること、といった点を重視することであった。師の著書『仏法共同体原理（仏法社会主義）』はD・K・スウェラー（アメリカの宗教学者）によって英語に翻訳され、世界に紹介された。また、その優れた序文には仏法共同体原理に関する訳者自身の考えが記されている(5)。

プッタタート比丘はかつて共産主義者として非難されたことがあった。師の思想は仏教徒にあるまじきものだという非難を受けたこともあった。しかし、プッタタート比丘は、共産主義は個人の違いを十分に尊重しない権威主義に基づくもので、仏法に反する野蛮な性格を持つものだと考えていた。師はまた、西洋の自由民主主義も、あまりにも個人主義的すぎるため、仏法に反する性格を持つと考えていた。

仏法共同体原理では個人の違いが尊重されると同時に、個人は社会全体の一部とみなされる。プッタタート比丘はまさにブッダの教えに帰り、本来のサンガの原則に戻ったのである。また同時に、師は伝統的なタイ社会について以下のように述べている。

「我々は生あるものすべて（一切衆生）の共存のためにできることをせねばならないし、自然の理法に従ってお互いに尊重し合わねばならない、と祖先たちは教えた。生あるものすべてはお互いが利益を享受できるような共同体社会において各々の役割に応じて生きていくことができる。これが自然の摂理なのだ。もし自然がそういった性質をもち合わせていないならば、われわれは皆とっくに死んでしまっていただろう。この摂理を知るものは自然としっかり結びついている。たとえば、水田は、単に人々の利益のみならず、自然によって生かされている動物たち

自律の原理「少欲知足」に基づく僧侶の質素な生活。簡素な庫裏《くり》には托鉢用の鉢、黄衣があるだけだ。

の利益のために作られているのだ。生あるものすべてと分かち合うため、稲はできるだけ多くの実を結ぶのだ」。

　自然の理法に基づく自律の原理は人間の自由を制限するものとしてではなく、むしろ、最適な生き方を示す原理として理解されるべきである。プッタタート比丘の自然概念は、自然本来の統一のとれた在るべき姿を示しているが、かといって統一性を構成するそれぞれの要素の差異を軽視するものではない。人間は単に自然の中で自由であるばかりでなく、自然の一部としてその固有の性質を活かす義務も負っているのだ。人間という固有の存在は自然全体の関係性の中に位置づけられているのである。他方、資本主義社会において自由はいわば教義となっているが、それは個人の利益を集団の利益から切り離し、両者の間に緊張と競争をもたらすおそれもある。だが、仏法共同体原理においては、自由は、原子から広大な宇宙に至るまでの一連の自然の相互関係の基盤の中に必然的に位置づけられている。自律とは制約性を表す概念というよりもむしろ最適性を表す概念である――というのは、自然の一部としての人間の自律に基づく善《よ》い行いは、自然全体にとっても善であるとされるからである。

　仏法共同体原理では質素で節度のある生活様式が要求される。何が節度があり何が過剰かは、個人や集団、文化によって異なることを認めながらも、過剰に陥らず節度を保つという原理自体はあらゆる社会や時代に通じるものであるとする。プッタタート比丘はブッダの禁欲的な生活様式、つまり仏法共同体原理に基づく生活様式を模範とした。師は次のように述べている。

「ブッダは戒律について説いたが、我々が知るように、それは生あるものすべてを不可分な集団・集合として一つに結びつけるものである。このことはサンガという言葉自体が共同体という意味を持つことからも分かる。戒律は個々人のためにあるのではない。集団として人間が生きるには、人々を結びつけるもの、つまり人々を共同体に統合し幸福に生きるための真理の法が必要となる。さらに詳しく見れば、こうした社会集団は自然と調和して生きていることが分かる。たとえば、戒律によれば足るを知り（少欲知足）、節度のある生活を送ることが求められる。とりわけ僧侶には生きるに必要とする以上のものを取ってはいけないという特別のきまりがある。もし必要以上にとってしまったら戒律を犯すことになる。たとえば、もし僧侶が三着以上の衣を持っていたら聖職者としての罪に問われるのだ。僧侶はたった一つの托鉢用の鉢と、住居である小さな庫裏《くり》を持っているだけである。必要以上に取ってはいけないというサンガの僧侶への教えこそが真の共同体原理（sangha-niyama）の基礎となる考えなのである」(6)。

プッタタート比丘は誰もが皆僧侶になるべきだと言っているわけではない。むしろ師は欲望に耽ったり逆に苦行に励んだりするその中間の、ブッダのいう「中道」を薦めているのである。結果として、節度を保ち集団を尊重する原理に基づいて質素に生きる僧侶の姿が、仏法共同体原理社会のあり方の一つの理想的な好例となっているのだ。物質面において生活に欠かせないものは次の四つである。適当な食べ物、衣類、住居、薬である。また、僧侶は人間の共同体や自然環境にとっての道徳的・精神的な模範ともなる。

仏法共同体原理の理法、すなわち生命と慈悲の尊厳という理法とは、我々が共に生きている相互依存の宇宙において、各個人の役割を認めあう態度にほかならない。この理法が平和を保ち、戦争をなくすうえで大切である。

生あるものすべてに価値がある、すなわち、あらゆる生命を尊ぶという理法は、我々の技術産業社会がもたらした環境問題を考えるうえでも有効である。

プッタタート比丘は仏教の観点から仏法共同体原理を説いたわけだが、師の思想の哲学的基礎は一宗教を超えて普遍性をもつものである。師の共同体原理理解は、独特の自然のあり方への考え（存在論）に基づいて、人々の行動原理に対する思想（道徳観）を示すものであるが、それはひいては、ものごと本来のあるべき姿に対する考え

（真理観）にも影響しているといえる。つまり、我々の社会に関していえば、もし、プッタタート比丘のいう仏法共同体原理の理法、つまり全体としての善、節度と寛大さ、慈悲と尊厳といった原理に従っていないならば、そうした社会は本来のあるべき姿をしていないのであり、それゆえ誤りであり真理ではない、ということになる。プッタタート比丘は自身の思想の普遍性について次のように述べている。

「世界中のすべての宗教は共同体原理である。宗教の創始者たちは人々が共同体原理の理法に従って生きることを望んでいたし、社会全体の利益のために働こうとした」。

仏教に共同体原理的な考え方があると主張するのと同様に、そういった考え方はあらゆる宗教にあるといわねばならない。仏教およびあらゆる宗教は生あるものすべてに対する愛と共感の原理に基づいている。ここから、平等と自由、そしてあらゆるものの相互依存関係という考えが生まれてくるのだ。

プッタタート比丘の仏法共同体原理の解釈は、師の時代において上座部仏教の論者が政治哲学を論じたという点で、またアジアの文脈でアジアの信仰の中から生まれたという点でも数少ない独創的な試みの一つであったといえる。というのも、この時代、毛沢東やホー・チ・ミンなどアジアの政治指導者たちはカール・マルクスの革命理論に多大な影響を受けていたし、それにもまして、スリランカの元首相Ｓ・Ｗ・Ｒ・Ｄ・バンダーラナーヤカやミャンマーの元首相ウー・ヌなど、仏教徒である政治指導者たちでさえもがプッタタート比丘のような仏教の理論よりも西洋の政治理論に影響を受けていたのである。

実際、わがタイの世俗の指導者たちもまた、西洋の政治経済理論により強く影響されてきた。だが、もし僧侶や指導者たちが仏教思想を社会と関連づけてもっと深く掘り下げていけば、ドイツ生まれの経済学者Ｅ・Ｆ・シューマッハーが名著『スモール・イズ・ビューティフル』（一九七三年）で論じているよりもさらに仏教経済学を発展させることができただろう。また仏教政治学についても、理論と実践両面においてさらに実のあるものにすることができたであろう。

プッタタート比丘は、自身の哲学を実践に応用しなかったし、その方法についての考えも示さなかった、として批判されてきた。また、師はその思想を十分に体系的に発展させることもできなかったとされている。だが、むしろこれは我々に残された課題といえるであろう。後の世代の我々が、師が始めた仕事を成就させ、この偉大な「ブッダの僕」（プッタタート比丘）に酬いなければならないのである。

三　仏教に基づくオルタナティブ・モデルの提唱者たち

プッタタート比丘の他にも三人の仏教僧が、仏教の原理を西洋的なモデルとは違ったオルタナティブ発展に応用し、現在のタイ知識人社会に多大な貢献をしている。第一の僧は、タイの上座部仏教学者であるパユット和尚である。名著『ブッダの法』（*Buddha Dhamma*）をはじめとする師の著作は、これまで仏教は現代社会に何の関係もないと思っていた世俗の人々に衝撃を与えた。プッタタート比丘の挑戦的なやり方を敬遠していた人たちも、パユット和尚の穏健で学問的なやり方、とくに西洋で用いられるような参考文献や出典を明示するスタイルを徐々に受け入れるようになった。それにもまして、パユット和尚は縁起[7]や止観瞑想法など、これまでタイ仏教史においては正しく説明されてこなかったと師が感じた教義概念について強調した。経典の中に散在している仏教教義を関連づけ、よりわかりやすく包括的な形で説明したという点で、師は称賛されてきた。このように、『ブッダの法』はタイの仏教著作および仏教研究に多大な貢献をしたといえよう。この著作はタイ語で書かれた仏教教義の著作としては最高のものだと評価する者もいる。他にも、マハーチュラーロンコーン仏教大学の理事に就任した際、パユット師は大学の近代化に着手し、たとえば、西洋の大学にならい、他の大学にさきがけて二学期制を採用するのに多大な貢献をした。また師は他にも、カリキュラムの整備や、大学や仏教日曜学校で使う教科書・教材の作成、そして僧侶による開発プログラムの設立を通じての僧侶の社会的役割の拡大、といったことにも尽力したのである。

一九七〇年代および八〇年代の初期、パユット和尚はアメリカに三度招かれた。師はD・K・スウェラーとともにサウスモア大学とハーバード大学で仏教学の講座を受け持った。アメリカから戻った後は、のちにグラント・

A・オルソンによって英訳されることになる「タイの諸問題を解決するためにアメリカに学ぶ」という題の講演を行った。この講演は「タイはアメリカの物質的『成功』をまねるべきだ」という近代化論の通説に挑み、「まねるべきではない」という主張を立てている。また、タイは自国にあるオルタナティブ発展の要素、とくに精神的な発展に注目し、質素な生活様式を人権保護や生態系の維持と同様にめざすべきであるとしてこれを奨励した。

師の編纂した『仏教辞典』は仏教を学ぶ者すべての手引きとなるものであり、単に言葉を引くだけでなく、多くの専門用語の解説を通じてブッダの教えを理解することができる。一度こうした用語の意味を把握すれば、仏教の教えの鋭敏さを真に理解できるようになる。また師の著作『人生の規範』(*Constitution of Life*)は、仏教を、個人の発展のみならず社会や文化の発展のために実践しようとする者すべての役に立つ。後になって、師は仏教教育、仏教経済学、仏教から見た持続可能な発展、そして仏教と環境といった課題にも取り組んだ。こういったすべての課題は仏教大学のみならず世俗の知識人や一般の大学の研究者をも勇気づけ、彼／彼女らを新しい仏教観の構築やその原理の実践的応用へと導いたのである。

次に、仏教思想に多大な影響を与えた第二の僧として挙げられるのは、チベット仏教のダライ・ラマ法王である。師の言葉や思想はタイでもよく知られるようになってきた。多くの人々が師の教えや中国の抑圧に対する非暴力の闘いを評価している。ガンジー翁やマーティン・ルーサー・キング牧師の非暴力の闘いも尊敬されるべきであるが、両師はイギリスやアメリカという民主体制を相手に闘ったのであり、それはダライ・ラマ法王が闘っている中国の権威体制ほどの野蛮さや厳しさはない。法王は我々に「敵を愛するように」と教えている。また法王は「敵について瞑想し、敵を最良の友とみなすように」と教えた。もし我々が敵を嫌っても、心豊かになることには役立たない。もし我々が敵に対する慈悲の心を深めるならば、これは長い目で見れば我々のみならず、敵をも助けるであろう。

単に言葉の上だけではない。ダライ・ラマ法王は四〇年以上にもわたって、「法王自身の民族や国」に対する中国の残虐な行為にもかかわらず、中国に希望と真実と慈悲をもって向き合ってきたのである。我々は法王をタイに招こうと何度も試みたが、タイ政府や軍に阻まれ成功しなかった。だが、タイ政府や軍が法王の訪タイを拒めば拒むほど、法王は我々の国でよく知られるようになっていったのである。そして近年、ついに法王は地上最後の仏教王国タイの地にその足を踏み入れることができた。師は一九九三年の二月、同じくタイを訪れた他のノーベル平和賞授賞者たちとともにアウン・サン・スー・チー女史を解放するようビルマ（現ミャンマー）の軍政議会に働きかけるべく行進をしたのである。

一九九二年一二月、アウン・サン・スー・チー女史の子どもたちが彼女の代理としてノーベル平和賞を受賞したが、その直前に、筆者はオスロで行われたダライ・ラマ法王の講演を聞き、非常な感銘を受けた。法王は宗教と民主主義について語った。「あらゆる宗教は民主的である」と法王は述べた。「だが、注意深さを失うと、瞑想の師でさえ独裁者になりかねず、師たるものは善意と同時に、つねにそうした危険性に注意を怠ってはならない」とも述べた。皆が善人で善意に満ちていたかつてのチベットでさえ、権威主義が生まれる土壌はつねにあったのだ。法王はこうした苦しい経験を熟知した結果として、自ら難民として流浪の生活を続ける中で民主政府を樹立したのであるが、それはまたチベットの民衆が苦難に耐えてきた成果でもあった。

では、オルタナティブ・モデルの形成に影響を与えた第三の僧は誰であろうか。それは、ベトナムの大乗仏教の僧侶ティック・ナット・ハン（釈一行）師である(8)。師はベトナム戦争時代に、自国の状況を変えようと尽力したが、不幸にも共産主義のもたらす災禍からベトナムを救うことはできなかった。だが、師は世界中のベトナム難民を助け、同様にベトナム国内の人々も救った。またベトナム戦争で重度の精神障害を負った元アメリカ兵をも助けた。師の著作は各国語に訳され、若者たちに素晴らしい影響を与えている。

ティック・ナット・ハン師はかつてこう言った、「あなたがもし銃を持っていたら人を一人、二人、三人……五人と殺すこともできよう。だが、もしあなたがイデオロギーを持っており、それを暴力的に使ったならば、あなたはその呪縛によって、一〇〇万人をも殺しかねないのだ！」。

仏教では、我々は安易に聖典や聖なる言葉をうのみにしてはならない、とされている。たとえブッダの言葉であっても、それが平和や幸福、解放をもたらすものであるか否かを自ら詳細に検討してみなければならない。それゆえ我々は、巨大な織物のような人生全体のみならず、我々の思想や行動の子細な部分にも注意を払わねばならない。

仏教はとりわけ二項対立的な二元論であってはならない、すなわち生活の中の一時の平和が、世界の平和を作るための部分にならなければならないと説く。我々は内的なものと外的なものとの連続性を強調しなければならない。世界を我々の「大きな自分たち自身」とみなし、積極的にいたわらなければならない。

たとえば、一枚の紙切れを見た時、我々はそこに、木、きこり、太陽、地球、水といったものが存在していることを当然のこととして気づかねばならない。これはあなたと私についても同様である。「あなたがいるゆえに私がいて、私がいるゆえにあなたがいる」。実際、ティック・ナット・ハン師によれば、我々は「持ちつ持たれつの相互的存在」、すなわち「相即」(inter-being)の関係にあるのである。相互的存在(相即)あるいは仏教でいう「縁起」という教えは、社会正義や平和問題を考える場合にも有効である。たとえば、この原理が欠如しているために、たとえ宣戦布告による明らかな戦争状態がなくとも、実際には国家間で、そして国内間でも紛争状態が絶えないのである。相互的存在という概念を理解すれば、我々は現状の暴力や害悪、不正等の陥穽から自分自身を解放し、より大きな共同体の構築の必要性を感じるようになるのだ。

我々に多大な影響を与えたこれら三人の師によって、オルタナティブ発展についての展望が開かれるようになってきた。そしてこうした僧侶に加えて、非仏教徒の中にも、支配的な西洋型モデルの優位性に対して疑問を投げかけるよう導き、我々に影響を与えた思想家やリーダーがいる。『迷える人々への指針』(*A Guide for Perplexed*, 1978)の著者E・F・シューマッハーらをはじめとする西欧人であり、パウロ・フレイレ(ブラジルの教育学者)、イヴァン・イリイチ(オーストリア生まれの社会学者)、フリチョフ・カップラ(オーストリア生まれの物理学者)らをはじめとする非仏教徒の思想家たちである。また、非西欧人であるアレクサンドル・ソルジェニーツィン(ロシアの作家)と彼の著書『ロシアの再建』、そしてジュリス・K・ニエレレ(元タンザニア大統領)や「南」委員会(国連経済社会理事会の南北問題に関する委員会)も重要である。スリランカのアリヤラトネ博士と彼のサルボダヤ・シュラマダーナ運動（仏教に基づく草の根の民衆自立＝開発《かいほつ》運動）は、たとえ問題を抱えているにせよ、オルタナティブ発展をめざしたその哲学と理想は重要なものである。

四　ＮＧＯや開発《かいほつ》僧によるオルタナティブ発展の実践

過去三〇年以上にわたって、国の内外を問わず、また仏教徒であるか否かを問わず、これらの思想家やリーダーたちから得た影響によって我々タイ人は勇気づけられてきた。この間、タイにおける貧富の差はますます広がっており、環境破壊も予断を許さないところまで進行している。我々は、若者、草の根のリーダー、そして農村の僧侶を信頼しなければならない。こうした人々は我々の社会の進むべき道を決める際、ともに力を合わせて積極的に参加することができる人々なのである。

こうした人々によってなされたもう一つの大きな貢献は、タイの仏教教団としてのサンガを変化させたことであった。それまでほとんどの知識人はサンガの精神的・文化的な力を重要なものとはみなしていなかったし、サンガ自体も現代社会における自らの適切な役割を見つけるにあたってアイデンティティの危機に陥っていたのだ。一九九六年にオルタナティブ発展をめざす我々の有志は、二人の僧侶と共同で、僧侶が地域開発に関わるための研修プログラムをマハーチュラーロンコーン仏教大学の中に作った。このプログラムでは、学僧たちに対して、社会問題についての認識を深めたり、ヘルス・ケアやコミュニティ・ワークのための実践的な基礎手法や、コミュニティを組織化するための方法が教えられた。最初に学んだ学生・学僧たちは、夏休みなど授業のない期間、地域のコミュニティで働くボランティアになった。結局、この「開発のための研修プログラム」はこの仏教大学のカリキュラムの一部として一年間の必修プログラムとなった。

数年後、我々の同志は今度は僧侶のための別の研修プログラムを始めた。これは環境保護のプログラムで、バンコクに隣接するトンブリー地区で、現地のサンガ長の協力を得て始められた。のちに、このサンガ長は北タイ地域の教区代表となり、その結果このプログラムは北部の一五県にも広まったのである。プログラムが地理的に拡大するにつれて、その内容も充実し、プライマリ・ヘルス・ケア[9]（ＰＨＣ）も含むようになった。このプログラムでは保健省とマヒドン医科大学の協力も得た。そして試験プログラムの成功により、他のサンガ長たちも同様のプログラムをそれぞれの教区で採用するようになったのである。

　タイのサンガへの働きかけによって良い成果を得たコミュニティ・リーダーたちの経験に基づき、この分野で活動してきた者たちは一九八〇年に「開発のための宗教委員会」（ＴＩＣＤ）を創設した。このプログラムの目的は、コミュニティ開発を推進するために、仏教グループにとどまらず、他の宗教グループとも協働することである。もちろん、ＴＩＣＤの活動にはいくつかの原則がある。なかでも主眼に置いたのは、地域開発や在来の伝統療法、環境保護などに長《た》けた僧侶たちをメンバーに加えていくことであった。こうした関係を深めることによって、ＴＩＣＤの仕事は新たな僧侶やコミュニティへとつながることができたし、ユニークな人材やプログラムとの相互的で多彩なネットワークも作ることができた。ＴＩＣＤの活動は次の三つの分野に分けられる。（一）僧侶のための研修プログラム、（二）開発に関する技術や手法の情報ネットワーク、（三）活動内容を僧侶や一般の人々に知らせるための機関紙の製作・発行である。約二〇年前の発足当初のＴＩＣＤは、一五人の僧侶が独自のコミュニティ開発の思想に基づいて活動しているにすぎなかった。しかし今やその活動は二〇〇人以上の僧侶に広がり、環境保護活動や地域おこしで知られるスリン県のナーン和尚や、薬草治療所で知られるナコーンパトム県のソンヌッ和尚なども参加している。

　活動が広がるにつれて、ＴＩＣＤはこうした開発《かいほつ》僧たちに、僧侶自身のネットワークを作ることを勧め、その結果一九八七年には「開発のための仏法連合」（セーキヤタム）ができた。このグループでは、今日の変わりゆく世界の中で、仏教の教えを見直し現実に適用しようとして活動を続けてきた。そしてＴＩＣＤや開発《かいほつ》僧たちは、こうした進歩的な活動に関わっていくためには、自らの思想を時代に合ったものにする必要があると考えた。たとえば、ブッダの時代にはなかったプラスティックや危険な薬など、現代的な危険物質を取り扱う際の仏教的な考えをまとめる必要があった。また、隔月刊の雑誌や、説法・講演会などを通じて、草の根の消費者保護団体を作ろうと努力してきた。こうして最終的には、これらのプログラムを通して、地域のコミュニティと他の僧侶たちの両方に対し、グローバルな消費主義の危険性を訴え、同時にそれに代わるオルタナティブを発展的に進められるよう教育してきたのである。

オルタナティブ発展をめざす我々の同志の夢の中でも最近実現したものの一つとして、社会問題に関わっている人々や活動家、作家、芸術家が、新たな知的・精神的活力を得るために作られた施設がある。

この施設は「生命と社会のためのアシュラム（修行道場）」と呼ばれ、バンコクの北東約五〇キロの場所にあり、そこを訪れる人々は質素な生活を営みながら、他方では自分たちの才能を社会のために建設的に活かそうと活動している。また、このアシュラムでは、人々はしばしの間、隠棲して休養をとり、活力を取り戻して活動に戻ることができる。また、ここは会議、セミナー、研修コースにも使われている。地元タイのほか、カンボジア、ミャンマー、スリランカ等より人を招いて、非暴力による紛争解決、オルタナティブ発展、社会活動のための瞑想などに関する研修も行われている。

仏教者国際連帯会議（INEB）のために「生命と社会のためのアシュラム」に集まった各国の社会行動仏教者（右より二人目がスラック・シワラック氏）。

また我々の同志は「サンティ・プラチャ・タンマ（平和・民衆・仏法）研究所」を一九八八年に設立したが、このＮＧＯ（非政府組織）の主な目的はタイ社会における平和、民主主義、正義の追求である。すなわち、平和、非暴力、民主主義、正義に関する知識や思想を深め、それとともに、こういった原理を人々に自覚させるための人材を求め、育てることによって、タイ社会においてそれらの思想を実践していくことである。活動内容としては、参加型調査（住民自らが参加する調査）や出版、トレーニング、教育（たとえば将来のＮＧＯワーカーのためのプログラムなど）、展示、セミナー、地域社会での活動などである。

また一九八九年には、日本の同志とともに「仏教者国際連帯会議」（International Network of Engaged Buddhists、ＩＮＥＢ）を設立した。これは、社会行動仏教者やそのグループを世界的に結び、互いに助け合っていくための、初めての国際的な仏教者ネットワークである。ＩＮＥＢが主に関わっている分野は、オルタナティブな教育や精神的研修プログラム、女性問題、人権、環境、オルタナティブ発展、精神と実践の統合などである。また、地域的・国家的・国際的諸問題に関する情報提供や、建設的な解決策を明確にするための機関でもある。ＩＮＥＢは地域において、また国際的にもトレーニングや講習会を支援し、組織し、実施することによって、多彩な伝統を共有するよう努めている。ＩＮＥＢが最も力を入れているのが、バングラデシュ、ミャンマー、カンボジア、スリランカなどの抑圧にあえぐ地域の仏教者をはじめ、すべての宗派の人々に対してエンパワーメント（社会的弱者に力をつけ、自立を促すこと）を行うことである。近年では、スリランカの僧侶やカンボジア、ミャンマー、ネパール、ブータンの人々に対して、社会行動仏教のトレーニングを行っている。ＩＮＥＢでは、非暴力による社会・政治的活動、オルタナティブな経済学、エコロジーや精神的発展についての技能を身につけた地域レベルでの指導者の育成を支援することによって、地域社会のエンパワーメントを行い、地域の人々自らが社会全体の問題を解決し、力をつけていくことを願っている。

おわりに

タイ国内における我々の役割は、一言でいえば、人々に自分たちの文化的ルーツの価値を自覚してもらうことであり、そのことによって、暴力、消費主義、物質主義、中央集権主義などを助長する西洋的な開発《かいはつ》モデルへの盲従から目覚めてもらうことである。タイ人が自尊心を持ち、同時に祖先や土着の文化にも敬意を払うことを我々は望んでいる。これは「黄金の過去」に時計の針を戻せということではない。逆にこうした伝統的価値観を現代や未来にうまく適用することにその意義がある。そのことによって、我々は自然と調和のとれた質素で幸福な生活を送ることができるのである。同時にまた、タイの人々は隣人に対して虚心坦懐に接するべきである。自分たちとは異なるであろう隣人の文化や宗教を尊重する必要がある。これは隣国の天然資源の搾取をやめることをも意味する(10)。

国際的なレベルでは、内面を発展させることにもっと注目するよう西洋人に働きかけることである。個人の変化は社会の変化へとつながる。そのためには、内面の平和を実現することが必要なのである。エコロジー運動や平和運動を行うには、そうした人々自身の内部がもっと平和的になるべきである。さもなくばメンバーの中には運動のために自分自身や家族を嫌悪する者も現れ、ひいては社会における平和活動自体が困難になるかもしれないのだ。

西洋の仏教者への提言としては、禅や瞑想だけでは不十分であるということを申し上げたい。もっと社会における困難を直視し、社会的不正義の構造を理解しなければならない。さもなくば彼／彼女らの仏教者としての実践は、単なる逃避主義の一モデルとなってしまうだろう。仏教が今日有効なものであるためには、それが産業社会やポスト産業社会に適用でき、地球規模問題（グローバル・イッシュー）に対しても応えられるものにならなければならない。深い精神的洞察、それぞれの文化や歴史に対する十分な理解、幅広い地球的視野といったものが備わっていてはじめて、我々は正義の社会へと導く独自の思想を打ち立てることができるのである。

最後に、我々の同志がこれほど多様なプロジェクトを展開することができるのは、次々と人材を育ててきたからである。すなわち、これらのプロジェクトに関わりながら訓練を受けた若い人々の力のおかげである。我々は、新しい活動が始まるごとに彼らを登用し、同時にキャリアのある年長者を別の永続的なプロジェクトに移行させることにしている。

どのような人間であれ、組織のトップにあまりにも長く居座るのは不健全である。あらゆる組織は、政策決定におけるすべてのレベルで、真の参加による幅広い支持を得なければならない。さもなくば、たとえ組織が成長したとしても、それは実際には民主的な運動とはいえないし、真の変化をめざす平和的なものともいえないだろう。

オルタナティブな組織を運営するためには、国家や地域を超えて、同志や仲間によるネットワークを作らなければならない。その生活様式は質素でなければならない。そして不公正な社会システムを批判するためには、つねに批判的な自覚をもって自分自身の意識を再構築しなければならない。それによってはじめて、社会もまたあらゆるレベルで人々が参加する平和で公正な場となるだろう。

【訳注】

（1）仏教の基本経典である三蔵（経蔵、律蔵、論蔵）の一つ「論蔵」で、仏教の要義を分類整理し、注釈を加えたもの。

（2）インド中部ブッダガヤ近くに生まれ、バラモン教の僧であったが仏教に帰依し、広く経典に通じ仏教伝道に貢献した。四三〇年ごろ、セイロン（現スリランカ）に渡り多くの経典を研究、パーリ語訳を行い、『清浄道論』（Visuddhi-magga）等を著した。三蔵の中の経蔵と律蔵をパーリ語に訳し、パーリ語の三蔵はほとんどブッダゴーサの手によって完備された。

（3）ともに中国の大乗仏教の高僧。黄檗希運《おうばくきうん》は唐代の禅僧で黄檗山に住み黄檗宗を広めた。六祖大師慧能《りくそたいしえのう》も同じく唐代の禅僧で、南宗禅の流れに属し、後の禅の発展に影響を与えた。

（4）「基本用語解説」でも述べた通り、この語は従来「仏法社会主義」と訳されていた。「仏法社会主義」という訳語は、タイ語の Thammika（仏法）Sankhom（社会）niyom（主義）に基づいており、この本を英訳したスウェラー（訳注5）も dhammic socialism としており、いわばこの訳語が「定訳」となっている。しかし、訳者（＝編者）はこの概念は「仏法共同体原理」と訳すのが適切ではないかと考え、これを採用した。第一の理由としては、本章においては、筆者（スラック氏）が、第一節において、仏教本来のサンガ＝共同体を説明し、それを受けて第二節を展開しており、文脈からみて、仏法共同体原理（仏法に基づく共同体《サンガ》の原理）と理解するのが自然であると考えられる。また第二の理由として、筆者がわざわざタイ語でなくパーリ語の原語 *sangha-niyama* を引いて説明している点が挙げられる。すなわち、パーリ語では *dhammika* は「仏法」でタイ語と同じ意味であるが、*sangha-niyama* は若干ニュアンスが異なる。*sangha* はいうまでもなくサンガ、共同体を意味し、*niyama* は仏教でいう「決定《けつじょう》」すなわち、必然的に定ったもの、原理・理法を意味するからである。

（5）Buddhadasa Bhikkhu, 1986, *Dhammic Socialism*, Swearer, D. (trans. and ed.), Bangkok : Thai Inter-Religious Comission for Development.

（6）訳注（4）を参照。

（7）すべてのものごとは相即＝相互依存の関係にあり、他との関係が縁となって生起する、というブッダの根本的な教え。

（8）ベトナムの禅僧。ベトナム戦争中、「社会行動仏教」（socially engaged Buddhism）を提唱、非暴力による平和運動、被災者・難民の救済に尽し、M・L・キング牧師によってノーベル平和賞に推薦される。現在、南仏に仏教者の共同体プラム・ヴィレッジを開き亡命生活を送る傍ら、全世界を精力的に歩き、瞑想の指導や難民孤児の支援等を行っている。主著に『ラブ・イン・アクション――非暴力による社会変革』（滝久和訳、溪声社、一九九五年）等。

（9）直訳すると「初期診療」あるいは「一次医療」、つまり患者が疾病の発生した時点からまず最初に接する医療のことであるが、より広い意味、つまり医療を病気を治す治療医学だけに限定しないで、もっとトータルにとらえようという考え方として使われている。世界保健機関（ＷＨＯ）とユニセフ（ＵＮＩＣＥＦ＝国連児童基金）による一九七八年の「アルマ・マタ宣言」以降、この理念が世界に広まった。ＰＨＣとは、人びとの健康状態を改善させるに必要な、すべての要素を地域レベルで統合する手段をいい、それは国家保健システムに組み込まれていて、予防、健康増進、治療、社会復帰、地域開発活動すべてを含むものであるとされる。

（10）タイは隣国ラオスと、メコン川のダム開発によって作られる電力の輸入の契約を結んでいるが、ミャンマーからも天然ガスを輸入しようとしている。スラック氏らは環境破壊を導くものとしてこれらの計画に反対しており、一九九八年の三月には現地での反対デモの際、タイ当局に拘禁された。

第4章

プッタタート比丘《びく》の思想と生涯

野津幸治

プッタタート比丘《びく》の主著、『仏法社会主義（仏法共同体原理）』（英訳版）。

はじめに

プッタタートは生き続ける、死にはしない
たとえ身体が消滅し、声が聞けなくなったとしても
生きている身体にも死んでいる身体にも与《くみ》しない
それは時とともに変わりゆくものにすぎないのだから(1)
――プッタタート比丘

一九九三年七月八日、タイで最も高名な僧侶の一人プッタタート比丘《びく》(Phutthathat Phikkhu、パーリ語でBuddhadāsa Bhikkhu)(2)として知られるプラ・タンマコーサーチャーンがこの世を去った。八七年の生涯であった。

プッタタートというのは後に自分でつけた名前であって、出家し、受戒の後に親教師《しんきょうし》(戒和尚《かいわじょう》)からつけられたパーリ語の僧名(法名《ほうみょう》)はインタパンヨーであった。プッタタートはプラ・グアム(一九二六年)(「プラ」=僧侶の尊称、「グアム」=プッタタートの本名)として出家した後、プラ・マハーグアム(一九三〇年。後述のパリエン三段合格後「プラ・マハー」になる)になった。サンガ(仏教教団)における「僧階」(samanasak)でいえば、プラ・クルーインタパンヤーチャーン(一九四六年)、プラ・アリヤナンタムニー(一九五〇年)、プラ・ラーチャチャイカウィー(一九五七年)、プラ・テープウィスッティメーティー(一九七一年)、プラ・タンマコーサーチャーン(一九八七年)の順に「僧階名」を授けられている。正式な文書での呼び名はこの「僧階」が使用されている。

プッタタートは南タイのチャイヤー郡にスワンモークという修行道場を開設し、修行と教理の研究、そして布教にその生涯を捧げたことで、タイ国内のみならず国際的にも著名である(3)。また一般的には、プッタタートはタイにおける仏教教理の伝統的な理解を覆した改革者ともいわれている。それは教理の合理主義的解釈を推し進めたこと

や、大乗仏教をはじめとして他の宗教の良さも認めた普遍主義的態度に対する評価である。これをマイナスに評価する側はプッタタートを異端視したのであるが、プラスに評価したスラック・シワラックやプラウェート・ワシーらの知識人および多くの開発《かいほつ》僧たちはその思想を受け入れ、みずからの実践に応用しているのである。それを内発的発展論（鶴見、一九九三年、二四一―二六二頁）の観点からみれば、プッタタートを発想的キーパーソンとして、また、スラックなどの知識人や開発《かいほつ》僧たちを理論的・実践的キーパーソンとして捉えることができる。

革新的といわれるプッタタートの教説はさまざまな批判を受けているものの、多くの開発《かいほつ》僧がその影響を受け、プッタタートを尊敬していることも事実である。また盟友パンヤーナンタ比丘や、スワンモーク出身のプラ・パヨーム（本書第Ⅱ部資料3参照）などの僧侶がこれを受け継ぎ、各地で地道な活動も続けている（野津、一九九四年、一四―一五頁）。そこで本章においては、日本ではまだあまり知られていないプッタタートの生涯について紹介し、主に、批判を受けた教説を通してその思想を明らかにしてみたい。

一　出生とスワンモークの開設

プッタタートは一九〇六年五月二七日、タイ南部のスラートターニー県チャイヤー郡プムリエン行政村に生まれた[4]。乾物屋を営む中国人の父親シエンとタイ人の母親クルアンの子で、元の名をグアム・パーニットという。プッタタートは三人兄弟の長男で、弟タンマタート（元の名はジークーイで一九三九年に改名）と妹キムソーイがいる。父方の祖父ジーコーは中国の福建省から、祖母ソムチーンの先祖はナコーンシータンマラート県パークパナン郡からチャイヤー郡に移住してきた。一方、母方の祖父レンと祖母チャイはチャイヤー郡の隣ターチャーン郡の出身であった。

八歳になったプッタタートは当時の慣例にならってプムリエン寺（通称ワット・マイ）（「ワット」は寺院の意）に預けられ、寺の居候（寺小姓、dekwat）としておよそ三年間をそこで過ごした。この時期に読み書きや薬草の知

南タイの県と郡

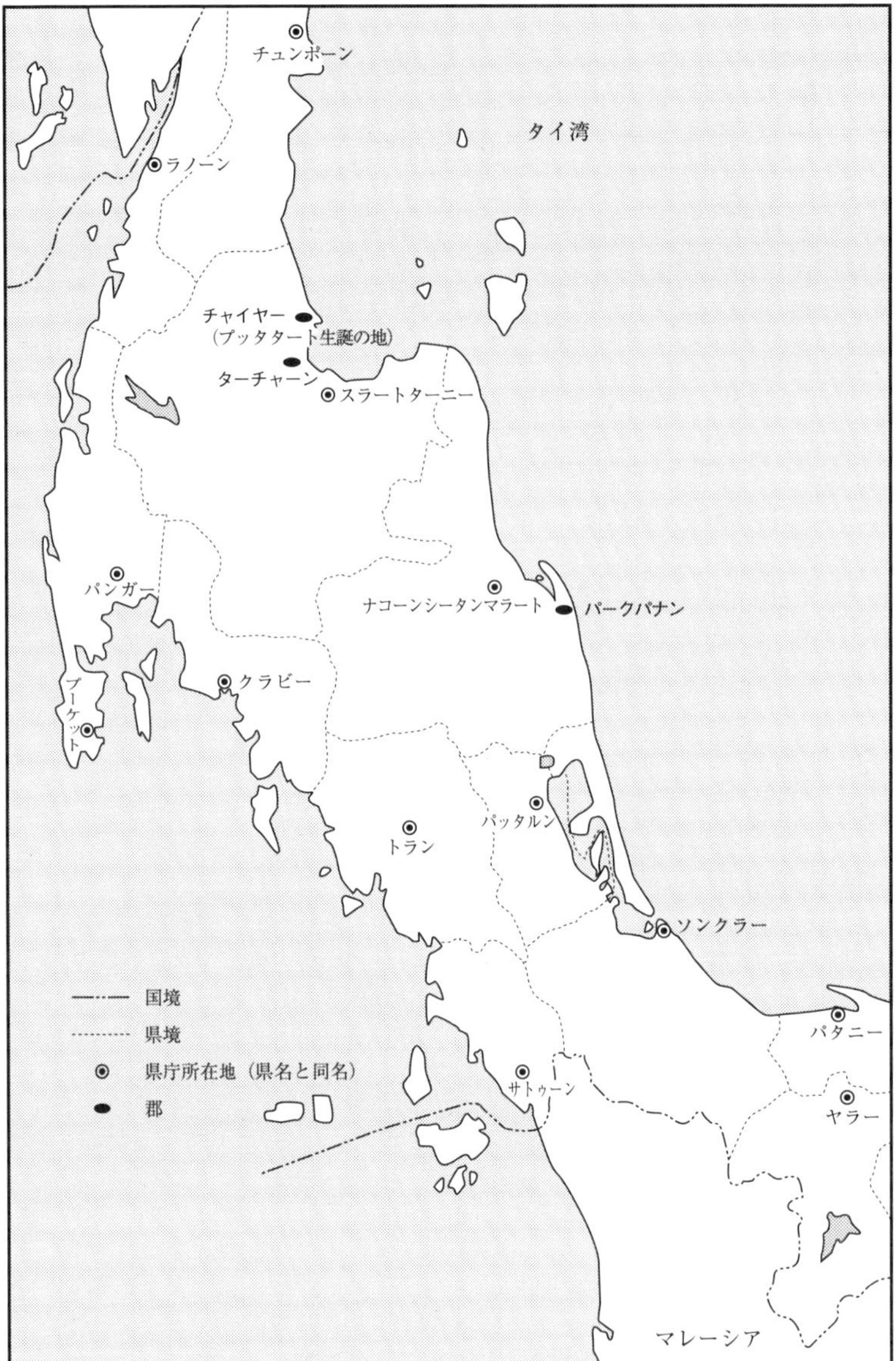

（出所：Tourism Authority of Thailand Hatyai Office 作成の地図を加工。）

プッタタート生誕～活動の地・チャイヤー郡地図

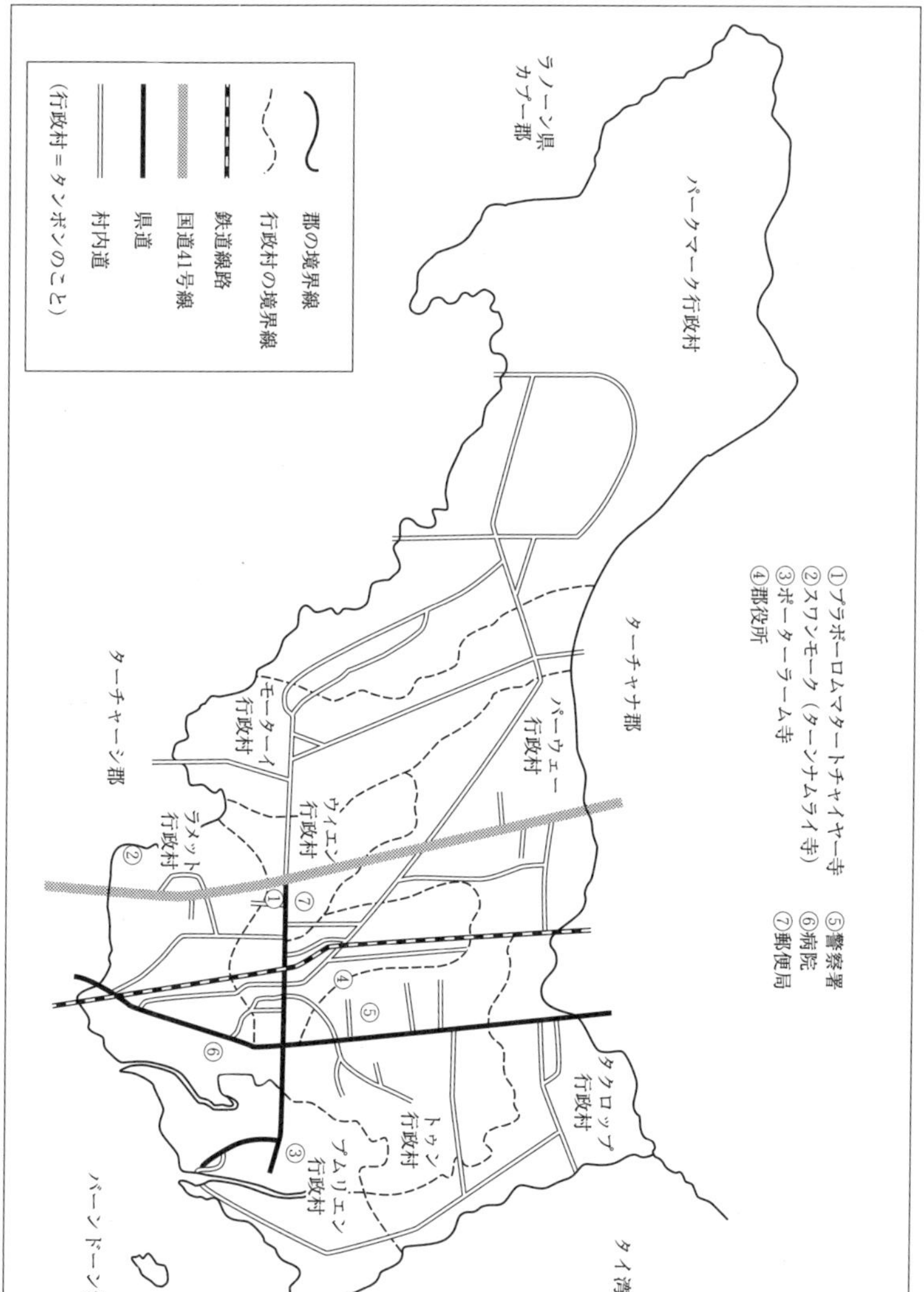

（出所：Thanit et al. 1990：8を加工。）

識を十分身につけることができた。一九一七年、一一歳のころ家に戻ったプッタタートはポーターラーム寺（通称ワット・ヌア）の小学校に通い始めた。その後二一年、プムリエンの店を母親に任せたまま、父親は郡内に新たに店を構えることになった。そこで小学三年を終えたプッタタートは、チャイヤー郡のサーラピーウティット学校の中等教育部に移ることになる。しかし、翌二二年に父親シエンが亡くなったため、プッタタートは中学三年で学校を去りプムリエンの家に戻って店の手伝いをすることになった。プッタタート一六歳の時のことである。その結果、当時スラートターニー県の公立学校に通っていた弟のタンマタートは学業を続けることができた。その後タンマタートはバンコクの学校へ進学し、チュラーロンコーン大学で医学を学ぶようになる。

ちょうどその頃、仏教の教法試験制度が確立し[5]、プムリエンでも仏教教理が人々の関心をよんでいた。教法試験（ナック・タム）のテキストなどを独学で勉強していた読書家のプッタタートも例外ではなく、この頃には町の中の大人たちよりも仏教教理に詳しくなっていた。

一九二六年、満二〇歳になったプッタタートは、この年の七月二九日にウボン寺（通称ワット・ノーク）で得度し[6]、プムリエン寺で出家生活を送ることになった。そこからポーターラーム寺のナック・タムの学校に通うようになったが、すでに出家する以前から相当な仏教教理の知識を持っていたプッタタートはほどなく説法を住職から任されるようになった。またその説法はとても分かりやすいと人々の評判になるほどであった。プッタタートは手に入る限りの仏教書を読みあさり、さらにその知識を増やしていった。そして同年のうちにナック・タム三級（注（5）参照）に合格するのである。

プッタタートは当初三カ月で還俗《げんぞく》するつもりであったが、優れた説法者として人々から期待されたことで僧生活に喜びを見出し、そのまま出家を続けることにした。また弟タンマタートが、兄に代わって家業を引き継ぐため、学業を放棄してバンコクから戻ってきたこともプッタタートを安心させた。そして教理の勉強に専念し、一年後の一九二七年にはナック・タム二級に合格している。

一九二八年、プッタタートはさらに深く仏教教理を学ぶため、叔父に勧められてバンコクのパトゥムコンカー寺に出向くことになった。上京する前には、バンコクの僧侶は仏教教理を身につけた、戒律を遵守する立派な修行僧ばかりであると彼は思っていた。ところが実際はその逆であったため、プッタタートはバンコクでの僧生活に失望し、還俗するためにわずか二カ月でプムリエンに帰ってきた。しかしちょうど安居《あんご》（僧が雨季の三カ月間、旅行や遊行をやめ、寺院に定住し修行に専念する期間）の直前で、還俗の機会を失してそのまま僧生活を続けることになった。その後、独学の結果、ナック・タム一級に合格した。さらに、二九年にプラボーロムマタートチャイヤー寺にナック・タムの学校が設立されると、今度は教師として招かれることになる。こうして還俗への思いも完全に消え失せてしまったのである。

一九三〇年には、再び叔父の強い勧めでバンコクのパトゥムコンカー寺に出向いてパーリ語を学んでいる。最初はごく普通に学校へ通っていたが、しばらくすると授業の進度の遅さから次第に教室での勉強が嫌になり、特別に夜間の個人授業を施してもらった。こうしてこの年にはパリエン三段（注（5）参照）に合格することができた。また仏教以外の分野にも興味を示し、写真、タイプライター、ラジオ、科学、英語などの学習にも取り組んでいる。しかし彼は、試験のためあるいはより高い地位を得るためにパーリ語を勉強するということに疑問を抱くようになり、知識と実践のために純粋に仏教を研究したいという思いを持つようになる。

この年プッタタートは、論文「凡夫《ぼんぷ》段階の仏教」と「布施《ふせ》の利益《りやく》」を発表した。「凡夫段階の仏教」(7)では、涅槃《ねはん》はこの世で実現できるものであるという考えをすでに示している。ブッダに近づこうとパーリ三蔵を研究すればするほど、既存の解釈とは異なる見解を持つようになっていった。こうした悩みを抱えた状態で、結局一九三一年のパリエン四段の試験には合格できなかった。

バンコクでの二度目の僧生活に二年で見切りをつけたプッタタートは、一九三二年の四月にプムリエンに帰ってきた。こうして彼は、教理研究の理想を追求し、仏法の実践と布教を行うため、弟タンマタートと協力して、廃寺となっていたトラパンチック寺にスワンモークという修行道場を開いたのである。一九三二年五月一二日、彼が二六歳になる直前のことであった。

二　スワンモークでの活動

「スワンモーク」というのはスワンモークカパラーラーム(8)（Suan Mokkhaphalaram）の略称である。スワンは「庭、園」、モークは「解脱、涅槃、オマツリライトノキ（前二者と同音異字）」、パラは「力、パラーの木（「力」とは音も字も少し異なる）」、アーラームは「寺、歓喜、喜悦」という意味であり、合わせて「解脱への力となる園」を意味する。実はこれは、タイ語でモークという木（オマツリライトの木）とパラーという木が敷地内にあったことから、それぞれ「解脱」と「力」にかけてプッタタートがつけた名称である（Phrapracha 1992：155）。ここにはプッタタートのユーモアの精神がよく表れている。

さて、一九三二年の八月、プッタタートは『阿羅漢《あらかん》の足跡をたどって』の執筆に着手する。その冒頭で「私はこの命と身体をブッダに捧げます。私はブッダの奴隷で、ブッダは私の主人です。この理由により、私はプッタタート（ブッダの奴隷）と名乗ります」と宣誓したことによって、以降彼は自らを「プッタタート」と名乗るようになった。ただし実際にプッタタートがペンネームとして活字になって登場するのは、次に述べる翌年の雑誌『仏教』の創刊号からである。

スワンモークの設立・運営・維持に重要な役割を果たしたのは、一九三二年の七月に設立された「タンマターン（「法施《ほうせ》」、教えを説くこと）会」（Khana Thammathan）である。プッタタートの母親の寄付によってできた「パーニット（プッタタートの家族の姓で、意味は「商人」）基金」によりスワンモークとタンマターン会が運営されることになった。

タンマターン会は、一九三三年の五月、雑誌『仏教』を創刊した。『仏教』にはおもにパーリ三蔵のタイ語への翻訳や教理解説、仏教界の動き、批評などがプッタタートとタンマタートによって執筆された。ここではプッタタートやインタパンヨーの他、ペンネームとしてタンマヨート、サンカセーナーなどが使われている。『仏教』は年四回の発行で、プッタタートの他界した今日も発行され続けている。この他、タンマターン会では説法会を開催したり、図書室を開設するなどの活動を行っている。また仏教の知識を身につけた青少年を育成するため、プッタニコム学校の設立（一九三六年）も行っている。その後五三年、タンマターン会は財団登録を許可され「タンマターン財団」（Thammathan Munlanithi）となった。

プムリエンのスワンモークは、その後雑誌『仏教』の普及にともない、修行に訪れる僧侶や信者が増加して手狭になっていく。そこで一九四三年、スワンモークは同じチャイヤー郡にあるターンナムライ寺（通称ワット・カオプットーン）に移されて今日に至っている。

スワンモーク（解放の園）。森の中にひっそりと仏像が置かれているのみで、大伽藍などは一切ない。

この新しいスワンモークにおける修行生活の基本姿勢は、ブッダの時代への回帰である。たとえばスワンモークには普通の寺院に見られるような本堂はなく、小山の頂を「自然の本堂」と呼んでいる。また、やや大きめの石が曲線を描くように並べられてできた広場は「湾曲石広場」（Lan Hin Khong）と呼ばれているが、ここでは、朝夕の勤行や説法、儀式などを大地の上で行っている。庫裏も大きな寺院に見られるようなエアコン付きの立派なものではなく、修行僧は食事も一日一食しかとらない。

ブッダの時代への回帰をめざすこうした取り組みの一方で、布教の面では人々に仏法の中身をできるだけ理解してもらうための新しい試みがなされている。たとえば、スライドを使用した教理の解説は一九五三年から行われている。また施設面では「魂の愉悦館」（Rong Mahorasop thang Winyan、通称ローンナン）が六二年から約一〇年を費やして建てられた。この施設は二階建てで、内部は壁と柱にさまざまな絵画が描かれており、その絵を通して仏法を学べるようになっている。絵画はタイの普通の寺院壁画にあるような仏画だけではなく、諺を題材にしたもの、十牛図のような禅の画題や西洋の寓話を表現した絵画など多種多様である。この他、六二年には「魂の愉悦館」の外壁に飾るための仏伝図を彫刻する作業場として、「彫刻館」(Rong Pan)も建てられた。ここでは現在、人々が職業訓練の一環として人形などを作りながら、酒や麻薬などをやめられるよう指導を受けるなど、社会に接した活動も行われている。[9]

「魂の愉悦館」の完成後、プッタタートは飲料水を確保するため雨水の貯蔵設備「仏法船」(Thamma Nawa)を建造した。一隻では雨水の確保が難しかったことから、これを二隻建造した。一隻目の船上には日本の禅寺を模した庭が設置された。また二隻目の船首には図書室が設置され、一階は雨が降った時の勤行用に、二階は修行や研修に訪れる僧侶、一般男性信者の宿泊などにも使用されている。

プッタタートの初期の布教活動は、雑誌『仏教』に収めた著作が主であったが、次第に各地へ招かれて法話を行うようになり、その法話の記録が本として出版されるようになった。最初にバンコクで行った法話は、一九四〇年の七月一三日にタイ国仏教協会の招きで行った「仏法を深く理解する道」である。その後も同協会では何度もプッタタートの法話の会を主催しているが、四七年の「仏法と民主主義の精神」と題した法話には、プリーディー・パノムヨン(立憲革命の文民派リーダー)も聴きに来ている。『仏教』を読んでスワンモークに興味を持ったプリーディーは、アユタヤ(バンコクの北約七〇キロの都市)にスワンモークのような道場を開設したいとプッタタートに相談していたが、その計画は実現しなかった。

タイ国仏教協会以外にも、プッタタートは法律家協会における裁判官の研修やチュラーロンコーン大学、シリラート病院、国税局、マハーチュラーロンコーン仏教大学などに招かれて法話を行っている。しかし一九七三年以降は体調を崩したこともあり、スワンモーク以外で法話を行うことはなくなった。スワンモークでは六七年以来、安居の時期には定期的に法話を行っていたが、七一年からは「土曜説法」をマーカブーチャー、ウィサーカブーチャー、アーサーンハブーチャーの三期(一期一〇—一三回)に分けて行うようになった。[10]

スワンモーク固有の行事には、毎年陰暦一〇月に多くの僧が集まる「スワンモーク訪問日」、五月二七日のプッタタートの誕生日に行われる「年齢をからかう日」がある。この「年齢をからかう日」は一九六六年のプッタタートの還暦祝いから始まった行事で、この日は終日、プッタタート本人とその誕生を祝う人々は食事を一切とらないことになっている。死を恐れ長生きに固執しようとする人をからかう意味がこめられているという。

法話はラジオ放送でも行われた。まず裁判官研修で行った法話「仏教の基本」を、トンブリーの広報局が一九五九年の雨安居の期間に毎朝六時三〇分から放送した。また七八年六月一八日からは、毎月第三日曜日の午前八時にバンコクのタイ国営放送ラジオが全国へ向けて法話を放送している。

このように、プッタタートはスワンモークをはじめいろいろな場所、メディアで法話を行ったが、その記録は膨大な量の法話集となって出版されている。最も重要なものはタンマターン財団とスワンウソム財団が出版した『タンマコート』(Thamma Khot、「仏法の宣伝」)である。これはプッタタート全集ともいえるもので、一九六八年に計画され、七二年から出版が始まった。九四年五月二七日の時点で六〇冊が出版されているが、まだ一〇〇冊以上が計画されたまま出版されていない。この他タンマターン財団、スワンウソム財団で合わせて二七四冊が出版されている(Suwanna et al. 1994：170–190)。さらにタンマサパー、スッカパープチャイ、アタンマヨー、セーンタムなどの出版社や、ウティタム財団も続々と出版をしていて、翻訳書も含め、出版物の数を正確に把握することが困難なほどである。

近年では、スワンモークには出家者と在家者、あるいはタイ人と外国人とを問わず、多くの人々が修行や研修に訪れるようになっている。たとえば一九八三年の宿泊人数は一般人七〇九九、大学生一三九七、高校生以下の生徒四二五五、教師六一七、僧侶・沙弥《しゃみ》(見習い僧)一六四一、外国人一五〇、宿泊しない訪問者は一一万六〇五五人にも及び、法話カセットテープの交換も一万一四四二本という統計が出されている(11)(Prapracha and Santisuk 1986：200–201)。八六年には、外国人の修行者用の施設「国際スワンモーク」(Suanmok Nanachat)がスワンモークの近くに開設され、毎月一〇日間の英語による特別コースには数多くの外国人が参加している。

プッタタートは外遊も行った。まず一九五四年にミャンマーで開催された第六回仏典結集《けつじゅう》（ヤンゴン結集）にはタイ・サンガの代表団の一員として参加し、「上座部仏教の驚くべき特質」と題する法話を行った。また五五年の一〇月から五六年の一月にはインドを、そして五八年にはカンボジアを訪れている。

また、プッタタートはサンガにおいて、いくつかの役職にも就いた。一九四四年にはスラートターニー県布教部長に、続いて四九年には第五管区（南タイ一四県）布教部長に、四七年には親教師（戒和尚）、四九年にはプラボーロムマタートチャイヤー寺住職にも任命された。また、五〇年にはラーマ九世王の即位の大典における聖水注頂礼に使用するための聖水を作る儀式の祭主をつとめている。そして六七年以降には数回にわたり、海外へ派遣されるタンマトゥート（仏法の使節）の研修をスワンモークで引き受けている。

以上述べてきたようなさまざまな活動に対し、プッタタートはマハーチュラーロンコーン仏教大学やシンラパーコーン大学など七つの大学から名誉博士号を授与されている。

三　プッタタートの思想

これまで見てきたように、プッタタートに関しては非常に多くの出版物があり、その全てを詳細に検討する余裕は今のところない(12)。そこで、ここではプッタタートが批判を受けたいくつかの法話を取り上げ(13)、そこからプッタタートの思想の特徴を明らかにしていきたい。

一九四八年、プッタタートはタイ国仏教協会において「仏法行路の山」（六月五日）、「仏法行路の山の解説」（六月一三日）と題して法話を行った。これらの法話でプッタタートは、ブッダ（仏）、ダンマ（法）、サンガ（僧）の三宝《さんぼう》は涅槃への到達を妨げるヒマラヤのようなものだとし、また、一切智《いっさいち》とは「ブッダがあらゆることを知っている」ことを意味するのではないという解釈を示した（Phutthathat 1992a：128–130）。これらの解釈は、三宝や一切智について、我執《がしゅう》から解放されない人々が自分の有する知識によって勝手な理解をしており、その誤った理解が涅槃への到達を妨げているのだということを指摘したものである。

これに対しプラ・ティップパリンヤーは、『ヒマラヤの爆発』という本を出版してプッタタートを批判した。プッタタートの発言はブッダに対する尊敬を失わせ、ブッダの教えに従わないよう人々を導こうとしているものだという批判である。タイでは反体制的＝共産主義的とみなす傾向があり、この時プッタタートは共産主義者であるとして還俗させられるのではないかとも噂された。プラ・ティップパリンヤーはさらに、プッタタートの行動を審議すべきであるとサンガの大長老会議に提案したが、逆に当時の大長老会議はプッタタートのこの法話の内容に理解を示し、それ以上この件が問題にされることはなかった。

また、プッタタートは一九六五年一月二一日のタイ国仏教協会における「まだ誤解していると思われること」、七一年三月二〇日のスワンモークにおける「アビダルマ（論蔵）とは何か?」と題した法話などで、論蔵（注（7）参照）はブッダの言葉のスタイルをとっておらず、後世に新たに書き加えられた語句であると述べた。この発言によっても、プッタタートはブッダを尊敬していないと非難された。一方、プッタタートは一九八〇年の誕生日の法話において、「論蔵における説明は経蔵にそのもとをたどることができる」のであり、「論蔵は捨ててしまってもよい」とくり返し述べた（Phutthathat 1989: 115–117）。また八五年の誕生日の法話では、パーリ三蔵について、「一般人ならその三〇％を、知識人・学者ならその六〇％を破り捨てなければならない」と述べている。これもまた、三蔵やブッダの言葉を尊敬していないという批判を受けることとなった。しかし、プッタタートは、破り捨てる部分はブッダの言葉ではなく、むしろ後に書き加えられた部分であるという考えを変えることはなかったのである。

一九七一年六月一二日、プッタタートは「土曜説法」において「縁起とは何か?」と題する法話を行った。その法話では、縁起はわずか一回息を詰める間にも起こり得るのであって、過去世・現在世・未来世の三世にかけて初めて縁起が成立するという説を否定した。縁起とは日常的に存在し、苦がどのように生じどのように滅するのかを示すものである、というのがプッタタートの主張である（Phutthathat n.d.b: 3–12）。

この法話は、それまでの一般常識的な仏教教理の理解を覆す画期的な法話であったといえる。なぜならプッタタートはブッダゴーサの『清浄道論《しょうじょうどうろん》』を勇敢にも否定してしまったからである。ブッダゴーサは五世紀前半にインドからスリランカに渡り、多くの三蔵注釈書を書いた南方仏教史上最大の注釈家といわれている。またタイにおいても『清浄道論』は仏教教理解釈の根本書として扱われ、教法試験パリエンのなかで最高位にあたる八・九段の、論蔵の試験科目テキストに使用されているほどである（石井、一九七五年、一九二頁）。もっとも、プッタタートはブッダゴーサを完全に否定したのではなく、「五％程度賛成できない部分がある」と述べている（Phutthathat n.d.b: 60）。

プッタタートはその豊富な読書量、文献の翻訳、そして多くの宗教家との出会いを通じて、一方では上座部仏教以外の宗教についても理解を深めていった。たとえば、一九六七年にバンコクでダライ・ラマ一四世と出会い、七二年の一月二九―三〇日にはダライ・ラマがスワンモークを訪問し、法話も行っている。また、チエンマイにあるキリスト教神学校（Witthayalai Phrakhritttham）で「キリスト教の教え・仏教の教え」(14)（六七年）、スワンモークでは「聖書を通した仏教の教授」（七二年）や「仏教徒が知っておくべきキリスト教の教えの要点」（七九年）と題した法話を行っている。その他に、イスラム教徒との交流もあった。

しかしプッタタートが最も影響を受けたのは大乗仏教、とりわけ禅の教えであろう。プッタタートは一九四二年からすでに雑誌『仏教』で大乗仏教について執筆しており、四七年からは禅の六祖慧能《えのう》（中国・唐代の禅僧）の『六祖壇経』を英語版からではあるがタイ語に翻訳し、『仏教』に掲載している（Phutthathat n.d.e）。さらにその後は、黄檗希運《おうばくきうん》（黄檗宗の開祖。唐代の禅僧）の『伝心法要』を同じく英語版からタイ語に翻訳している（Phutthathat n.d.f）。

このような大乗仏教の研究を通してプッタタートが強調するようになったのが「空《くう》」の思想である。とくに一九六二年一月にシリラート病院で「空」（Phutthathat n.d.a）と題した法話を行ってからは、頻繁に法話のテーマや話題として取り上げるようになった。(15)たとえば、六九年には八月四日から一〇月二三日にかけて四〇回、七一年には四月一六日から二八日にかけて一三回(16)の「空」に関する法話を集中して行っている。

プッタタートは、仏教は仏教であって上座部仏教も大乗仏教もないとしたうえで、「空」が経蔵（相応部経典）に出てくること、すなわちブッダの言葉であることを取り上げて、これまでタイの人々はそのことに気づかず、「空」を大乗仏教固有の思想であるとして無関心であったことを指摘している。プッタタートは、「空」とは自我・我執のない状態であるという。そして、「われ―わがもの」（Tuaku-Khongku）という意識から解放されることが「空」であり、それがまさしく煩悩と苦からの解放であり、すなわち涅槃であるとしている（Phutthathat 1992b：249-252）。プッタタートのこの涅槃についての解釈もそれまでの一般的なタイ人の考え方とは異なっていた。一般的には涅槃は死あるいは死後の世界のことであると捉えられているのに対し、プッタタートは、涅槃は「今、ここ」で一日何度でも得られるもので、一瞬の感覚から徐々に完全な状態へと段階が進むのだと説いている（Phutthathat 1993：247-248）。

このようなプッタタートの考え方に対し、ククリット・プラーモート（元タイ首相）は一九六三年の七月六日と六四年の二月二三日に開催された討論会でプッタタートと論争を行っている。ククリットは、執着《しゅうじゃく》のある人はプッタタートのいうような「空」を理解することも簡単に三蔵を捨てることもできないのであって、三宝を心の拠り所としなければ仏法は理解できないと主張した。つまり、あらゆるものへの執着から解放された「空」は経済社会のなかで生きる在家者にとっては非現実的なものであり、出家者と違って在家者は何かに執着しなければならないこともある、とするのがククリットの考え方であった（Phutthathat n.d.d：74-79）。それに対しプッタタートは、そのような出世間《しゅっせけん》（世俗を離れた清らかな世界、仏道の世界）と世間・世俗を切り離して考える一般的な考え方を退け、仏法の実践においては出家も在家も区別はないと説いた（ibid：110）。

さて、ここでプッタタートが説法の道具として使用した「ヒト（人）語」（Phasa Khon）と「ダンマ（仏法）語」（Phasa Tham）という概念を紹介しておこう。「ヒト語」とは仏法を理解していない人の言葉であり、「ダンマ語」とは仏法を理解している人の言葉である。たとえば、地獄は「ヒト語」では死者を処刑する役人のいる地下の国であるが、「ダンマ語」では燃える火のごとく心が苦しんでいる状態をいう（Phutthathat n.d.c：20）。プッタタートは、人々がいくら法話を聴いても理解することができないのは、法話の内容を「ヒト語」で解釈して聴いているからであり、「ダンマ語」で聴かなければそれを理解することはできないとしたのである。

スワンモークでは僧侶自身が道場の建設、整備のための仕事に従事している。それは「働くことは仏法の実践である」という考え方によるものである。働くことというのは、「ヒト語」では職業としての仕事を意味するが、「ダンマ語」では「仏法の実践」を意味するという（ibid：10–11）。これに対しては、働くことは仏法の実践の障害にしかならないという批判がある。しかし、プッタタートは働いている時にも戒《かい》、定《じょう》、慧《え》の三学（仏教の基本的実践。戒律を守り、禅定で心をしずめ、智慧を得ること）を修めることは可能であるとした[17]（Phutthathat 1994a：152–153）。プッタタートのこの「働くことは仏法の実践である」という論理が、開発《かいほつ》僧の活動における根拠となっていると考えられる。

プッタタートは政治・社会問題をも法話のなかに取り入れている。一九七三年一一月一一日、スワンモークにおいて、プッタタートは「社会主義的民主主義[18]」と題する法話をケースワーカーの研修で行ったが、そこで提示したのが「仏法社会主義（仏法共同体原理）」（Thammik Sangkhomniyom）である（本書第3章および「基本用語解説」参照）。仏法社会主義（仏法共同体原理）とは、仏法に基づいて社会の利益を守る体制であり、余剰があればそれを独占しないで社会のために使うというものである。彼はこれこそ人間が互いに慈悲の心をもって共に生きることが可能な社会であると考えた。プッタタートによれば仏法社会主義（仏法共同体原理）の社会が成立しないのは、余剰を追求する人間の利己主義が原因であるという。他人に対する思いやりを欠いた物質主義では、ますます利己主義的となり、争いが絶えないと考えてもいた。

翌一九七四年九月一五日、スワンモークにおいて、プッタタートは「教理に基づく社会主義[19]（共同体原理）」と題する法話を判事補の研修で行ったが、そこでは「独裁的手法による仏法社会主義（仏法共同体原理）的民主主義」もしくは「独裁的仏法社会主義（仏法共同体原理）」を提案している。それは「十種の王法[20]」（Thotsaphitratchatham）を具えた善良な独裁者であれば、速やかにかつ正しい判断が下せるという考えに基づいている。しかし、いくら仏法に基づいているとはいえ、独裁を認めれば民主主義的とはいえないわけで、これには社会開発における自助努力の原則に反するという批判もある（Phradutsadi 1989：55–57）。

ちょうど一九七三年一〇月一四日の政変から七六年一〇月六日の「血の水曜日事件」（軍部によるクーデター）までのタイはいわゆる民主化運動の時代にあり、人々の関心は政治に向けられていた。プッタタートの法話はそうした時流に乗ったものともいえる。競争原理のはたらく資本主義や物質主義にはなじまないプッタタートの考え方が社会主義（共同体原理）という一つの思想を強調しているようにも見受けられる。しかし、本質的には彼の思想は中道であり、何よりも仏法に基づく生活実践、それによる自分と世界の見直しに重点が置かれていると考える。

おわりに

プッタタートの思想と生涯を理解するうえで、一九八六年五月二七日に行われた八〇歳の誕生日の法話「三つの発願《ほつがん》」は彼の基本理念を端的に示していて重要である。三つの発願とは、自分が信仰する宗教の要点を深く理解するよう努めること、宗教間の理解を深めること、世界を物質主義から脱却させること、の三項目である（Phutthathat 1994b：23）。法話と出版を中心とする布教活動、上座部仏教以外の宗教者との交流や研究、ブッダの時代への回帰など、プッタタートの行動はこの三項目の発願を実現させるための行動であったといえる。

プッタタート比丘の弟子、サンティカロー師。アメリカ人である師は、プッタタート比丘の著作を英訳するなど、国際的に活躍している。師の背後の書棚にはプッタタート全集『タンマコート』が並ぶ。

プッタタートがスワンモークを開いた動機には、バンコクの僧侶たちが戒律を遵守していなかったことと、ブッダの言葉に拠らない注釈書の学習に彼が疑問を持ったことが挙げられる。これは一八三〇年代にモンクット親王（後のラーマ四世）が提唱したタンマユット運動を想起させる。在来派マハーニカーイに対し、ブッダの原始の精神に立ちかえり、後世の付加物を取り除こうという改革派タンマユットの運動(21)は、そのおよそ百年後に出現したスワンモークにおけるプッタタートの活動にぴたりと一致する。

しかし、モンクット親王がバンコク在住の王族であったのに対し、プッタタートはチャイヤーという片田舎に在住する中国人系商人の子であったという大きな違いはある。プッタタートはチエンマイのウモーン寺にスワンモークのような道場、スワンプッタタムが開設された時に助言を与えた（Phrapracha and Santisuk 1986：139）他は、活動を拡大するための拠点をチャイヤー以外の地に開設することはなかった。また自説を強要したり、さまざまな批判に対して強く反論する態度もとらなかった（森部、一九九一年、三〇五―三〇七頁）。これとタイのサンガの無思想的体質(22)とがあいまって、プッタタートは異端視されながらもサンガから追放されなかったと考えられる。

プッタタートは、プリーディーやシーブーラパー(23)などの革新的な知識人からも支持され、仏法社会主義（仏法共同体原理）を提唱したり、伝統的な教理の解釈に批判を加えるなどしながらも、サンガあるいは政府から最終的には共産主義者の烙印を押されることはなかった。その理由として、サンガにも政府にも、正統派とみなされるその上層部に彼の支持者が存在した事実を挙げることができる。たとえば、サンガの長老テープシリン寺のソムデットプラ・プッタコーサーチャーン（チャルーン・ヤーナウォーラテーラ）やマハータート寺のソムデットプラ・ワンナラット（ヘン・ケーマチャーリー）、高等裁判所長官プラヤー・ラットプリータンマプラカン（ウォン・ラットプリー）、そして首相や枢密院議長を歴任するサンヤー・タンマサックなどである（Phrapracha and Santisuk 1986：60–61, 95）（「ソムデットプラ」は「ソムデットプララーチャーカナ」の位にある僧侶の名に冠される語で、日本語の「猊下」に相当し、高僧の地位を表す）。

「プッタタートは生き続ける、死にはしない」――冒頭で引用した詩の通り、その教えは膨大な量の出版物とカセットテープのなかに残されている。今も各地の書店にはプッタタートの法話集が並べられ、スワンモークではテープによる彼の説法が聞こえてくる。しかし、今後その教えが真に生き続けるかどうかは、ひとえに、法話集を読み、説法テープに耳を傾ける人たちが彼の教えの内容を正しく理解し実践できるかどうかにかかっているのではないだろうか。

＊資料収集の段階で森部一教授（南山大学）および澤井義次教授（天理大学）にお世話になった。記して感謝の意を表したい。なお本章脱稿（一九九六年二月）後、プッタタート比丘の思想に関する多くの研究書、論文等の文献資料を入手したが、一部訳語の面で参考にしたものの、紙数の都合で参考文献に紹介できなかった。それらについては、拙稿（二〇〇〇年）「プッタタート比丘の母親観――『正法母』の思想」（『南方文化』第二七輯、天理南方文化研究会、一―一七頁）を参照されたい。

【注】

（1）この詩の題名は「プッタタートは生き続ける」「プッタタートは死にはしない」などと記される場合があるが、題名が示されない場合もある。引用部分は六節からなる詩の第一節。

（2）英語やパーリ語の表記に基づいて「ブッダダサ」「ブッダダーサ」と呼ぶ人もいる。

（3）その著作は、英語の他、中国語、フランス語、ドイツ語、インドネシア語、ラオス語、タガログ語への翻訳もある。Sulak et al., 1990, 513–547 に詳しい参考文献一覧がある。

（4）プッタタートの生涯およびスワンモークでの活動について、以後とくに指示しない場合は Phrapracha and Santisuk (1986) から引用。

（5）教法試験制度については、石井（一九七五年、一六八―一九四頁）を参照。「ナック・タム」の資格は下から三級、二級、一級がある。試験科目は論文、教理、仏伝・仏弟子伝、戒律からなる。「パリエン」の資格は下は初段から上は九段まである。ただし初段と二段は合わせてバーリープラヨーク初段―二段と呼ばれ、パリエンとは三段以上をいう。試験科目はパーリ文タイ語訳とタイ文パーリ語訳からなる。

(6) プッタタートの出家の年齢には異説があり、Jackson (1988：23), Swearer (1989：2), 赤木（一九九一年、四七頁）、森部（一九九一年、二七八頁）、浅見（一九九四年、一三九頁）によれば、いずれも二一歳で出家したとされているが、生年月日からの計算では二〇歳である。

(7) 三蔵とは仏教の教理を集大成した基本経典で、ブッダの教えそのものである経蔵（suttapitaka）、生活の指針である戒律をまとめた律蔵（vinayapitaka）、そして注釈・解説からなる論蔵（abhidhammapitaka）の三つよりなる。

(8) 解脱という意味での「モーク」は後の単語と組み合わせる場合、最後の文字 kh に a をつけて発音されるため、日本語の表記では「モークカ」となる。

(9) 禅宗における修道の過程を牛と牧童との関係になぞらえ、十の絵と頌《じゅ》によって示したもの。

(10) いずれも上座部仏教の年中行事で、マーカブーチャー（万仏節。ブッダのもとに弟子が一二五〇人集まったことを祝う）は陰暦三月の満月の日、ウィサーカブーチャー（仏誕節。ブッダの生誕、成道、涅槃の日を同時に祝う）は陰暦六月の満月の日、アーサーンハブーチャー（宝節。ブッダの初説法、五人からなるサンガの成立、三宝の完成、を祝う）は陰暦八月の安居に入る前日の満月の日に行われる。

(11) スワンモークでは、法話のカセットテープを売買ではなく生テープとの交換という方法で頒布している。

(12) たとえば輪廻転生、呪術、自然観、女性観、平和、教育などについての思想にはここでは触れることができない。瞑想法については、藤吉（一九七二年、一〇〇—一〇三頁）を参照。

(13) 批判について、とくに指示しない場合は Wirot (1993：268–271) および Phrapracha and Santisuk (1986) から引用。

(14) Phutthathat, 1986a. 英語訳は *Christianity and Buddhism*, Bangkok, translated by Venerable Punno et al., Sublime Life Mission.

(15) Phutthathat, 1992b：1–791. Sunyataparithat と呼ばれるシリーズ。

(16) ibid：793–1098. Sunyatatham と呼ばれるシリーズ。

(17) また彼は、じっと座って瞑想しているだけでは何もしていないのと同じことだとしながらも、それが間違っているということはできないとも述べている（Phutthathat 1994b：32）。

(18) 英語訳は Democratic Socialism (Buddhadasa 1993：45–76) であるが、タイ語を直訳すると「社会主義的民主主義」

（Prachathippatai baep Sangkhomniyom, Phutthathat 1986b：1–43）である。

（19）英語訳は A Dictatorial Dhammic Socialism (Buddhadasa 1993：77–100) であるが、タイ語を直訳すると「教理に基づく社会主義」（Sangkhomniyom tam Lak haeng Phrasatsana, Phutthathat 1986b：44–93）である。

（20）十種とは、布施、戒、喜捨、正直、柔和、苦行者、無念、慈悲、忍辱、非妨害を指す。石井（前掲書、七九頁）を参照。

（21）石井、前掲書、二七六―二七七頁。プッタタートとタンマユット派との関係については、Jackson (1989：126–135)を参照。

（22）石井（一九九一年、一八一頁）は、プッタタート比丘のような思想的分派運動にサンガが異議を唱えないのは、ただ外面に現れた形式のみが問われ、その背景にある思想はほとんど問題とされないからであると指摘している。

（23）本名クラープ・サーイプラディット（一九〇六―七四年）。社会主義者として著名な小説家・ジャーナリストで、一九四二年と五二年に政治犯として逮捕された。北京で客死。プッタタートのバンコクでの説法を新聞に掲載したり、五二年二月にはスワンモークを訪問したりしている。タンマタートによれば、クラープの方が一方的にプッタタートに関心を持っていただけだとしている（一九九四年八月六日筆者による聞き取り）。

【参考文献】

〔外国語〕

Buddhadasa Bhikkhu, 1993, *Dhammic Socialism,* Bangkok：Thai Inter–Religious Commission for Development.

Jackson, P.A., 1988, *Buddhadasa：A Buddhist Thinker for the Modern World,* Bangkok：The Siam Society.

————, 1989, *Buddhism, Legitimation, and Conflict：The Political Functions of Urban Thai Buddhism,* Singapore：Institute of Southeast Asian Studies.

Phradutsadi Methangkuro, 1989, *Kanphatthana Sangkhom nai Thatsana khong Phutthathat Phikkhu*［プッタタート比丘の見解における社会開発］, Bangkok：Munlanithi Komonkhimthong.

Phrapracha Pasannathammo, 1992, *Lao Wai Mua Wai Sonthaya：Atta Chiwaprawat khong Than Phutthathat*［老年期に語る――プッタタートの自伝］, Bangkok：Munlanithi Komonkhimthong.

Phrapracha Pasannathammo and Santisuk Sophonsiri (eds.), 1986, *Phapchiwit 80 Pi Phutthathat Phikkhu：Miti Mai khong Phraphutthasatsana*［プッタタート比丘八〇年の歩み――仏教の新次元］, Bangkok：Munlanithi Sathiankoset–Nakhaprathip and

Munlanithi Komonkhimthog.
Phutthathat Phikkhu, 1986a, *Khrittham lae Phutthatham* ［キリスト教の教え・仏教の教え］, Bangkok : Sukkhaphapchai.
――――――, 1986b, *Thammik Sangkhomniyom* ［仏法社会主義（仏法共同体原理）］, Bangkok : Munlanithi Komonkhimthog.
――――――, 1989, *Thammanam–Thammakhlon* ［水の仏法・泥の仏法］, Bangkok : Sukkhaphapchai.
――――――, 1992a, *Chumnum Pathakatha Chut Phutthatham* ［法話集―仏法］, Bangkok : Sukkhaphapchai.
――――――, 1992b, *Sunyatatham chabap Ruam Lem Boribun* ［空―完全合冊版］, Bangkok : Thammasapha.
――――――, 1993, "Panithan Buang Plai Chiwit" ［晩年の発願］ in *Chiwit Kanngan Laktham Phutthathat Phikkhu,* Bangkok : Thammasapha.
――――――, 1994a, *Kanngan thi Pen Suk* ［幸せになる仕事］, Bangkok : Thammasapha.
――――――, 1994b, *Panithan 3 Prakan* ［三つの発願］, Bangkok : Sukkhaphapchai.
――――――, n.d.a, *Khwam Wang : Withi Patibat phua Pen Yu duai Khwam Wang* ［空―空の状態で暮らす方法］, Bangkok : Thammasapha.
――――――, n.d.b, *Patitchasamuppabat* ［縁起］, Bangkok : Thammasapha.
――――――, n.d.c, *Phasakhon–Phasatham* ［ヒト語・ダンマ語］, Bangkok : Sukkhaphapchai.
――――――, n.d.d, *Tham nai Thana Pen Khruangmu Sangkhon Sangchat lae Sanglok* ［人、国、世界を創る道具としての仏法］, Bangkok : Saengtham.
―――――― (trans.), n.d.e, *Sut Woei Lang* ［六祖壇経］, Bangkok : Thammasapha.
―――――― (trans.), n.d.f, *Khamson Huang Po* ［伝心法要］, Bangkok : Thammasapha.
Suwanna Luangchonlathan et al. (eds.), 1994, *Phutthathat Suanmokkhaphalaram Kamlang haeng Kanlutphon* ［解脱への力となる園スワンモークのプッタタート］, Chaiya, Suanmokkhaphalaram.
Swearer, D.K. (ed.), 1989, *Me and Mine : selected essays of Bhikkhu Buddhadasa,* New York : State University of New York Press.
Sulak Sivaraksa et al. (eds.), 1990, *Radical Conservatism : Buddhism in the Contemporary World,* Bangkok : The Sathirakoses–Nagapradipa Foundation.

Thanit Thamsukhati et al. (eds.), 1990, *Muang Chaiya*［チャイヤー］, Bangkok : Borisat Suramaharatsadon.
Wirot Siriat, 1993, “Bot Songthai”［終章］in *Chiwit Kamngan Laktham Phutthathat Phikkhu,* Bangkok : Thammasapha.

〔日本語〕

赤木攻、一九九一年、「サンガへの挑戦――タイにおける仏教改革運動素描」（所収：『大阪外国語大学アジア学論叢』創刊号、大阪外国語大学）。

浅見靖仁、一九九四年、「タイ仏教の新潮流――日本仏教批判の一視点」（所収：『仏教』二九号、法藏館）。

石井米雄、一九七五年、『上座部仏教の政治社会学』創文社。

――――、一九九一年、『タイ仏教入門』めこん。

鶴見和子、一九九三年、「アジアにおける内発的発展の多様な発現形態――タイ・日本・中国の事例」（所収：鶴見和子／川田侃編『内発的発展論』東京大学出版会）。

野津幸治、一九九四年、「プッタ・タート比丘と仏教改革の六十年」（所収：『シャンティ』増刊冬号、社団法人シャンティ国際ボランティア会）。

藤吉慈海、一九七二年、「ブッダダーサ比丘の瞑想法」（『印度学仏教学研究』第二一巻第一号。藤吉慈海、一九九一年、『インド・タイの仏教』大東出版社に再録）。

森部　一、一九九一年、「タイの僧侶Buddhadasaのイメージをめぐって――ダンマ理論と実践活動の検討から」（所収：杉本良男編『伝統宗教と知識』南山大学人類学研究所）。

第Ⅰ部資料

タイ仏教と社会

地域開発における僧侶の役割の変遷

マハ・チェム・スヴァジョ
野田真里＝訳／構成

マハーチュラーロンコーン仏教大学。僧侶のための農村開発研修プログラムを行い、開発僧の活動を支援している。

はじめに

宗教が人生や社会の諸問題を解決する手段として人々の尊敬を得るためには、宗教が精神面だけでなく、具体的な諸問題の解決に有効であるかどうかが重要となる。ブッダの時代、彼は弟子たちにこう述べた。「さあ行け、比丘《びく》たちよ。世界への慈しみの心を持って、神々や多くの人々の繁栄のため、幸福のために善をなし、利益をもたらし、祝福を与えるために旅に出よ」と。

人々は経典や寺院よりも、身近に接する僧侶を通じて仏教を理解しており、それゆえ僧侶の役割は社会における宗教のあり方の重要な要因となっている。本編ではタイにおける社会変化・社会開発、近代化における仏教や、寺院、僧侶の役割について論じる。

一　仏教のタイ社会における歴史的役割

タイの仏教伝来は約二〇〇〇年前に遡る。仏教に深く帰依したインドのアショカ王が布教のための使節団を各地に送った際に、スリランカを経由して伝来し、支配階層のみならず一般庶民の中にも広く受け入れられてきた。

タイ社会においては歴代国王の庇護の下、仏教はあらゆる階層の人々に日常生活のさまざまな面から影響を与えてきた。たとえば、精神面においては、タイ人は物静かで面倒見がよく、親切で堅実、慎ましやかで勤勉、我慢強く礼儀正しい、といった美徳を備えているが、これは仏教の教えの賜物である。芸術や建造物においては、仏教が壁画、仏像、寺院などの建物のインスピレーションの源となってきた。言語においてはパーリ語やサンスクリット語からの借用がタイ語には多数ある。文学においても、多くの卓越した古典文学が仏教を基礎としている。儀式においてはウィサーカブーチャー（正月）[1]、カオ・パンサー（入安居《いりあんご》。雨季の三カ月間僧侶が外出をひかえ寺にとどまり修行する期間のはじまり）といった仏教行事がタイ人の重要な年中行事となっている。また、慣習の面でも歓迎の儀礼や王族への接し方などに仏教の影響が見られる。教育面においては、寺院は若者にとって教養を身につけ、精神修養を行う場であり、僧侶は教師であった。音楽においても、得度式やカティナ衣奉献祭[2]などの仏教行事の祭りの際に奏でられる伝統音楽からの影響が大きい。

次に、伝統的な寺院のタイ社会における役割を見てみよう。寺院や僧侶は社会と持ちつ持たれつの関係にあり、社会開発の指導的役割を担ってきた。寺院は、村の子どもたちが道徳や学問を身につける教育機関であり、貧しい子どもたちが高等教育を受けられるようにするための社会福祉センターでもあり、祭事や巡礼の季節には旅人の宿となった。また、寺院は村人たちの社交の場であり、村のあらゆる祭りや儀礼がここで営まれ、食料、儀式に使う用具、芸術作品などの保管場所でもあった。さらに寺院は、瞑想や伝統的な癒しの場であった。また僧侶は家族問題やいさかい等、村人の苦しみに対して助言した。そして寺院は、村の運営を話し合うための村人やリーダーたちの会議場でもあった。

次に伝統的な僧侶の社会的役割について見てみよう。ブッダが最高の智慧である仏法（それは教理と戒律からなる）を説いて以来、約二五〇〇年もの間、多くの比丘や比丘尼《びくに》が厳しい修行を積み、法を説き、社会のために尽くしてきた。他方、在家信者である優婆塞《うばそく》（女性の在家信者）、優婆夷《うばい》（男性の在家信者）も仏教を学び、修行し、仏教の維持のために尽くしてきたのである。

僧侶の規律正しい生活は理想的な生き方とされる。僧侶は戒律を厳守するため、人々から社会における「模範的な姿」として尊敬されるのである。しかし、僧侶が一般人と違う生活を送っているからといって、僧侶が一般人から隔絶されねばならない、あるいは僧侶であることが自己救済にとってのみ都合がよい、ということにはならない。出家して聖なる生活をおくる目的は、むしろ最高の解脱《げだつ》を得るための修行に磨きをかけるためである。そして、僧侶は修行によって成果を得るにつれ、人々を救済し、法を説き、人々の生計や社会生活向上のための活動を組織することによって在家者に恩返しをするのである。僧侶と在家者との関係は相互依存的で補完的である。信仰心ある在家者の寄進によって僧侶は生計を立てる一方、慈悲心に満ちた僧侶が説く法によって在家者は精神を高めることができる。

僧侶と社会の関係について、ブッダは次のように述べている。「僧侶たちよ、人々は身分に関係なく、あなたがたに衣食住や薬を提供し、最大限の支援をしてくれる。そして、僧侶たちよ、あなたがたも終始慈愛の念を持って人々に法を説き、最大限の支援をするのだ。だから、僧侶たちよ、この相互依存の上に成り立っているあなたがたの聖なる人生は、苦という川を渡るため、そして苦を完全になくすためにある人生なのだ」。

二　現代における僧侶の社会への関わりと仏教大学の役割

では現代の社会における僧侶の役割はいかなるものであろうか。タイでは一九六一年、第一次国家経済開発六カ年計画が打ち出され、経済成長を推進するために道路や電気などのインフラ整備を中心とした国家開発《かいはつ》政策が全面的にとられるようになった。この政策は強力なナショナリズムと反共主義に支えられたものであった。そこには、農民たちが物質的に豊かになれば反共主義を支援してくれるだろうという政府の思惑があったのだ。

こうした状況の中で、仏教の教えである「少欲知足」は人々の活力を殺《そ》ぎ、意欲を萎えさせるものであり、近代化を阻害するものだと、誤って理解されたため、政府はサンガの大長老会議に対して僧侶に「少欲知足」の教えを説くことを禁止するよう要請した。

これに対し、プッタタート比丘《びく》は、「少欲知足」の教えは誤解されており、この教えは精神的開発、物質的開発の双方の妨げになるものではないと反駁した。また、この論争に関して、ダンマピタカ師（パユット師の当時の名）は「少欲知足」の本質を次のように説明した。「少欲知足」の教えは衣食住薬の四つの基本的ニーズを充足するためのもので、各人の置かれている状況や地位に応じて、公正で、理に適った、分別のある方法を通じて獲得され、それによって人々は充足、安定、平穏を得ることができ、不安から逃れられる。そして人々は、幻想や官能への執着に惑わされることなく、より善い行いをするために、すべての時間や思考、エネルギーを割くようになるのである。

僧侶の協力を得て成功した政府の事業の一つにタンマトゥート（仏法の使節）がある。この事業では、人々に宗教とともにナショナリズムを鼓舞するため、僧侶に各地で法を説かせた。また、別の事業にタンマチャーリック（仏法の巡礼）がある。この事業では、先住民族をタイ人化させ、タイ文化を浸透させるために仏教の教えを普及させた。いずれの事業も社会福祉局、地域開発局、タイ王国軍などの政府機関が援助し、僧侶からの反応も良好であった。近代化の過程に僧侶を組み込むというサリット政権（一九五八―六三年）の試みは、僧侶が社会活動に従事する契機となった。とはいえ、政府が僧侶を共産主義と戦わせる道具として利用している、という批判もスラック・シワラック氏らの知識人から出された。

こうした政府の開発事業への僧侶の取り組みを受けて、マハーチュラーロンコーン仏教大学をはじめとする仏教大学でも開発僧の支援が行われてきた(3)。マハーチュラーロンコーン仏教大学では一九六六年に宗教局等の協力を得て、僧侶のための農村開発に関する研修プログラムが初めて公式にスタートした。八六年から八七年には、同大学仏教研究所が独自の事業として数県で僧侶および僧侶のグループを支援し、いくつかの開発僧のグループが育った。八八年には、同仏教研究所は農村開発を担う僧侶の支援プログラムを始めた。この事業は東北タイにおける開発僧についての調査に始まり、メディアの活用、補助金、研修、セミナー等、広範な支援活動を行った。

三　地域の社会開発に僧侶が取り組む要因とその役割

既述のような政治的要因を別として、なぜ僧侶がこうした地域の社会開発に関わるようになったのか。それには次のような文化的要因があると考えられる。第一に、僧侶は長い間地域社会においてあらゆる面で主導的な役割を担ってきたし、現在においても寺院は地域社会の中心である。第二に、僧侶の多くが農村の出身者であるが、禁欲的な戒律と厳しい修行によって村人に尊敬され、彼らを統率する力を持っている。第三に、学問が出家生活の主な目的であり、伝統的に寺院が教育の場であると考えられてきた。また、僧侶はさまざまな土地を訪れ新たな経験をする機会があり、一般人よりも多くの知識を持っている。第四に、僧侶は多くの場合村の出身であると同時に、仏教教義を深く理解しており、仏教に由来する村人の思想や習慣を根源から理解することができる。このような理由から、地方の開発機関は僧侶に協力を求めるようになったのである。

一般に僧侶は道徳を説いたり、瞑想を指導するのが伝統的役割であった。しかし、人々がますます苦しみに直面するのを目の当たりにし、多くの僧侶は人々の生活向上を目的とした物質的開発に加えて、精神的開発《かいほつ》の要素を強調しはじめた。僧侶の役割は次のような方面に及んでいる。まず、文化における役割としては、村人個々人や地域社会における優れた価値観（分かち合いによる協力、感謝の気持ち等）を保ち、発展させ、逆に悪い価値観を根絶することである。青少年に対する役割としては、村の子どもたちの教育やしつけ、あるいは託児所、仏教教室や、職業訓練等の普及がある。また、社会インフラ整備における役割については、ほとんどの開発僧《かいほつそう》たちは次のような活動に取り組んでいる。すなわち、米不足や貧困を解消するための米銀行、農民支援基金、村人に安く品物を提供するための協同組合販売店、経験豊富な僧侶による職業訓練、薬草などの伝統療法や精神的な癒しを含めた医療活動、森林保全などの自然保護活動、そして村や個人レベルでのさまざまな紛争の解決等である。

おわりに

以上みてきたように、タイ社会においては仏教、寺院、僧侶は伝統的に重要な役割を果たしてきたし、今日においても開発《かいほつ》僧たちが村の社会開発において主導的な役割を担っているといえよう。最後に、マハトマ・ガンジーの次の言葉を引いて本編を締めくくりたい。

「アジアは世界全体の期待に応えうるメッセージを持っている。仏教はアジア全体に広まり、その影響はインド、中国、日本、ビルマ（現ミャンマー）、セイロン（現スリランカ）、そしてマレー半島の国々にもある。アジアのためのみならず、世界全体のために、ブッダのメッセージを学びなおし、世界に広めていく必要があるのだ」。

【訳注】

（1）上座部仏教の年中行事で、ブッダの生誕した日（降誕会）、悟りを開いた日（成道会）、涅槃に入った日（涅槃会）を同時に祝う。陰暦六月の満月の日とされ、太陽暦では四月中～下旬である。なお大乗仏教では、上座部仏教と異なり、降誕会（四月八日）、成道会（一二月八日）、涅槃会（二月一五日）は各々、別に祝われている。

（2）仏教の年中行事で、安居明けの一カ月間に、在家者が僧侶にカティナ衣（この期間特別に着用される衣）を献上することによって功徳を積む。

（3）本編の原著者（マハ・チェム・スヴァジョ師）は、タンマトゥート、タンマチャーリックおよびこれらの事業での僧侶の役割を肯定的に評価している。これは、師がかつてこうした事業を推進したマハーチュラーロンコーン仏教大学の仏教研究所所長の職にあったことを鑑みれば当然のことといえよう。だが、これらの事業および僧侶の役割にはマイナスの面もあったことが指摘されていることにも言及せねばならない。これらの事業は当時のタイ政府の反共政策と密接に関連しており、僧侶たちは社会的に信頼されていたがゆえにその政策の遂行のために利用された側面がある。これらの事業を通じてタイ政府は、第一に、「貧困は共産主義の温床」との認識から農村開発を推進し、また第二に、タイ社会の少数者でありそれゆえ潜在的不満分子として共産化のおそれがあるとされた先住民族を仏教徒にすることによって、タイ化＝同化をはかったのである。結果的に見て、僧侶はこうした政策のために利用された側面があったことは否めず、その意味で、これらの事業に関わった「開発《かいはつ》僧」は、本書で内発的発展の担い手として議論されているような草の根の、下からの開発《かいほつ》僧とは性質を異にする、いわば「政策的な、上からの開発《かいはつ》僧」であったといえる。

第Ⅱ部

開発《かいほつ》と農村・開発《かいほつ》と都市

第Ⅱ部「開発《かいはつ》と農村・開発《かいはつ》と都市」では、貧困・自然破壊などの問題を抱える農村、都市化による歪みに直面する都市において開発《かいはつ》僧と住民がどのような実践に取り組んでいるのかを検証し、問題の根源に迫る。

第5章
社会開発に参画するタイの開発《かいほつ》僧

野崎　明

タイを代表する開発《かいほつ》僧、ナーン和尚。

はじめに

一九六〇年代からこの四〇年の間にタイの経済はめざましい発展を遂げてきたが、とくに八〇年代後半には驚異的な経済成長を記録していて、いままさにＮＩＥｓ（新興工業国・地域）の仲間入りをしようとしている。一方、工業化の進展とともに都市の近代化も急速に進んでおり、農村もその影響を受けながら、大きく変容しつつある。商品経済が農村にも急激に浸透し、都市の消費主義の波が押し寄せ、さまざまな社会的ひずみも現れてきている。すなわち、都市と農村との所得格差の拡大とともに、出稼ぎ労働問題、児童労働問題、スラムの増大、ＨＩＶ（エイズウイルス）感染者数の増大およびエイズの蔓延、さらには自然環境破壊などの問題が深刻化している。

タイの経済成長の代価は都市の深刻な児童労働問題(1)にとくに色濃く反映されているように思われるが、問題となっている児童労働者たちの出身地は東北タイの農村に集中している。

東北タイ（イーサーンともいう）は、長い間辺境の地としてついぞタイの歴史の表舞台には登場してこなかったが、現在でも政府の開発政策が行き届かない「最後進地域」として知られている。

この地域の土地(2)はもともと痩せていたが、換金作物の生産の増大と人口圧力によって近年森林が急速に消滅してきたために、生態系が変化し、しばしば干ばつに見舞われて、農民たちは米不足に悩まされている。村では農民が借金に苦しめられ、飲酒やギャンブルがはびこり、人々の精神的荒廃もまた進んでいる。

しかしながらこうした状況の中で仏教僧を中心とした村落再建運動や、篤農の村長[3]、村のリーダー、さらにはNGO（非政府組織）による、あるいはそれらが協力し合っての新しい開発運動が、一九七〇年代頃から東北タイを中心に起こっている。これらの新しい農村開発運動は仏教を根底にした、あるいはタイの伝統的な共同体の文化を再生させ、それらに基づいた内発的な発展をめざしている（鶴見／川田、一九九〇年）。それは、資本主義経済の発展モデルでもなく、社会主義経済モデルでもない、いわば「もう一つの発展」[4]（alternative development）への道を志向したものと考えられる。

以下、第一節ではそうした新しい農村開発運動の中でも、社会開発に参画するタイの開発僧《かいほつ》と彼らを中心とした村落再建運動について概観し、第二節では、そのより具体的な事例として、東北タイのスリン県ターサワーン村のナーン和尚による村落開発を取り上げる。第三節では、開発僧《かいほつ》を中心とした農村開発運動に対する若干の評価を試みる。

一　社会開発に参画するタイの開発僧《かいほつ》

タイのNGOの指導者であり、宗教学者であるセーリー・ポンピット氏は、著書『変容する社会における宗教——タイの仏教、改革および地域社会開発における仏教僧の役割』で、開発僧《かいほつ》のケース・スタディとして、八人の僧侶を取り上げている（Seri 1988）。この節ではこのケース・スタディを紹介しながら、七〇年代以降のタイの開発僧《かいほつ》[5]による運動について概観する。

セーリー氏のケース・スタディで取り上げられている八人の開発僧《かいほつ》[6]は、一人を除けば、他はみな東北タイの出身で、東北タイの地域にしっかりと根を下ろして、村の開発の仕事に挺身してきた人たちばかりである。こうした開《かい》発《ほっ》僧が東北タイに多く現れたのは、すでに述べたようなこの地域の過酷な経済的・社会的状況と無関係ではない。

僧侶たちの境遇もまた酷似している。彼らのほとんどは村の貧しい家庭で生まれ、育ち、小学校を卒業あるいは

スリン県ターサワーン村の瞑想道場。ナーン和尚は止観瞑想法を通じて、村人たちの「心の開発《かいはつ》」を実践している。

中退して、すぐに仕事に就き、家計を助けるために必死に働いてきた。中には、地方の町やバンコクに出稼ぎに行き、レストラン、ガソリンスタンド、建設現場などで働いた僧侶もいる。彼らはみな高等教育を受けていないが、村で生まれ、育ち、貧困と闘ってきた経験から、村人の痛みや苦悩に共感し、それを共有できる人たちであった。

開発協力のNGOワーカーたちは、村の開発に協力する際には、まず自分たちがその村の歴史や文化を村の長老たちから学ばなければならないとよく主張している[7]が、村出身の僧侶たちこそ村の歴史や文化、自分たちの置かれている状況について、最もよく知っている。彼らは民衆の智慧[8]（popular wisdom）もまた身につけていると思われる。彼らはみな二〇歳前後に出家したが、中にはもっと若い頃から仏法（dhamma あるいは dharma）に関心を持っていた人もいる。彼らは瞑想法を実践し、仏法を学ぶにつれて、「いかにして村の貧しい人たちを手助けできるかを考えられるようになった。もし開発の仕事をやろうとするならば、まず瞑想法を実践し、自分自身をコントロールしなければならない」（Seri 1988 : 87）、「仏法とは何かを認識しはじめてから、自分の人生が変わった。仏法は苦しんでいる隣人に対して親切であり、愛することを自分に教えてくれた。仏法をいったん認識しはじめると、他人のことを見て彼らの抱える問題、彼らの苦悩を知り、彼らを手助けしたいと思った。私に洞察力を与えたのは仏法である」（ibid : 120）という考えに至っている。中には独学で仏法や瞑想法を学んだ僧侶もいれば、優れた師[9]に巡り会った僧侶もいる。とくに彼らの思想形成に直接あるいは間接に影響を与えたのは、タイの知識人層の間で最もよく知られている僧侶であり、社会思想家[10]でもあるプッタタート比丘《びく》であろう（本書第3章、第4章参照）。僧侶たちが学んだプッタタート比丘の主要な教えの一つは、

「働くこと自体が仏法の実践である」ということである。実際にたとえばパー・タンマダー寺のバンヤット和尚はプッタタートがスラートターニー県チャイヤー郡に作った森の寺、スワンモーク（「解放の園」）で四年半を過ごし、樹木の伐採から炭作り、道路作り、建築などあらゆる仕事に精を出したが、その過程で働くことの精神を学んだ。「働くこと自体が仏法の実践である」という教えこそ、僧侶たちを開発僧《かいほつ》としての活動に駆り立てた大きな要因であると思われる。僧侶たちは次のように述べている。「何かを始めるときにのみ開発《かいほつ》は可能である。仏法と同様に、開発《かいほつ》は単なる理論ではない。本を通してのみ仏法を学んでいる限り、それを理解することはできない」（Seri 1988：108）、「僧の最初の仕事は仏教を日常的な実践の場に戻すことである」（ibid：91）、「私はいつも現実から、日常生活の経験からスタートするように努めている」（ibid：96）。

僧侶たちにとって仏法即生活であり、仏法即社会である。村人の生活や現実の社会と遊離した仏教は生きた仏教ではなく、死せる仏教である。彼らにとっても自分たちが住んでいる娑婆世界（現実）こそ勝れた仏法の師である。彼らはその現場で働いてこそ、生きた仏教を実践でき、人々の苦悩を救済できると考えた。これが開発僧《かいほつ》の行動原理である。

（１）開発僧《かいほつ》による開発プロジェクト

僧侶たちが村の住職となった頃、村人は経済的にも精神的にもきわめて貧しかった。彼らは窮乏に喘ぎ、飲酒、喫煙、ギャンブル、盗みがはびこり、村は退廃的な状態にあった。商品経済が村に浸透し、消費主義の波が押し寄せてくるにつれ、人々は物欲に囚われるようになり、利己主義に走るようになった。こうした状況の中で僧侶たちは試行錯誤をくり返しながら、村人の苦悩を取り除くためにさまざまな生活改善策、開発プロジェクトを実行していった。

開発僧《かいほつ》たちがこれまでに取り組んできた、主なプロジェクトを列挙してみると、次のようになる。

水牛銀行（水牛組合）
米銀行（米の協同組合）
貯蓄組合（信用組合）
協同組合店舗
児童センター
保健センター
職業訓練センター
伝統医療・薬草プロジェクト

（2）「総体的」な開発をめざす仏法共同体

しかしながら、これまでの開発僧《かいほつ》たちによる村落開発の過程は決して順風満帆の道のりではなかった。開発僧《かいほつ》たちの考えに最初から反対したり、活動を妨害したりする村もあった。たとえば、協同組合の店舗を作ろうとすれば、商人や商店の経営者たちから妨害されたり、児童センターの設立の際には学校の教員から反対されたりした。また七〇年代後半にはコミュニスト（共産主義者）を弾圧するタイの社会状況とあいまって、開発僧《かいほつ》たちはコミュニストのレッテルを貼られたり（とくに共同で行う稲作はコンミューン的であるとして非難された）、中には警察に逮捕された僧侶もいる。開発僧《かいほつ》たちの考え方や開発の事業は村人にとっては全く革新的なことであり、それに適応することはそもそも困難であった。その原因として、退廃した世相の中で村人が利己主義に走っていく状況も確かにあるが、彼らが長期的視野に立って、公共の目的や公共福祉のために意識的に働くこと自体に不慣れであったことは間違いない。ついこの間まで自給自足の経済生活を営んできた村人にとって、貯蓄や公共福祉の考え方は本来不要のものであったからである。それに代わって相互扶助や助け合いの習慣や思いやりが、伝統的な共同体を支える精神的基盤であったし、再配分という経済的機能としても働いていた。しかし、それらは村落の制度や公式な組織として存在していたわけではなく、そこにはいわば柔構造の共同体が存在していたのである。

したがってこうした社会的環境の下で開発《かいほつ》僧たちが革新的な仕事、つまり新しい村落開発を進めようとすれば、そこには大きな障害と困難がともなうのはむしろ当然であったといえよう。開発《かいほつ》僧たちは仏法の力によって、これらの困難を一つひとつ乗り越えてきた。だが開発《かいほつ》僧によると、理想とする社会、すなわち「仏法の村」、「仏法共同体」はいまだ実現していない。彼らは開発《かいほつ》のプロセスは時間を要する、歴史的作業であると考えている。

開発の具体的な方法は、開発《かいほつ》僧によってそれぞれ異なっているが、共通な点は、開発は「総体的」なものでなければならないということである。つまり物質的な開発は精神的な価値をともない、人間的でなければならないとする。この「総体的」開発は仏法の実践によってのみ達成されるというのが、開発《かいほつ》僧たちの共通の、根本的な考え方である。開発《かいほつ》僧たちは、仏法に基づいた開発《かいほつ》の原則として次のようなものを考えてきた。

勤勉　自立（自己依存）　自尊　少欲知足　参加　連帯　協同

「発展の仏教モデル」[11]はこうした開発《かいほつ》の原則に基づいているが、開発《かいほつ》僧だけではなく、篤農の村長、村のリーダーやNGOを中心とした、内発的な農村開発の新しい運動もこの仏教モデルに収斂しつつあると思われる。

二　ターサワーン村における村落開発の事例研究

(1) ターサワーン村の概況[12]

ターサワーン村はタイ東北部[13]スリン県スリン市ターサワーン行政区[14]にある。スリン市はバンコクから四五七キロメートル離れており、ターサワーン村はスリン市から八キロメートル離れている。スリン県は東はシーサケート県、西はブリーラム県、南はカンボジア、北はローイエット県とマハーサラーカーム県に囲まれている。そしてターサワーン村の境界は、それぞれ東はケーヤイ行政区、西はターサワーン行政区アンカン村、南はターサワーン行政区ジャケーコーン村、北はターサワーン行政区ジャケーセーン村と隣接している。人口は一〇五〇人、一六四世帯から成る中規模の村である。村の住民は大部分がクメール（カンボジア）系タイ人であり、一五〇年前にここに住み着いたといわれている。ターサワーン村はかつてバーン・トリア（「トリア（樹木の名前）村」）と呼ばれていたが、現在の名前はこの村が行政村になってからつけられたものである。調査が可能だった世帯主（一三五人）[15]の出身地は一一七人（八七％）が同村内で、一八人（一三％）が他村である。この一八人のうち、九人が同じ行政区の他村出身であり、四人が同県の別の行政区の村出身であるから、他県出身者はわずか五人だけであり、しかもそのうち二人（マハーサラーカーム県とチャイヤプーム県）を除いて近県出身者である（ブリーラム県が三人）。各世帯の配偶者については、五人を除けばすべて同村の出身である。

村民の大部分は農業に従事しており、主に水田稲作を経営している（一三五世帯のうち、一一三世帯が稲作を経営している）。稲作は専ら雨水のみを水源とする天水田に依存しており、乾季（一一月～四月）には水不足と灌漑施設の不備のために、稲作はほとんど行われていない。稲作の平均経営面積は一六・七ライ（一ライ＝〇・一六ヘクタール）であり、米の平均販売収入は年間一万一五六五バーツ（一バーツ＝約五円〔一九九二年〕）である。三五戸（二六％）が畑作経営も行っており、多くの農家はキュウリとインゲンを栽培し、スリン市の朝市に出荷している[16]（その他トマト、タマネギ、にんにくなどを栽培）。しかしその経営規模は小さく、平均経営規模は一ライであり、平均収入は年間三六二三バーツである。この村では、タイの輸出用換金作物として知られているメイズ（飼料用トウモロコシ）やキャッサバ（イモ類の一種でタピオカとも呼ばれる）はほとんど栽培されていない（メイズ栽培は六戸、キャッサバ栽培は一戸にすぎない）。耕地の所有形態については、調査した世帯のうち自作農が八五戸、自小作農が二三戸、小作農が九戸となっている。屋敷地も所有していない土地無し農家はわずか二戸しかない（屋敷地だけしか所有していない農家は一三戸）。耕地の所有形態別に見た（稲作および畑作の）平均経営面積は自作農で一五・九ライ、自小作農で一八・七ライ、小作農で九・一ライとなっている。ちなみに、非農家は一八戸である。

一三五戸のうち、一一三戸が兼業農家であり（約八四%）、そのうち約六割の農家が出稼ぎ労働者（農家一戸当たり一・四人）を抱えており、そのほとんどがバンコクで働いていて、主として女子が繊維工場あるいは縫製店、男子が建設労働に従事している。(17)

この村では農業の機械化はそれほど進んでいない。一三五戸のうち一一四戸が水牛を所有し（平均一・八頭）、それを用いて耕起を行っている。また機械を用いて脱穀をする農家は全体のわずか一二%にすぎない。ただし化学肥料は投入している農家が全体の八二%であり、この村でも普及しているといえる。このように農業の近代化はそれほど進んでいないが、農作業の雇用労働は増えている。たとえば、田植えと収穫の作業では約三分の一の農家が村落の内外から農業労働者を雇用している。伝統的共同体の労働慣行であったロン・ケーク（無償の労働交換。日本の「結《ゆい》」にあたる）の労働形態(18)は近年あまり見られず、経営規模が比較的小さいにもかかわらず、農家は農業労働者を雇用するようになった。この変化は農村への商品経済の浸透の結果でもあると考えられる。

農家一戸当たり年平均消費支出は七七三三バーツであり、そのうち最も多い消費品目は食料品、次に多いのが医薬品、衣料、石鹸、洗剤と続いている。子どもの教育費はほとんど支出されていない。

（2）ターサワーン村の村落開発

ターサワーン村の人たちは、五〇年前までは自給自足の生活を営んできたが、人口の増加によって耕地の外延的拡大が進み、森林が次第に消滅していったために、村の生態系が変化し、干ばつが頻繁に起こるようになった。そのため米の自給も十分でなくなり、村人たちは高利貸しや商業銀行からの借金に頼らざるを得なくなった。この自然条件の変化にともなう借金増に加えて、商品経済と消費主義の農村への急激な浸透により、ターサワーン村を含む東北タイは大きな社会変動にさらされ、貧困の悪循環に陥ってしまうのである。こうした状況の中でこの村の出身の僧侶、ナーン和尚（ルアンポー・ナーン）は、村人の困窮を見て自らの身体を使い、村人のためにさまざまな開発事業を手がけていった。

そもそもタイでは仏教僧が道路作りや農業などの仕事に実際に携わることは戒律に反し、タブーであった[19]が、ナーン和尚は、困窮する村人たちが僧侶のために住まいや食物を供養してくれていることに対して、自分の負債を返し、むしろ自らの責務として彼らを貧困から解放しなければならないと考えたのである。

「最初に思い浮かべたことは、僧侶は家も借りる必要がない、米も買わずに生活できる。背負うべき重荷もない、ただ、仏法を修行し実践さえすれば、それだけで快適だ、ということだった。でも、自分一人だけが快適になることを考えているのじゃないか。それもよかろう。しかし、わたしたちは村の衆には借りがある。彼らは一生懸命に仕事をしている。家族もある。夫がいる、妻がいる。息子もいるし、娘もいる。それなのに自分のものをさいて僧侶に捧げてくれる。このことよ。借りがあるというのは……」（ピッタヤー、二〇〇一年、一三頁）。

そこにはナーン和尚が開発の仕事に取り組むことになった最も重要な動機が読みとれる。和尚に関しては次のようにも記述されている。「村人が苦しんでいる、田圃でお米を作っても食べる米がないのを見て、和尚は寺の僧と沙弥《しゃみ》（見習い僧）とを引きつれて田圃を作ることにした。村人たちに布施する米を心配させたくないことと村人の苦しみを少しでも和らげるためである」（ピッタヤー、前掲書、三五頁）。自分たちの食べる米は自分たちで作り、余剰があれば少しでも村人に分け与えることに腐心している僧侶の姿をここに見ることができる。筆者が寺を訪れるたびに、ナーン和尚は自分たちが作った田圃や畑に筆者を案内してくれ、今年は去年よりも収穫が多かったとか、新しくトマトとナスを栽培したとか、うれしそうに説明してくれた。そうした時、筆者は自分が想像していたタイの僧侶とは全くかけ離れた姿を彼に見る思いであった。

村の貧困の悪循環を断ち切るためにナーン和尚によって創設されたのが、「サハバーン・カーウ」（「米の共同管理）であった。その原型とも言うべきものが、「タナカン・カーウ」（米銀行）であるが、それはナーン和尚の独創ではない。和尚は海外の開発の実状と経験を学ぶために、台湾、韓国、スリランカなどを視察旅行したことがあるが、韓国を離れるときに韓国の婦人が歌ってくれた歌の中に、「あなたのところにどうして米銀行がないの。どうして作らないの」という歌詞があり、和尚に大きな衝撃を与えたそうである。それ以来この歌詞が脳裏から離れず、自分の村で米銀行に類似した組織づくりを試みるようになった。それが「サハバーン・カーウ」の設立につながるのである。

「サハバーン・カーウ」は大きく分けて次の三つの方法でその資本を調達する。㈠村の中で協同組合方式で出資者を募り、その拠出された米を資本にする。㈡仏教の伝統的な儀礼（奉献祭）が行われるときに参加者によって寄進された現金ないし米の一部を資本として拠出する。㈢公有地ないし私有地を用いて主として乾季の稲作を共同作業で行い、その収穫の一部を資本にする。これら三つの資本調達方法の中で、㈡と㈢の方法こそ「サハバーン・カーウ」の大きな特徴といえる。とくに㈡の資本調達方法は慈悲を説く仏法の原理に頼っている。「これは目に見える形での卓絶したタンブン（積徳）であり、その徳を目で見ることができる。村人が籾《もみ》を集め、飢えたときにより苦しむ人に貸して食べさせるのである。友人の苦悩を軽くさせ、食い物を与え、商人から高い金利で金を借りてじたばたすることもない。毎年、村人が見て知っていたタンブンであった」（ピッタヤー、前掲書、四八―四九頁）。

米の共同管理、サハバーン・カーウ。村の貧困を解消するためにナーン和尚が伝統儀礼を活用して導入した。

ナーン和尚は仏法を応用し、伝統的なタイの共同体文化の一つである相互扶助や思いやりの精神を蘇生させたのである。

タンブン（在家者が徳を積むために僧侶に食事を供養したり、寺院に寄進を行うこと）の伝統によると、「大昔から長い間、村人は犠牲を払って本堂、庫裏《くり》を建て善行を積んできた。それだけではなく、僧侶は勝れた宣伝方法、勝れた教本を学んでいて、多くの犠牲を払った者は、梵天として天国に登られるとして、名前を呼び上げる。この人やあの人は、ああした、こうしたと言って、褒めそやす。だが、村の経済問題から言えば、本当に何も持っていない貧しい者は、名前が呼び上げられないで恥ずかしく思う。同じ村に住んでいるのにと恥ずかしく思う。だから人に金を借りてまで、タンブンをする」（ピッタヤー、前掲書、五五—五六頁）というほど、村人はタンブンの伝統を重んじていたのである。[20]

　ナーン和尚の配慮で筆者はターサワーン村からバンコクに出稼ぎに来ている村人を集めてもらい、彼／彼女らにインタビューしたことがある。彼／彼女らは年に数回帰郷すると言っていたが、そのうちの一回は村の奉献祭のときであり（ターサワーン村では中国の旧正月にあたる二月に奉献祭を行っている）、彼／彼女ら、とくに女性は必ずそのときに寺にタンブンをしている。村人と村との絆は大変に強いものであり、彼／彼女らが仏教の教えであるタンブンの伝統にきわめて忠実であることもわかった。しかしながら、ナーン和尚は村人の経済的苦悩を取り除くために、僧侶の立場でその伝統を新しい形に変え、それを利用したのである。ここに仏教の一つの革新がある。

　タイには多くの伝統的な仏教儀礼があり、それぞれの儀礼において人々はタンブンをしている。最大の仏教儀礼は「トート・パァ・パー」（黄衣奉献祭）と「トート・カティン」（カティナ衣奉献祭）である。前者は僧侶の入安《いりあん》居《ご》[21]（カオ・パンサー。僧が雨季の三カ月間、旅行や遊行をやめ、寺院に定住し修行に専念する期間のはじまり）の前の任意の時期に行われ、後者は僧侶が安居を終えた後の一カ月以内に行われる。「トート」とは寺への寄進（奉献）を意味し、「パァ」と「パー」はそれぞれ布と森を意味する。したがって文字通りの意味は「森の布つまり野布を僧侶に寄進すること」である。これはかつて僧侶がブッダの教えに従い、森を遊行しながら、布切れを集めて縫った衣をまとうことに由来している。今日では、「トート・パァ・パー」は寺を建立したり、修復したりする場合の資金集め（寄付集め）に利用され、さらには米のパァ・パーや水牛パァ・パーなどの形で、村人の必要に応じた資金（米などの現物も含む）集めにも拡大利用されている。

　一九八六年から東北タイのいくつかの地域でかつて経験したこともない干ばつが三年間続いた（Thai Development Support Committee 1987 : 37–39）。米作りが全くできず、食べるための米も底をついた。そのとき東北タイのＮＧＯが中心となって、村人たちと一緒に「生きるための米」を集めるプロジェクトを企画した。このプロジェクトを進めるにあたり、彼らはナーン和尚の教えに従い、長い間タイ国中で行われてきた伝統的な仏教儀礼である「トート・

パァ・パー」を「生きるための米」集めに利用した。一九八七年の一〇月に二日間にわたってローイエット県パトゥムラット郡にある一農村の寺で「米のパァ・パー」が執り行われた。「パァ・パー」の主催者たちの一部は遠路バンコクからもやって来て、儀礼に参加した。その時に招かれたナーン和尚は、「生きるための米」プロジェクトと「パァ・パー」の意義について述べた後、寄進者たちを賞賛し、同時にそれを受ける村人たちには、利用するに際して最善を尽くすよう促した。ナーン和尚こそ、「生きるための米」を集めるのに「パァ・パー」を利用した最初の人であった。ナーン和尚の説教が終わった後、寄進者と村人そしてNGOワーカーとの間で村の状況と今後の対策についてグループ討議が行われた。

都市部からの寄進者たちが村を離れるときには、東北タイの伝統儀式の一つである「バイ・スィー」が村人たちによって執り行われた。「バイ・スィー」は、来客（寄進者）の帰りや地元民が村を離れるときに、村人たちが彼らの腕に細い木綿糸を巻き付けて、互いにいつまでも繋がっているようにと願い、さらには彼らの幸運を心から祈るために行われる儀式であり、長い間受け継がれてきた共同体の慣行である。今日、「パァ・パー」は都市の住民の間にもよく知られるようになり、彼らが村の実状を理解し、伝統的な村落の文化を経験しながら、村人の置かれている状況を共有するのに役立っている。

ところで、先にふれた「サハバーン・カーウ」の㈢の資本調達方法は、先に述べた伝統的共同体の労働慣行、ロン・ケークを復活させ、さらにはそれを改良し応用することに基づいていた。商品経済の農村への浸透とともに、伝統的なロン・ケークに代わって雇用労働が増えており、現在ターサワーン村でも、経営規模が小さいにもかかわらず、約三分の一の農家が田植えと収穫の作業で雇用労働に頼っている。そこでナーン和尚は、個別の農作業ではなく、村の共同目的と公共福利のためにロン・ケークを改良し、応用することを試みた。つまり村の人々のエネルギーを分かち合い、結集すること（ナーン和尚の言葉では「サハバーン・コン」）によって開発を進めようとしたのである。これはスリランカの「シュラマ・ダーナ」[22]の考え方に一致する。「ダーナ」（dana または tan）は、「困った人を助けることによって自分も幸せになる」という仏法の慈悲の教えである。ナーン和尚の創意によって改良されたロン・ケークは「友好の米作り（ナー・クラチヤップ・ミットラ）」に結実する。

ターサワーン村での「友好の米作り」では、公有地だけではなく、いくつかの農家が自分の土地を無償で提供し、「サハバーン・カーウ」の資本を作るための米作りを行っている。その際、種籾と肥料の多くは寺の資金（タンブンによって得られたもの）によって賄われている。収穫の一部は参加者に分けられ、残りは寺に寄進し、さらにそれを「サハバーン・カーウ」に提供している。ターサワーン村を含め、東北タイは最も気候的に乾いた地域であり、しかも灌漑施設が発達していないために、乾季に各農家が稲作をするのはきわめて困難である。こうした条件の下で行われる「友好の米作り」は、最も効率的であり、しかも「サハバーン・カーウ」を通じて村人を貧困から救うことができる。

一九八二年、ナーン和尚はスリン県の他の一農村でも「サハバーン・カーウ」を設立するため、ターサワーン村の人たちを誘って、地元の人たちとの共同労働による田植えを開始した。その後この「友好の米作り」は他の地域にも広がり、「サハバーン・カーウ」が次々と出来ていく。「友好の米作り」は、ターサワーン村の人たちの間の共同意識と絆を強めると同時に、村と村との友好関係を深めていくのに役立った。

「サハバーン・カーウ」は、政府系の米銀行や他の米銀行とはその性質を異にしている。政府の指導や、ＮＧＯの協力[23]によって、八〇年代に多くの村に米銀行ができた。しかしこれらの米銀行の多くは、設立してほどなく潰れたり、長く存続しないケースが多い。村人の相互扶助と道徳心に依って立つ米銀行の本来の目的から逸脱して、米を借りた人がモラルの欠除から返済を怠ったり、富裕層が配当を目当てに無制限に出資してしまい、商業銀行と同じ性格になってしまうためである[24]。ナーン和尚の指摘によれば、その根本原因は米銀行を運営する人の心の秩序が確立していないためだという。一方、「サハバーン・カーウ」は仏法の原理に基づいており、この点こそ他の米銀行との根本的な違いであるといえよう。物質的な発展は精神的な発展と常にバランスのとれたものでなければならないことをナーン和尚はくり返し強調してきたが、この意味は、「サハバーン・カーウ」という具体的な組織に明確に読み取ることができる。

ナーン和尚は「サハバーン・カーウ」に引き続き、その後協同組合の店舗を設立し、さらには貯蓄組合の設立へと開発事業を展開していった。

協同組合の店舗は、村人の生活必需品並びに肥料などの農業投入財の販売と、組合員に対する貸付業務を行っている。ターサワーン村ではそれ以前から肥料組合が設立されていたが、店舗設立以降、この協同組合に吸収されている。化学肥料を商人から購入する場合には一袋三〇〇バーツを支払い、しかも掛けで買う場合には月一〇％という高利子を支払わされるが、組合では一袋二二〇バーツで買うことができ、掛けでも一袋二三五バーツである。また貸付業務については、利用者の八割の人たちが借入金を家畜の飼料の購入費、養魚池の工事費、雇用労働の賃金支払いなどの生産活動に当てている。

貯蓄組合（または信用組合）は「サッチャ・グループ」とも呼ばれ、その概念もやはり仏教の教えに基づいている。「サッチャ」はパーリ語で「正直さ」、「誠実さ」という意味である。ナーン和尚はとくに若い人たちの浪費癖を見て、彼らに節約の美徳を教え、彼らのためにこの組合を考案した。組合のメンバーになるための条件はこうである。「何の準備もいらない。来て、受戒し祝福を受ければ終わりだ。わたしは年間を通じて貯蓄することを誓います、と宣誓すればいい。貯蓄しない年があれば、来て言えばいい。何も文句は言わない」（ピッタヤー、前掲書、七六頁）。

貯蓄組合は月二％の利子で貸付をし、利益が出れば会員にも配当している。貯蓄組合からの借入金は、半数以上の人が生産活動のために利用し、とくに化学肥料と家畜の飼料購入費に当てている。会員の大部分は一〇代から二〇代の青年であり、一五人から構成されている組合の運営委員会のメンバーも二〇代が一〇人、一〇代が三人、三〇代が二人となっている。この「サッチャ・グループ」はまさしく青年のための組織であり、ナーン和尚が村の開発における青年の役割を期待し、若い人材の育成を重視していることがよく理解できる。

ナーン和尚は村の青年たちに節約の美徳を教えると同時に、自家消費のためだけではなく副収入源としても野菜作りをするよう奨励し、そのために貯蓄組合や寺有地を利用させている。寺有地の近くには灌漑施設があるため、乾季にも畑作が可能である。しかも和尚はこうした寺有地を青年たちに無償で提供し、利用させている。

　ナーン和尚が青年たちに野菜作りを奨励するのは、村の中で働く機会を作ろうとするためである。しかし和尚は、青年たちがバンコクで働いたり、都会の生活に魅せられて村を出て行くのを止めはしない。和尚は村の中にいろいろな仕事を創出し、彼らに町の仕事と比較させ、どちらを選ぶか彼ら自身に選択させようとしているのだ。和尚があくまでも青年の自律性を重んじていることがわかる。和尚が考えているのは、将来、「サハバーン・カーウ」、協同組合店舗、貯蓄組合などが発展すれば、そこから得られた利益を村の中での仕事の創出に使いたいということである。

　ナーン和尚がこれまで創設し、指導してきた村の開発事業は、確実に村人の生活の向上をもたらしている。一九八一年以前には、村人の八割が借金を抱え、残りの二割がわずかな余剰米を売っている程度の経済状態であったが、現在では、その多くがまだ負債を抱えてはいるものの、負債の多くは村の「サハバーン・カーウ」、協同組合店舗、貯蓄組合からのものであり、同時にこれらの組合に出資して配当も得ているので、以前に比べれば生活はずいぶんと改善されている(25)。ただし、村の一割の人たちは依然として大きな借金を抱え、食べるための米さえ持っていない。彼らは土地無しの農民である。和尚は彼らに無償で寺有地を提供し、種子や肥料代のための資金も貸して米作りや野菜作りを勧めているが、彼らはこれを行おうとはせず賃金労働の方に傾いてしまう。現在の彼らの貧困は怠惰とモラルの低さに起因していると、和尚は指摘している。

　過去において村人たちは、不作のたびごとに米の仲介商や精米業者から借金をしていたため、米の収穫後ただちに米を売ったり、あるいはその米をそのまま借金返済に回さなければならなかった。しかし現在では、「サハバーン・カーウ」、協同組合店舗、貯蓄組合などから米や現金を借りられるため、商人に対しても交渉力を持てるようになり、米の価格が高くなるまで待って米を売ることもできるようになった。

　筆者はかつてナーン和尚に次のような質問をしたことがある。「これまでの和尚の偉業を誰が継承していくのだろうか。ターサワーン村の将来はどうなるのだろうか。他の村の『サハバーン・カーウ』は維持していけるのだろうか」と。そのとき和尚にはすでに心に秘めていたものがあった。それが「開発のための仏法連合」（セーキヤタム）の構想であった。現在、和尚は多くの寺から二〇人の僧侶を選んで、開発の指導者として訓練し、村人の経験と仏教の智慧とを交換しながら、開発のための組織作りをしようとしている。つまり和尚は〝二〇人のルアンポー・ナーン〟を育て上げようと考えているのである。毎年四カ村を選んでそれらの村に二〇人の僧侶を派遣し、村の問題を発見し、その解決方法を探り続けている。(26)和尚はこの仏法連合でも「サハバーン・コン」の重要性を強調している。

ナーン和尚の開発の仕事はさらに発展した。一九九一年にはスリン県の三つの郡（三〇カ村を対象）において、スリンのＮＧＯ、「スリン農民支援グループ」（代表はナーン和尚）が、対象とする村の協同組合店舗（これらの村では米の有機栽培も行っている）と同地域の「サハバーン・カーウ」から米を集め、スイスのＮＧＯ「ＯＳ３」（Organization-Switzerland-Third World）を通してスイスに輸出しはじめた（ピッタヤー、前掲書、一四八―一四九頁）。これはいわば国境を越えた生産者と消費者との契約栽培であり、草の根の貿易（オルタナティブ・トレード）の事例(27)ともいえる。ナーン和尚によって、〝飢餓に備える保険〟の機構として創設された「サハバーン・カーウ」は、ここまで発展したわけである。

（３）ターサワーン村の意識変革(28)

以上のような村落開発に村人が最初から積極的に参加したかというと必ずしもそうではない。開発事業に取り組む前に解決すべき問題があったのである。ターサワーン村の貧困が干ばつなどの自然的条件や外部への経済的依存によってもたらされたことは確かであるが、原因はそれだけではない。ナーン和尚は、村人がギャンブルに走り、酒に溺れ、家庭を崩壊させるのは外生的要因だけではなく、村人の心の中にも問題があると見ていた。こうした村人の悪弊を取り除くため、和尚は一九七五年から村人を対象に瞑想の集中実践プログラムを開始した。最初はわずか四〇人しか参加しなかったが、二回目には七五人、三回目には二七八人と次第に参加者は増えていった。

前述のように、仏法では、困った人を助けることによって自分も幸せになるという、「ダーナ（布施）」という行為がある。また、「シーラ（戒律）」（sila または sin）の教えの基本では、人を傷つけてはならない、殺してはならない、嘘をついてはならない、つまり他人を苦しめてはならないことを説いている。この「ダーナ」と「シーラ」とが一緒になれば、人に幸せを感じさせることになる。この仏法を実践するためには、瞑想法が必要となるが、瞑想法の最初の段階（サーマティ＝三昧、samathi）では、自分の心を澄んだ状態にし、平穏な心になることが可能となる。また、さらに進んで瞑想を実践すること（ウィパッサナー＝止観瞑想法、vipassana）によって、人生とは何か、生命とは何かについて内省できるようになる。そしてより高次の瞑想法によって、妄想や間違った考えを取り除くことができる。こうして瞑想法を実践し続けることによって、仏法の教えに近づくことができるという（ピッタヤー、一九九三および二〇〇一年）。ナーン和尚は、村にある静寂な森の中で瞑想法のプログラムを定期的に行っている（本書第Ⅱ部資料1参照）。和尚は次のように述べている、「まず静寂な場所で瞑想することによって、自分が幸せであるか、それとも不幸せであるかを自覚していく。この行為を続けることによって、心が次第に澄んでくる。そして自分自身を批判できるようになり、過去、現在を反省し、将来の目的を考えるようになる。こうした実践をくり返すことによって、次第に多くの人が仏法に従って実生活を送れるようになる」。

村の開発を進めるにあたってまず必要なことは、こうした村人一人ひとりの意識の変革であり、その拠り所を仏法に求めることである。これはナーン和尚がこの十数年間説き続けてきたことである。和尚にとって「開発」とは心の開発《かいほつ》を意味しており、経済開発に優先されるべきはこの心の開発《かいほつ》であった。したがって和尚は、「サハバーン・カーウ」の設立にあたって、まず村人の心の開発《かいほつ》を進めていったし、運営する過程でもそれを優先させてきた。ターサワーン村の開発はこの意味で真の「仏教的開発《かいほつ》」（Buddhist development）であるといえよう。

ターサワーン村のナーン和尚をはじめとする開発《かいほつ》僧たちは、仏法を根底にして、伝統的な共同体の文化を再生させ、村落開発を進めてきた。そこにおける仏教は伝統そのものではなく、変革された仏教である。たとえば、タンブンは、それを行う本人だけではなく、他人をも幸せにするタンブンでなければならないという新しい解釈、およびそれに基づく実践が、革新的な僧侶たちによって行われてきた。また、伝統的な共同体文化を再生するということは、昔の共同体への回帰ではなく、現代の社会に即応した新しい共同体の形成を意味する。それは共同体の精神を生かしながら、米銀行や貯蓄組合など近代的な組織を作ることによって村落を再建しようという試みである。

三　開発《かいほつ》僧によるの運動とサンガ

伝統的な村落社会では、寺は共同体生活のセンターであり、僧侶は単に精神的な指導者としてだけではなく、教師（教育者）、医者、争議などの仲裁者、村民の人生や生活の相談役としての役割も担っていた。それらの社会的・文化的役割は仏教の指導者としての役割と同等、ときにはそれ以上のウエイトを占めていた。それらの役割が失われていく契機となったのがタイの近代化である。タイではバンコク王朝のラーマ五世[29]のときに近代化の第一歩を踏み出したが、ラーマ五世はまず道路や電気などのインフラストラクチャーを積極的に建設していった。さらに寺に代わって国家による学校教育の普及（教育の近代化）、病院の建設・普及（医療の近代化）、裁判所の設立などに次々に着手していった。こうした近代化の過程で僧侶たちは伝統的な社会的役割（「世俗的機能」）を失ってしまい、仏典を学び、修行し、仏法を説き、宗教的儀式を司ることだけに専念することになっていく。世俗社会から離れて仏道修行を目的とする、本来の意味の出家の存在に近いものになっていくわけである。

出家集団であるサンガ[30]（sangha）の「世俗的機能」について、石井（一九七六年）は次のように述べている。

「サンガの『世俗的機能』とか、あるいは『非宗教的機能』とか私はよんでいるのですが、サンガというのは結果としてですが、宗教とは直接関係のない機能をもっていたし、現在でももっています。しばしば近頃タイの仏教は少し衰えてきたとか、信仰が失われてきた云々と言って仏教の衰退を嘆く声があるのですが、私に言わせるとその嘆きはおかしいのであって、ここにいうサンガの非宗教的機能が衰退しているに過ぎないのだと思うのです。伝統的社会において学校教育をうけるとは出家することでした。……伝統的な社会の中で、農村での文化的な核になっていくものがサンガとサンガの物理的な存在の場であるお寺（ワット）なのです」（一四頁）。「すべての文化的価値というものはお寺、これに対抗するものとして宮廷がありますが、この二つがタイの知的創造の中心であったのです」（同）。

これに対して、サンガの世俗的機能を回復させ、それを国民統合と国家の経済発展に利用したのが、一九五九年に登場したサリット首相[31]であった。サリットの考えによれば、『サンガ組織といえども、世俗の政治から独立した存在ではない。むしろ、僧侶は仏教の普及という社会活動を通じて、国家の建設と国民の繁栄に貢献すべきである』と主張し、仏教を国民統合と地方開発の重要な手段に位置づけ直した。じっさい、彼は仏教学校の青年僧侶や村の住職をこうした目的に積極的に動員していくのである」（末廣、一九九三年、三三頁）。

仏教僧が社会開発に参画することになるタイの仏教史上画期的な出来事として、一九六〇年代に二つの仏教大学が初めて立案した「タンマパッタナー」（「仏法による開発」）計画と、サンガが主導した「タンマトゥート」（「仏法の使節」）計画、および「タンマチャーリック」（「仏法の巡礼」）計画がある（石井、一九九一年、Somboon 1977）。バンコクにある二つの仏教大学が、一般の大学にある社会科学や人文科学のいくつかの科目のほか、社会福祉論や地域社会開発論などの科目をカリキュラムに取り入れ、その実習として、地方の農村に学生や卒業生を派遣し、地域社会のさまざまな開発（たとえば公衆衛生の普及など）に従事させたのが、「タンマパッタナー」計画である。「タンマトゥート」は同じく地域社会開発計画ではあるが、これはサンガの組織自体が青年僧侶を地方の農村に派遣したり、地方の僧侶や村の住職を動員して村落開発に参画させたものである。「タンマチャーリック」は主に北タイの山岳地帯に僧侶を派遣し、アニミズムやキリスト教などを信仰している山岳民族たちを仏教に改宗させ、仏教を広めようという試みである。これらの計画はサリット首相をはじめとする当時の政府の要請、すなわち国家の経済発展と国民統合の推進と安定に対して、サンガが組織的に協力したものである。そこにはラオス、カンボジア、ベトナム、ビルマ（現ミャンマー）における共産主義の支配という時代的背景もあるが、サンガの側でも世俗的機能が失われていく中で、サンガの社会的威信を取り戻そうという動機が働いていたにちがいない。たとえば、ある僧侶による次のような指摘がある。「我々仏教僧はかつて社会の尊敬の的であった。それは我々自身が戒を守るという聖なる生活をしているからだけではなくて、我々の世俗的な知識でもって社会に貢献できたからなのである」（石井、一九七六年、一六頁）。

しかしながら、Somboon（1977）によれば、これらの計画は必ずしも成功したとは言えない。その理由として、計画は「上から」の政府の開発《かいはつ》政策、国民統合のための、異民族に対する同化政策に従ったものであり、対象となった地域住民の真のニーズに対応できなかったことと、開発のプロセスが民主的でなかったことを挙げている。またこれらの計画ののち、サンガの組織自体が継続的に社会開発に参画したわけではない。他方、先に紹介したいわゆる開発僧《かいほつ》は、たしかにサンガの組織に所属しているが、組織の指図や命令によってではなく、自分たちの意思と創意によって自発的に社会開発に参画している。僧侶たちの多くは村の住職であり、村人が貧困に喘いでいる状況に直面し、村人と共に貧困との闘いに身を挺していった。僧侶がイニシアティブをとった村落開発が盛んになり出した一九八〇年代の初め頃、サンガは開発僧《かいほつ》に対してむしろ批判的でさえあった。何人かの開発僧《かいほつ》たちは地方の役人からコミュニストの扱いを受けたが、そのときにもサンガは役人の側に同調したようである。現在ではそうした明らかな反発の態度をとることはなくなったが、いまだにサンガの組織は開発僧《かいほつ》を積極的に支援しているわけではない。サンガが開発僧《かいほつ》を組織的に支援したり、彼らと協働するようになるには、サンガ自体の意識変革と組織変革を待たなければならない。

ここでもう一つ指摘しておくべきことは、僧侶が社会開発に参画するという新しい形の世俗的機能が現れるにつれ、その参画の仕方がもはや宗教とは無関係であり得なくなったという点である。僧侶が道路の建設、井戸堀り、農業などに手を貸すことは本来、タイの仏教の戒律に反することである。さらに開発僧《かいほつ》がタンブンの行為を「本人だけではなく、他人をも幸せにするものでなくてはならない」という新しい解釈をして、それを村落開発に利用したことは、仏教それ自体の革新とはいえないだろうか。その行為は大乗仏教（マハーヤーナ・ブディズム）（池田／ガルトゥング、一九九五年および三枝、一九九〇年など）で説く「菩薩（ボーディサットヴァ）道」に相通じる。

「ボーディ」と「サットヴァ」はサンスクリット語で、それぞれ「悟り・智慧」と「有情《うじょう》」（感情や意識をもっているすべての生きもの）の意味であるから、「菩薩」とは悟りを求める衆生をいう。しかも大乗仏教では修行者は仏になることをめざすから、発心《ほっしん》したものはみな菩薩であり、仏の悟りは、利他の修行の中にこそあると説いている。利他行は仏の慈悲の実践であると同時に、偏狭な自己に対する執着を解放するための修行ともいえる。開発《かいほつ》僧の行為は正しく仏の慈悲の実践なのである。

仏教の「縁起説」によれば、現実の事象はすべて互いに縁となりながら、生起している（池田／ガルトゥング、前掲書）。すなわち、「人間界であれ、自然界であれ、経済の世界であれ、一切の生きとし生けるものは互いに関係し依存し合いながら、一つの生きた世界を作り上げている」[32]（池田／ガルトゥング、前掲書、三四五頁）と説く。また仏教では「共生の思想」はこの「縁起説」から導き出される。この「縁起説」に従えば、ナーン和尚らの報徳の考えや「仏法即生活」、「仏法即社会」の捉え方も統合的に説明できると思われる。

こうした観点から見れば、僧侶のもつ世俗的機能はもはや仏法とは切り離すことができず、むしろ仏法そのものに内包されていると考えるべきである。そこにタイ仏教の変質、あるいは革新を見出せるのである。

おわりに

以上見てきたように、僧侶によって指導された仏教的開発《かいほつ》（Buddhist development）は心の開発《かいほつ》を根底に、地域住民の参加、協同、連帯、自己依存（自立）を実現しながら、物質的開発を追求しようという試みである。仏教的開発《かいほつ》は「中道」（middle way）[33]に沿った開発であるから、資本主義発展のモデルとは明らかに異なる。そこでは限りない欲望の追求ではなくて、偏狭な自己に対する執着からの解放を求める、精神的開発が物質的開発を制約する。ヨハン・ガルトゥングによれば、開発／発展とは、「『人間性の発展』を意味し、物の生産・分配などの社会構造の変革は、人間をいかに発展・向上させるかの〝手段〟に過ぎない」（池田／ガルトゥング、前掲書）。またシューマッハーが「仏教経済学が適正規模の消費で人間としての満足を極大化しようとする」（シューマッハー、一九八六年、七五頁）と述べているように、仏教経済学では消費行為は「全体としての人間」、「人間としての価値」を発展させるための手段であって、目的ではない。「全体としての人間」、「すべての人間」を発展させるという目的はまさしく仏教的開発《かいほつ》モデルが追求するものと軌を一にする。[34]

バンコクを中心とするタイの経済発展はアジアＮＩＥｓの開発《かいはつ》路線をたどっており、経済のグローバル化が進む中で、多少の軌道修正はあるにせよ、今後もタイはこの路線を求め続けるに違いない。

一方、これまで考察してきた仏教的開発《かいほつ》運動は従来の開発《かいはつ》に対する単なる「異議申し立て」にはとどまらない。すでに見てきたように、開発《かいほつ》僧が輩出した地域は東北タイの農村であり、政府による開発《かいはつ》が行き届かない、あるいは効果の上がらない地域とされているが、そうした地域の農民は商品経済の奔流に呑み込まれ、自力で村落開発をするのが不可能であった。こうした状況の中で、仏教的開発《かいほつ》が僧侶の手によって進められ、農民の生活は村落再建によって確実に改善されているのである。僧侶によって指導された開発の地域は限定されているものの、それが他の地域にも波及していることも確かである。そうした地域では政府に頼らずに住民自らが村落を開発しようとしている。そしてその開発努力を支えてきたのが開発《かいほつ》僧であり、ときには開発ＮＧＯであった。

仏教的開発《かいほつ》運動は、開発に住民を直接参加させることを通して彼らの社会的意識を高揚させることができ、草の根の民主主義を培うのにも役立っている。[35]これは具体的には米銀行、貯蓄組合などの協同組合の運営に反映されている。その意味で仏教的開発《かいほつ》運動は文化運動としても正当に評価されよう。[36]

「タイの指導者は『農民こそ国の背骨である』と語っているが、タイの農民は国の背骨に相応しい待遇を受けているのであろうか」[37]という指摘があるが、これまで農村開発政策は常に後回しにされ、再分配政策の不在のまま、国民の五割以上を占める農民の犠牲の下に現在の経済発展が達成されてきたのである。タイ農民の政治不信には根強いものがある。そうした状況の中で、苦悩する農民たちは、革新的な僧侶やＮＧＯの助けを借りながらも、自分たちのアイデンティティを回復し、貧困からの解放をめざした闘いを始めている。筆者はこれらの運動を単なる文化運動としてとどまるものではなく、また、伝統的共同体へのセンチメンタリズムないしノスタルジアでもない、自力更生による生きるための民衆の闘いであり、人間解放の闘いであると捉えている。

今後、仏教的開発《かいほつ》運動がどれだけの普遍性をもち得るか、また伝統と近代とをいかに調和させていくかという文明史的課題も行く手には立ちふさがっている。さらには今後タイの仏教それ自体が人間の尊厳、自由、平等、民主主義、人権といった人類の普遍的価値をどのように受容していけるのか。これらがタイの仏教にとって新たな挑戦となっていくものと思われる。

＊本章は野崎（一九九三、一九九五年）に加筆・修正を加えたものである。

【注】

（1）七歳から一四歳までの児童のうち、約一一万二五二〇人がタイ国中のさまざまな部門で雇用されていた（一九八八年の時点）。国連の統計によると、タイはタンザニア、モザンビークの次に児童労働者の数が多い国である。これらの児童の多くは小さな工場や狭い路地、建設現場に住んでいて、休日もなく、朝の六時から夜の一〇時まで（中には深夜まで）働かされている。彼らの中にはほとんど賃金も食物も与えられず、また虐待されたりして、危険な労働条件と劣悪な生活条件の下で生きている児童もいる（*The Nation*, June 10, 1988）。タイの児童労働が「現代の奴隷」と言われるゆえんである。

（2）東北タイの南部はとくに乾いた地域であり、「トゥンクラー・ローンハイ」（「泣いている大草原」という意味。本書第Ⅲ部資料参照）と呼ばれている。この地域は、スリン、ローイエット、マハーサラーカーム、ヤソートーン、シーサケートの各県にまたがっている。これらは「水を搗《つ》いて飲む」（ピッタヤー、二〇〇一年、三八―三九頁）という言葉で表現されているように、過酷な自然条件の地域である。

（3）ブリーラム県サクーン村のパーイ村長やチャチューンサオ県ファイヒン村のヴィブーン村長たちは農村開発関係のNGOや政府の役人によく知られた篤農家である。前者については、セーリー（一九九一年）を参照。また後者については

Surachet (1986) を参照。

（4）「もう一つの発展」という言葉が初めて公式の文書で使われたのは、一九七五年にスウェーデンのダグ・ハマーショルド財団が提出した、第七回国連特別総会に向けての報告書の中である（鶴見／川田、一九九〇年、四六頁）。

（5）ソンブーン・スクサムラン氏は、七〇年代後半のデータに基づいて、「開発僧」の範疇に入る代表的僧侶として七七人（東北部の僧四五人、北部の僧三二人）を取り上げ、実態調査を行っている（Somboon 1987 ; 1988）。なお、ソンブーン氏によると、いわゆる「開発僧」と呼ばれているタイの仏教僧は、八〇年代中頃で全国に一〇〇人以上、現在は二〇〇人以上いると推定される。この他、開発僧に関するサーベイ調査としてPhisit (1991) がある。

（6）セーリー氏のケース・スタディの八人の開発僧とは、サムットソンクラーム県ヨークラバート寺のサコーン僧、スリン県サーマッキー寺のナーン和尚、チャイヤプーム県パー・タンマダー寺のバンヤット僧、ターマファイワーン寺のカムキエン僧（本書第6章参照）、ノーンケィ寺のブンタム僧、ナコーンラーチャシーマー県ノーン・ムアン寺のチャラーム僧、クー・サヌアン寺のサノーン僧、ローイエット県スワンポー寺のヴィシット・ナンダカーン僧である。

（7）これはＮＧＯによる「開発の文化路線」と呼ばれている。

（8）農民が長い歴史の中で培ってきた智慧であり、たとえば伝統医療や織物技術、儀礼を通しての教育などがある。

（9）僧侶たちに影響を与えた師にはプッタタート比丘の他にティアン僧やパンナ・ナンダ僧などがいる。

（10）もう一つ、プッタタートによる仏教の革新には、「現世で老若男女すべての人が悟りを開く可能性をもっている」という教えがある。プッタタートについては、Buddhadasa (1986), Jackson (1988) などを参照。

（11）資本主義の経済発展モデルを批判し、それに代わる「発展の仏教モデル」を提唱している代表的知識人として、スラック・シワラックやプラウェート・ワシーらがいる。Sulak (1981; 1985)、プラウェート・ワシー「仏教農業とタイ社会の安寧」（野崎、近刊に所収）などを参照。

（12）以下の記述は、一九九三年（三月および七月～九月）に行われた、筆者の聞き取り調査とアンケート調査に基づいている。村の概況は一九九二年の時点に関するものである。

（13）タイ東北部にはラオ系タイ人が多く住んでいる（東北全体の約八割を占める）が、スリン、ブリーラム、シーサケートの三県はクメール系タイ人（東北全体の約二割を占める）が多く、とくにスリン県では県全体の人口の九割を占める。住民はタイ語の他にクメール語も話す（年輩者の多くの人はクメール語しか話さない）。ラオ系タイ人はもち米を常食としているが、この地域ではうるち米が常食となっているなど、食文化も異なっている。

(14) タイでは県、郡、行政区(あるいは行政村=タンボン)、村の四つの地方行政レベルがある。

(15) 当初全ての世帯の調査を意図していたが、調査時点で出稼ぎなどのために不在の世帯もあり、実際には一六四世帯のうち一三五世帯(約八二%)が調査の対象となった。

(16) スリン市の朝市は村から八キロメートルしか離れておらず、村人自身で野菜を売りに出かける。朝市の場所代は露店で一日一〇バーツから二〇バーツである。

(17) 出稼ぎ労働の他に、スリン県内での建設労働とタクシーや人力車のドライバーが多い。この他村内で農業労働者、大工、教師などの仕事に就いている者もいる。

(18) 「村のなかのメンバーの相互扶助は、タイ人の村落共同体の生産関係の中で最も際立った特色であり、個人を村に結びつけるもう一つの要素であった。相互扶助は稲作に見られた。すなわち、田植え、稲刈り、脱穀における労働の相互扶助がそれであり、ロン・ケークと呼ばれる。またアウムーともソーレンともいわれる」(チャティプ、一九八七年、三四頁)。

(19) こうした仕事をするなかで虫などの生き物を殺すことによって、「不殺生戒」を犯すことになる。

(20) タイではこうした慣行が何世紀にもわたって続いてきた。ウィモン・サイニムヌアンの小説『蛇』(桜田育夫訳、めこん、一九九二年)は、このタンブンの伝統を濫用している僧侶や寺院を痛烈に批判している。

(21) 「安居」は雨安居ともいう。通常安居入りは六月、安居明けは一〇月である。

(22) 一九五六年にアハンガマジー・アリヤラトネ博士によって創始された、スリランカの農村開発運動「サルボダヤ・シュラマ・ダーナ」の教えの一つである。「サルボダヤ」は「すべての生あるもののめざめ」を意味し、「シュラマ・ダーナ」は「人々のエネルギー(労働、知識など)の分かち合い」を意味する。この運動はインドのマハトマ・ガンジーがめざした社会改革運動の思想を受け継いでいる。メーシー(一九八九年)などを参照。

(23) たとえば、「開発のための宗教委員会」(TICD)は東北タイの五県の一六カ村に米銀行を設立するための協力を行った(一九八七年の時点の資料による)。

(24) アピチャート・トンユーは、米銀行に関して次のような問題点を指摘している。「米銀行はその活動の過程において、貧しい村民を搾取する別の村民グループを生み出している。このグループは『小資本家』と呼ばれ、米銀行に参加している富農である。小資本家は、自分たちの米を小資本家同士で組んで出資し合えば、その年の終わりには各自の本来の割当に応じた、増えた利息からの利潤（配当）が得られることに気づいた。彼らはまた外部の者と組んで新しいビジネス・システムの仲介者となる。」（アピチャート・トンユー「村落：自律した社会」野崎、近刊に所収）。

(25) 調査対象となった一三五世帯のうち、「サハバーン・カーウ」、協同組合店舗、貯蓄組合に加入している世帯数（各世帯で少なくとも一人が組合員になっている場合）はそれぞれ九四（約七〇％）、一一五（約八五％）、七〇（約五二％）となっている。いずれの組合にも加入していない世帯はわずか一三世帯（約一〇％）である。

(26) 一九九二年の三月には「開発のための仏法連合」を効率よく機能させ、開発と教育に取り組む仏教僧を支援するために「ピピット・プラチャーナート財団」が設立された。

(27) 他には、フィリピンのネグロス島の農民と日本のＮＧＯが、バナナや砂糖の草の根の貿易を行っている。

(28) 以下の内容はナーン和尚に対する筆者のインタビューに基づいている。

(29) ラーマ五世（一八六八—一九一〇）はチュラーロンコーン大王としてよく知られているが、当時の植民地主義からの独立を維持するためには、彼は父のラーマ四世（モンクット王）が始めたタイの西欧化を続けることが絶対に必要であることを十分に理解していた。ロン（一九七七年）を参照。

(30) サンガはもともと仏道修行者（僧と沙弥）の生活共同体であったが、今日タイではヒエラルキー構造をもった、全国的組織になっている。石井（一九七五、一九九一年）、Somboon (1997) などを参照。

(31) サリット元首相は開発の指導者としてだけでなく、サンガの組織改革者としても知られている。従来のサンガの三権分立と限定された地方分権の体制に対して、三権分立を廃止し、サンガの組織を中央集権化した。末廣（一九九三年、三二—三三頁）、石井（一九七五、一九九一年）、Somboon (1977) などを参照。

(32) 池田氏は「縁起説」を次のように捉えている。すなわち「縁起説は、すべての事実の相互連関という認識の次元を越えて、その相互連関を成り立たせる生命的なダイナミズムを指し示しています。それらを自らの生命に発見していくことが、縁起説的なエートス——私はそれを『共生のエートス』と名づけていますが——を形成していくために不可欠なのではないでしょうか」（一九九五年、二〇六頁）。この解釈は、縁起を無常や無我と関連づけてきた仏教思想史の流れとは違い、「人間主体の在り方」として捉え直したものである。

(33) 「中道」とは八正道（正しい見解、正しい決意、正しい言葉、正しい行為、正しい生活、正しい努力、正しい思念、正しい瞑想）を意味し、「本能的生活と苦行生活との両極端を行為の上で清算するもの」である。渡辺（一九九〇年、九六頁）、シューマッハー（一九八六年）も参照。

（34）仏教経済学については、Payutto (1992)、ガルトゥング（一九九〇年）なども参照。

（35）都市では新中間層を中心とした民主化運動が進展しているが、農村ではこうした草の根の民主主義が育っているほかに、住民による自然環境保護運動や政府の再定住政策（コー・ジョー・コー）に反対する住民運動も活発に展開されている。

（36）北原（一九九一年）は僧侶やNGOによって進められている「共同体復興運動」を、意識啓発運動、文化運動として評価している。

（37）NHK教育テレビ「現代ジャーナル・シリーズ『アジアからの発言』」（一九九一年一〇月）での村嶋英治氏の発言。

【参考文献】

〔外国語〕

Buddhadasa Bhikkhu, 1986, *Dhammic Socialism*, trans.and eds. by Donald K.Swearer, Bangkok : Thai Inter–religious Commisson for Development (TICD).

Gohlert, Ernst W., 1991, *Power and Culture– The Struggle against Poverty in Thailand*, Bangkok : White Lotus Co., Ltd.

Jackson, Peter A., 1988, *Buddhadasa– A Buddhist Thinker for the Modern World*, Bangkok : Siam Society.

Payutto P.A., 1992, *Buddhist Economics,* Bangkok : Buddhadamma Foundation Publications.

Pipob Udomittipong, et al. eds., 1999, *Socially Engaged Buddhism for the New Millennium,* Bangkok : The Sathirakoses–Nagapradipa Foundation.

Phisit Phanaphorn, et al. eds., 1991, *Thamniab Phrasong nak phatthana Paak Isaan* ［東北タイの開発僧に関するダイレクトリー］, Bangkok : Mahachulalongkorn Buddhist University.

Seri Phongphit, 1988, *Religion in a Changing Society – Buhhdism, reform and the role of monks in community development in Thailand*, Hong Kong : Arena Press.

Somboon Suksamran, 1977, *Political Buddhism in Southeast Asia– The Role of the Sangha in the Modernization of Thailand*, New York : St. Martin's Press.

———, 1987, *Kan Phatthana Tammeo Phutasart Korani Suksa Prasong nak phatthana*〔仏教的開発——開発僧の事例研究〕, Bangkok：Borisat Pinsuay Chankat.
———, 1988, "A Buddhist Approach to Development– The Case of Development Monks in Thailand", in Lim Teck Ghee ed., *Reflections on Development in Southeast Asia*, Singapore：Institute of Southeast Asian Studies.
Sulak Sivaraksa, 1981, *A Buddhist Vision for Renewing Society*, Bangkok：TICD.
———, 1985, *Socially Engaged Buddhism*, Bangkok：TICD.
———, et al. eds., 1990, *Radical Conservation–Buddhism in the Contemporary World*, Bangkok：TICD.
Surachet Vetchapitak, 1986, "A Farmer's Enlightenment– Vibul's Way to Self– Reliance", in Seri Phongphit, ed., *Back to the Roots– Village and Self– Reliance in a Thai Context*, Bangkok：Rural Development Documentation Centre.
TDSC, 1987 a, *Thai Development Newsletter*, No. 14.
———, 1987 b, *Thai Development Newsletter*, No. 15.
———, 1988/89, *Thai Development Newsletter*, No. 16.
———, 1989, *Thai Development Newsletter*, No. 17.

〔日本語〕

池田大作／ヨハン・ガルトゥング、一九九五年、『対談——平和への選択』毎日新聞社。

石井米雄、一九七五年、『上座部仏教の政治社会学——国教の構造』創文社。

———、一九七六年、「タイにおける仏教と開発」（所収：日本ＹＭＣＡ同盟研究所編『タイ——その精神風土をさぐる』）。

———、一九九一年、『タイ仏教入門』めこん。

ガルトゥング、ヨハン、一九九〇年、『仏教——調和と平和を求めて』高村忠成訳、東洋哲学研究所。

北原　淳、一九九一年、「タイ農村における共同体復興運動の背景とその輪郭」（所収：『日本村落社会研究会通信』一六五号）。

三枝充悳、一九九〇年、『仏教入門』岩波書店。

サニッスダー・エーカチャイ、一九九四年、『語りはじめたタイの人びと——微笑みのかげで』アジアの女たちの会訳、明石書店。

シューマッハー、E・F、一九八六年、『スモール・イズ・ビューティフル――人間中心の経済学』小島慶三・酒井懋訳、講談社学術文庫。

末廣　昭、一九九三年、『タイ――開発と民主主義』岩波書店。

セーリー・ポンピット、一九九二年、『村は自立できる――東北タイの老農』野中耕一編訳、燦々社。

鶴見和子／川田　侃編、一九九〇年、『内発的発展論』東京大学出版会。

チャティプ・ナートスパー、一九八七年、『タイ村落経済史』野中耕一・末廣昭編訳、勁草書房。

野崎　明、一九九三年、「社会開発に参画するタイの仏教僧」（所収：ピッタヤー・ウォンクン『村の衆には借りがある――報徳の開発僧たち』野中耕一訳、燦々社）。

――、一九九五年、「タイの新しい農村開発運動――東北タイの開発僧の事例研究」（所収：『東北学院大学論集』一二九号、九月）。

野崎　明編訳、近刊、『自立と共生をもとめて――転機に立つタイ農村社会』燦々社。

ピッタヤー・ウォンクン、一九九三年（改訂増補版、二〇〇一年）、『村の衆には借りがある――報徳の開発僧（たち）』野中耕一訳、燦々社。

メーシー、ジョアンナ、一九八九年、『サルボダヤ――仏法と開発』中村尚司監訳、めこん。

ロン・サヤマナン、一九七七年、『タイの歴史』二村龍男訳、近藤出版。

渡辺照宏、一九九〇年、『仏教』岩波書店。

第6章

農村社会の変容と仏教寺院

東北タイ・チャイヤプーム県ターマファイワーン村を事例として

東北タイ農村の仏教寺院。

鈴木規之

はじめに

本章では、世界システムに包摂された結果、自給自足の状態を超えて商品化が進行し、大きな変動の過程にあるタイ農村を事例に、変動の中での仏教寺院の役割について論じる。

一生に一度は出家する慣習のあるタイ農村の人々にとって、かつて仏教寺院はコミュニティの中心であった。また、仏教寺院は、出家できない女性にとってはタンブン（積徳。托鉢や仏日の際に寺に行って食事や金銭、花などを寄進する日常的行為）の場としても重要であり、さまざまな祭りや儀礼、葬式や結婚式などとも重要な関わりがあった。また、公教育が普及する以前には教育の場としての機能も備えていた(1)。

このような仏教寺院の役割が、進行する社会変動とともに変容しつつある。そのパターンには二つある。一つは、社会変動の流れとともにコミュニティ（チュムチョン）における中心的役割を失っていくパターンである。このパターンでは寺院も地域経済の商品化の進行とともに資本主義的になり、タンブンの際の布施の額だけが強調されていく(2)。もう一つは、商品化による社会変動の流れを容認せず、タンブン仏教的な性格から脱却して、コミュニティの人々とともに開発・発展のあり方について考えていくセンターとしての役割を担うようになるパターンである。このような寺院では、開発僧《かいほつそう》と呼ばれる僧侶たちの存在が重要となっている。

ここでは、著名な開発僧《かいほつそう》が活動するチャイヤプーム県ケンクロー郡ターマファイワーン村を取り上げ、社会変動の流れとともに資本主義的に変質しつつある寺院と比較しながら、オルタナティブ発展の担い手となりつつある仏教寺院の新しい役割について論じたい[3]。

一　調査地の概要

チャイヤプーム県は、東北タイの東部にあり、北タイ南部のペッチャブーン県と接している。比較的高地にあるため、もともとはほとんどが森林であり、村はほとんどが森林を開拓して作られたものである。現在、チャイヤプーム県の森林の割合はわずか二四・五%になってしまっている（Center for Agricultural Statistics 1993）。チャイヤプーム県の人口は一九九〇年時点で九九万七八六一人、主に農業で生計を立てている人の割合は七六・三%、そして調査地のあるケンクロー郡の人口は八万一八三七人、そのうち主に農家で生計を立てている人の割合は七五・七%となっている（National Statistical Office 1990）。

チャイヤプーム県の中心的な産業は農業で、比較的低地にある土地では米が栽培され、高台ではキャッサバ（イモの一種でタピオカとも呼ばれる）、メイズ（飼料用トウモロコシ）、ケナフ（茎から繊維をとるアオイ科の草木）などの畑作物が栽培されている。九八・七%の農家が何らかの形で土地を所有しており、八三・七%の農家が自作地のみで農家を営んでいる（National Statistical Office 1983）。土地の所有は六七・四%が一〇ライ（一ライは〇・一六ヘクタール）以上四〇ライ未満の層で、四〇ライを超える層は一二・六%、六ライ以上一〇ライ未満は八・八%となっている（ibid.）。

ターマファイワーン村は一九五〇年に開拓によってできた村[4]で、マファイの樹を植えたことからこの名がある。一九七八年に内務省によって正式にこの名が認められた。そして、八七年にはタンボン・ターマファイワーン（ターマファイワーン村）となって、周辺のタンボン（行政村）より分離された。

ターマファイワーン村は、調査当時は一〇の区より成り、村の中心である第一区にターマファイワーン寺（正式名称プーカオトーング寺）が、第五区にタータングクゥィエン寺が、そして第八区にパースカトー寺がある。さらに隣接するプーキィアオ郡ターリントン村のプーロン寺（正式名称パーマハーワン寺）を加えた四つの寺がターマファイワーン寺を本院とする協力関係にあり、さまざまな活動を行っている。

とりわけ、この四つの寺は森林保護について積極的に協力し合って活動を行っている。ターマファイワーン寺周辺は、開拓によってすでに森林は失われてしまっているが、タータングクゥィエン寺周辺には一〇〇〇ライの、パースカトー寺周辺には五七〇ライ、プーロン寺周辺には三〇〇〇ライの森林が保全されている。調査の時点では、四つの寺にあわせて八人の僧侶と一人の見習い僧がいた。(5)

第一区（ターマファイワーン）は、ケンクロー郡の中心や県都チャイヤプームまでのソンテーオ（トラックを改造したバス）が頻発するターマファイワーン村の交通の中心で、商品化による変動が最も激しい。第五区（タータングクゥィエン）、第八区（バーンマイタイチャルーン）は一日に数本のソンテーオが通うのみで、交通の便が悪く、商品化による変動は第一区に比べて少ない。しかし、いずれの地区もキャッサバやサトウキビの栽培と牧牛が産業の中心で、いずれも価格が低迷しているため現金収入は恒常的なラプチャーン（村や周辺での日雇い労働）と出稼ぎに依存している。

また、一九九五年の最新データでは、第一区には二七四世帯、一四三〇人が住んでいるが（第五区のデータは本章第四節参照）、一九八一年に政府の開発モデル村（オー・ポー・ポー）として指定され、それ以来タイ国旗や各家の表札、開発のための標識が村中に掲示されている。(6)

ここには開拓が始まった一九五〇年代初めに五〇世帯ほどが約三〇キロメートル離れたケンクロー郡の中心から入植し、続いて県都のチャイヤプームやコーンケーン県、ナコーンラーチャシーマー県からも入植する人々が続いた。人々は、まず最初に寺院（ターマファイワーン寺）を建設し、一九七一年には小学校を建設した。

そして一九七〇年頃より、キャッサバ、サトウキビ等の商品作物が栽培の中心となり、米や野菜等の自給的作物の栽培は減っていった。同時に、出稼ぎ者が増え始めたが、当時はロッブリー県までサトウキビ刈りに行く人が多く、バンコクへ行く人は数人であった。ところが、一九九〇年頃からバンコクへの出稼ぎ者が急激に増え、今では出稼ぎ者世帯の六～七割にも及んでいる。

二　カムキエン師の活動

このような状況を是とせず、ターマファイワーン寺を拠点に開発《かいほつ》僧としての活動を行っているのがカムキエン師である[7]。先にふれたように、四五〇〇ライ以上にものぼる森林を保護している。ここでは、森を荒らす村人を戒めるだけでなく、政府および民間によるユーカリ植林に対して「木の出家（得度）」を行うなどして抵抗している。ユーカリは、パルプの原料として商品作物の性質を持つ。成長が非常に早く、一見素晴らしい樹木に見えるが、ユーカリの林には雑草もあまり生えないことからもわかるように、ユーカリは土地の養分を根こそぎ吸収し、土地を死なせてしまう。そうなると人々はもはや、ユーカリの林から「森の恵み」を受けることができなくなるのである。また、「木の出家（得度）」とは、木を人間に見立て、僧侶と村人が各々祈りをこめて僧侶の衣である黄色の布を木に巻きつけるものである。仏教国のタイでは、「出家」した木を切ることは人々の倫理感からしてできず、結果として森を守る効果がある（本書第9章参照）。

僧侶が積極的に森林保護に関わるようになったのは、ダンマ（仏法）と自然というものが密接に関わっていることによる。ダンマとは、しばしば「仏教における真理」と訳されるが、仏教の真理とは、タイ語で自然のことをタンマチャート（法然）と呼ぶように、私たち人間が生かされている自然の秩序を指す。ブッダが悟りを開いたのも菩提樹の下という自然の下であった。また、東北タイに多いワット・パー（森の寺）――調査地の寺院もそうであるが――では、森の中、すなわち自然の中での瞑想の重要性が強調されている。したがって、僧侶にとって、とりわけカムキエン師のようなワット・パーの僧侶にとって、森や自然というものは自分自身の修行の場であると同時にダンマそのものなのである。そして、森林を伐採し、自然を破壊することは、とりわけ資本主義的な利益のために森林を伐採することは、物欲という煩悩（タイ語でキレース、サンスクリット語でklesa）にとらわれた所業であり、ダンマを傷つけることにほかならないのである。

カムキエン師は、開拓や商品作物栽培の拡大の中で、森林保護の必要性を痛感し、まず自分で範を示そうと行動を始めた。むやみに木を伐採したり、野生の鳥や獣の猟を行った人々を説得し、森林、自然の大切さについて説法をした。決して強制はせず、村の人々の意識の変化を待った。そして、森林の大切さを認識し始めた村の人々と相談して委員会を結成し、村の人々自身で森や自然を守るための規則を制定した。

規則の中にはたとえば、こっそり森の木を切ったり森を荒らした場合や、保護森林区内で動物を銃などで殺害した場合には、五〇〇バーツの罰金を課すといったものがある。罰金としてはこの二つの行為が一番重く、保護森林区内に無断で立ち入るなど軽微なものには二〇〇バーツ、一〇〇バーツの罰金が課される。現実には、罰金を即座に課すようなことはせず、まず寺のアナウンス放送を通じて規則破りの事件があったことを村人たちに知らせ、それでも違反行為をやめなければ名前を挙げたり証拠写真を撮って本人に告白させるなど、場合に応じて弾力的な対応をしている。

カムキエン師は、こうした自然保護活動の他に、村人たちの自立のためにさまざまな活動を行っている。まず、寺の敷地内には一九七八年に子どもセンターが設立されている。これは、昼間は農業やラプチャーンに出ることの多い村の人々のために、就学前の子どもを預かる施設である。村の人々によって選ばれた九人の委員が運営にあたり、村人が教員の役割を果たしている。教員の給料は、以前は寺への布施から支払われていたが、数年前より文部省宗教局の支援を得られるようになった。

この子どもセンターの運営委員会が母体となって、協同組合店舗が設立された。この組合は、現在では肥料の販売や食糧の共同購入など、農業だけでなく生活面にも関わっている。また、協同組合とは別に米銀行（現在は米協同組合）も設立されている。そしてこの「協同」という概念は、調査当時カムキエン師が最も力を入れている職業訓練のプロジェクトにも生かされている。このプロジェクトには、村人たちに出稼ぎよりも地元で仕事に就ける機会を与えたいという師の願いが込められている。

職業訓練のプロジェクトで最も順調なものが、縫製のプロジェクトである。寺への布施の一部（七万バーツ）を運営資金に、村の外部から指導者を招き、ミシンを購入する。このミシンは訓練を受けた者の家に引き取られ、縫製で収入が得られるようになったらミシン代を寺に返すというシステムになっており、今ではターマファイワーン村の第一区のほぼ全家庭に普及している。製品を作るための原料の購入・製作・販売は協同でなされ、ケンクローの市場や村の中で売られている。

縫製以外では、宝石研磨、竹製品の製作などが試みられているが、まだ軌道に乗るには至っていない。そのほか養蚕農家のために、絹織物の協同生産も計画されている。また、第一区の人々は、政府の開発モデル村指定にともなうグループ作りの勧めに従い、竹細工、魚・カエルの養殖、縫製、カノムチーン（東北タイ風そうめん）作り、養鶏、養蚕等の生産者グループおよび青年グループの七つを結成している。これらはすべて、資金を村の人々が出し合い、自主的に運営されている（竹細工グループは、竹が枯れてしまったために現在は解散している）。

このようなプロジェクト以上に、カムキエン師はより重要なものとして瞑想を中心とした心の開発《かいほつ》を人々に説いている。これは、開発プロジェクトそのものは表面的なものにすぎず、師の言葉を借りれば僧侶にとっても言わば「趣味」のようなもの（本来の役割の他に村の人々を手助けしたいという意味で）であり、僧侶本来の役割は心の開発《かいほつ》を通して人々の苦しみを癒すことにあるという師の認識によるものである。したがって、基本的にはプロジェクトはすべて村の人々の自主的運営にまかせ、師は発案したり、実施のための精神的サポート（時には金銭的サポートも）を行うのにとどまっている。しかも、プロジェクトの成否については、結果に執着しないとの態度をとっている。

カムキエン師の瞑想の指導力は、タイ国内でも定評があり、ＮＧＯや教員などさまざまなグループが師の指導を受けにターマファイワーンを訪れる。瞑想にはおもに手を動かしながらあるがままにその動きを見つめる手動瞑想と、七～八メートルの距離を一歩一歩意識化して歩く歩行瞑想がある。そこでは、無自覚に浮かぶ感情や思考にと

「虹の家」の敷地内に設けられた、子どもたちが宿泊するための小屋。（筆者撮影）

らわれるのではなく、自覚的に自分自身の感情や思考に気づくことが強調されている。この瞑想を通して人々への心の指導を行い、それが仏教に基づくオルタナティブな開発・発展の布石作りに結びついている。

心の指導で最も重要なのは、酒、タバコ、ギャンブル、売買春などの悪行を断たせることである。また、困っている人には精神的なサポートを与えることである。村の人々へのインタビューでは、カムキエン師の指導によって、盗みなどの犯罪は減り、ギャンブル、酒なども減りつつあるという。村の人々から篤い尊敬を受けるカムキエン師が通ると、タバコや酒を飲んでいた人々もタバコを消す、酒を隠すなど、師に対して恥かしく思う気持ち、換言すれば自覚が村の人々に生まれ始めている。

ターマファイワーン村は、開発・発展に関わる外部のNGOとは直接の関わりはない。しかし、開発《かいほつ》僧としてのカムキエン師の実践や瞑想を学びに来るNGOは多い。また、カムキエン師自身、開発・発展に関わるいわば僧侶によるNGOとでも呼べるグループ「開発のための仏法連合（セーキヤタム）」の副代表（代表はナーン和尚）を務めており、書籍や雑誌等を通して社会的な啓蒙活動も行っている。

三　「虹の家」の活動

ターマファイワーン寺に隣接する敷地では、一九九四年から、同寺で八年間僧侶を勤めたバンコク生まれのイスラー氏（パースカトー寺でも三年間僧侶を勤め、後述の理由で還俗した）を中心に、子どもたちを対象にした「虹の家」の活動が行われている。ここでは、鳥を自然のシンボルとして、バードウォッチングを中心に自然の大切さを教えている。また、有機農法による野菜の栽培や、皆で食事を作り食べるなど、子どもたちに自主的な活動も行わせている。

もともとこの活動は、一九九三年に「鳥を愛する子どもたちのグループ」として始められた。大人たちが自然の大切さにあまり興味を示さなかったことから、子どもたちへの啓蒙活動の重要性が認識されたためである。この活動はまた、将来カムキエン師が理想とする「森の農業」のためのコミュニティ作りの布石とも考えられている。「鳥を愛する子どもたちのグループ」は、九四年に「虹の家」と改称されたが、この新しい名前には、七色の虹のように、いろいろな考えやいろいろな人々が一つにまとまって活動を行おう、という願いがこめられている。

「虹の家」では宿泊できるような小屋を建てて、小学生を対象に、一〇日間サイクルで一回六～八人の子どもたちを受け入れている。子どもたちはその間ここに宿泊しながら学校に通っている。こうした子どもたちのうち、六～七人は中学に進学せず、「虹の家」で活動している。彼らは小学生たちのリーダーとなって年間三〇〇人ほどの子どもたちの活動をサポートしている。最近では、同じ東北タイのブリーラム県の子どもたちも数人活動に参加し、昼間はイスラー氏やボランティアに勉強をみてもらいながら活動を続けている。

活動の初期の財源は、グリーンピース（西ドイツのＮＧＯ）や子供財団（タイ）、そして僧侶時代にイスラー氏が受けた寄付から得た。そして、拠点となる家を八〇〇〇バーツで、また、トイレを五〇〇バーツで共同で作った。子どもたちが寝泊りする施設も共同で建設された。今では、さまざまな財団や有志による寄付金のほか、子どもたちが木で作った鳥のバッジの販売（一個三五バーツ）や、一般の人々へのバードウォッチングの指導料などでも、運営資金の一部をまかなえるようになっている。

イスラー氏はこの活動のために、今では僧職を離れて還俗している。ＮＧＯ的な活動やＰＯ（Peoples Organization、住民組織）的な活動をするにあたっての僧職の限界を感じたのである。なぜなら、僧侶の場合、活動の細部にまでは直接関与できないばかりでなく、男児・女児の性別にとらわれず分けへだてなく子どもに接することができないとか、子どもたちと一緒に食事がとれないといった宗教上の戒律の問題があるためである。

四　ナラテヲー僧の活動

一方、日本人僧侶ナラテヲー僧は、カムキエン師の薫陶を受け、一九九一年よりタータングクゥィエン寺においてオルタナティブな開発・発展のためのプロジェクトを村の人々と行っている。(8) ナラテヲー僧は上智大学を卒業後、チュラーロンコーン大学に留学して社会学者のスリチャイ・ワンゲーオ氏（本書第2章執筆者）のもとで学び、一九八八年にパースカトー寺で出家して、調査時点では八年の僧暦であった。一九九三年にターマファイワーン寺の分院であるタータングクゥィエン寺の住職となった。タータングクゥィエン寺のある第五区は、一九九五年のインタビュー時には、六七世帯、人口は三〇〇人ほどで、このうち一〇〇人ほどが出稼ぎに出るような状況となっている。出稼ぎ先としては、土木労働ではバンコク、漁業では南タイ、サトウキビ刈りではカーンチャナブリー県やチョンブリー県が中心となっている。乾季のみの典型的な出稼ぎではなく、多くが故郷でのキャッサバの植え付けと刈り取りの時期にのみ帰るという通年出稼ぎのパターンである。このような通年出稼ぎが増えたのは、第五区の主要な作物であるキャッサバやサトウキビによる収益が生産費の上昇と価格の下落のためにしばしば赤字になったことと、一九九一年に電気が通じ、人々がテレビや冷蔵庫などの電化製品を求め始めた結果、各世帯の借金が増えたためである。

キャッサバやサトウキビの栽培のため、第五区の森は開拓とともにどんどん伐採された。その結果、気温が上がり、降水量も減っていった。そして、なくなって初めて、森は天然のダムの役割を果たしていたことに人々は気づくのである。

タータングクゥィエン寺では、一九九一年よりアーツ僧によって森林保護、自然農法の呼びかけがなされ、九二年にはソムマーイ僧が、当時はまだ僧侶であったイスラー氏の影響を受けて子どもたちのプロジェクトを始めている。

そこに、一九九三年に住職となったナラテヲー僧が加わったのである。ナラテヲー僧は九四年にはカムキエン師とともにアメリカ合衆国、台湾に長期間瞑想の指導に行き、タータングクゥィエン寺を離れていたため、現在ではソムマーイ僧が活動の中心になっている。ここでは、森林保護のための活動や、ダンマを強調した仏教的な活動（たとえば自然農法の推進）のほかに、それに基づいた自立をめざすプロジェクトが行われている。

カムキエン師（左）とナラテヲー僧（右）、ターマファイワーン寺にて。（筆者撮影）

森林保護のための活動は、まず、寺の敷地や周囲に木を植えることから始められた（それまでは、寺の敷地にまでキャッサバが植えられていた）。そして、子どもたちとともに、寺を守るシンボルとして寺からよく見える山腹に仏像を作ったり、村の人々の無用な伐採を戒め、政府のユーカリ植林に対抗するための「木の出家」を僧侶と協力して行うなど、常に自然＝法然（タンマチャート）を守ることが強調されている。

ダンマに従った農業といえば、自然農法である。それは、商品作物の栽培は木を切り化学肥料・農薬を大量に注ぎ込むことによって、すなわちダンマを傷つけることによって成り立っている。その反省から、タイでは特に著名となった農民思想家であり農業実践者でもある福岡正信氏の理念（肥料や農薬等を一切使わず、すべて自然の力に委ねる農法）に基づくような自然農法や、牧牛・養豚と農業とを結びつけた複合農業（integrated farming）を推進するものである。具体的には、ナラテヲー僧らは、村の人々とともに他の地域に出かけて自然農法や複合農業を見学したり、ブリーラム県で日本国際ボランティアセンター（ＪＶＣ）による自然農法セミナーが催された際には村人に参加を促すなど、それらのための資金も提供して知識の普及に努めている。また、寺の周辺での野菜や薬草作りのプロジェクトに村人たちの参加を呼びかけたり、ＮＧＯのグループがカムキエン師から瞑想指導を受けるようなときにも、村人たちとＮＧＯの人々との交流の場を作り出している。

タータングクゥィエン寺においても、将来をにらんだ子どもたちのプロジェクトに力が注がれている。ここでは、ソムマーイ僧の呼びかけで自然を守る子どもたちのグループが組織されている。このグループでも「鳥を愛する」ことを通して森林の、ひいては自然の大切さを子どもたちに教えることから始め、今では夜のキャンプで星を見ながら自然の大切さを教えている。また寺の敷地内では、無農薬・有機肥料による野菜の栽培も行われ、野菜は子どもたちの家に配られたり、学校給食にも利用されている。この他には、「虹の家」の鳥のバッジにならい、石に鳥の絵を描いてバンコクで売り、自然保護の重要性を訴えるなどの活動も行っている。販売には、バードウォッチングで知り合ったバンコクの子どもたちやＮＧＯの協力を得ている。また、子どもたちの描いた絵は、カードとして鳥のバッジとともにナラテヲー僧の講演会会場や日本で販売されたこともある。

一九九五年には、子どもたちのグループの自主管理によるキノコ・プロジェクトも開始された。キノコ栽培の小屋を建築し、キノコ菌袋二〇〇〇袋を購入して、水やり、キノコ採り、行商、会計を子どもたちの責任で運営させている。売る先は主に村内および近隣の二つの村で、村の人々には市場や行商人から買うより安いと好評を得、毎日二〇〇バーツ以上の売り上げがある。利益はプロジェクトの運営および拡大資金や、子どもやその親たちの自立資金として還元されることになる。このプロジェクトの評判に親たちもキノコ栽培に興味を示し始め、町のキノコ缶詰工場と提携して村ぐるみでキノコ・プロジェクトを進めていくという計画も進めつつある。これらのプロジェクトは、ダンマに基づいて村の人々の自立を助け、出稼ぎに頼らない農村をめざしたオルタナティブな開発・発展の理念の実践である。

五　資本主義化の流れにのみこまれる仏教寺院

このようなターマファイワーン村の事例に対して、筆者がこれまで社会変動の調査を行ってきた他の三つのタイ農村では、僧侶自身も資本主義化の流れにのみこまれ、「布施さえすればよい」という、従来のタンブン仏教的な寺院の性格がさらに強化されつつある。(9)

まず、近郊化が進むチエンマイ県サンサーイ郡パーパイ村の寺院（パームアット寺）の事例である。住職は、人々の現金収入が増えて寺に布施する金額も増え、寺の施設も立派になってきたことに大変満足そうであった。ところが現金収入の増加にともなって布施やタンブンは増えても、若い人が農業に従事しなくなってきた結果、これまですべての男性が結婚前にすませなければならないと考えられてきた三カ月間の出家も、仕事の関係で難しくなり、入安居《いりあんご》（カオ・パンサー。僧が雨季の三カ月間、旅行や遊行をやめ、寺院に定住し修行に入る期間のはじまり）の際にはかつては多くの者が一時出家したが、今ではその数は減ってしまっている。また、長期の出家者も、住職を除くと小学校を出たばかりのサーマネーン（見習い僧）が四人いるだけとなった。実家が貧しいために出家した彼らだが、一五歳を過ぎてチエンマイで仕事ができるようになれば、彼らも還俗して仕事に就くといったケースがほとんどである。

パーパイ村のように、近郊農村化が進み、人々の生活様式や価値観まで変化してくると、僧自身もそれにともなって考え方を変えてしまうようである。彼らは、人々のモノに対する欲望も生活水準の向上につながると容認し、金の多寡によってブン（徳）の多寡まで決定するようになった人々の意識の変化さえも容認している。また、本来なら住職として最も憂うべきことであるが、物質的充足を放棄して精神的生活の向上にはげむ僧のなり手が減ったことについても、やむをえない時代の趨勢であると認めている。精神的充足を強調しなければならない僧さえもが、その役割を放棄してしまい、テレビやステレオのある新しい僧房、良くなった食事（人々の托鉢による）など、物質的充足に囲まれて満足してしまっているのである。

次に、海外出稼ぎへの依存度の高いウドーンターニー県クンパワピー郡パンドーン村の事例である。ここでは、出稼ぎ者の増加によって出家者の減少が見られ、とくに成人式のような意味を持っていた若者の出家が大幅に減少し、出家自体が成人式としての意味をすでに持たなくなっている。また、寺での行事もほとんど形骸化した。ローイ・クラトン（灯籠流し）も、もともとは宗教的な儀礼であったのだが、実行されているとはいえ本来の意味を失ってしまっている。

出稼ぎによってもたらされた高収入によって、パァ・パーと呼ばれる寄付を募る行事や寺への布施では、それまでの一〇バーツ単位から、出稼ぎ開始後は一〇〇バーツ単位の拠出が増えてきた。毎年六月に行われるロケット祭りは、もはやギャンブルとなり、一〇〇〇～一万バーツ単位で賭けが行われる場合もある。

この村では、最近では何か悪いことが起きたときに、タンブンのためにごく短期間（三日間や一週間）の出家をする場合が増えてきた。プーヤイバーン（区長）の息子も、普段はバンコク近郊にあるパトゥムターニー県のナワナコーン工業団地の日系企業に勤めているが、父と妹の病気により、一週間の出家とかなりの額の布施を行っている。

三つめの事例は、工業団地に隣接し、地価の急騰により大きな社会変動をきたしたチョンブリー県シーラチャー郡トゥングスカラー村のケースである。村にあるバーンナー寺のフーン・コチャセーニー僧によれば、最近の人々の生活の変化はめまぐるしい。金が、人々の考え方、心のあり方を変えてしまったのである。モノに対する欲望ばかりが突出し、慈悲の心や心から助け合う気持ちを忘れ、他人の生活をうらやみ、自分も楽をしてモノに恵まれた生活をしたいと考えるようになっている。

このような状況の中で、僧の本来の役割、すなわち人々に精神的な充実や心の平穏を与えるという役割の意義もどんどん低下している。たしかに人々の金回りが良くなったことで布施は増え、寺は立派になっていくし、バーンナーの人々が僧に施す食事も質・量ともに充実してきた。しかし、モノは充実しても心は衰退していく。寺へタンブンには来ても僧の話に耳を傾けることは少なくなってしまったのである。

物質面での幸福を求める人々にとって、もはや物質的幸福を否定し精神的生活を送っている僧の生活は縁遠いものとなっている。現在、バーンナー寺には七人の僧がいるが、最近新たに出家したバーンナー出身の僧はいない。そして、安居期の三カ月間の一時的な出家も減ってきている。

人々が農業中心の生活を営んでいた時代には、二〇歳を過ぎた男性は皆、結婚前に三カ月間の出家をしたものであった。ところが、一九八五年頃から政府による土地の収用が始まって以来、農業から離れた仕事をする人が増え、それも村外で働く人が増えるにつれて、毎年の入安居の際に出家する人の数は激減した。そして、「男性は皆、結婚前に三カ月間の出家をするべきである」という価値観も崩れ始めた。最近では、恒常的な農外就労者は一週間未満のごく短期間の出家をするという例がここでも見られるようになっており、長期間僧として寺に入るのはほとんど土地を持たない貧しい人たちとなっている。

かつて、バーンナー寺は村人の文化の中心であった。寺の行事には村人すべてが関わり、正月や入安居、ソンクラーン（水かけ祭り）の際にはこの土地独特の料理が作られ、寺に奉納された。しかし、土地を売って得た収入や農外収入が増えると、村人の文化の中心はバンコクに、そして場合によっては日本やアメリカに移り、村人は日本やアメリカの製品やライフスタイルを求めるようになった。それにともない、寺の行事への若い人の参加が激減し、仏教を通じた人々の連帯も崩壊しつつある。

一方、都市においてはパトゥムターニー県のタンマカーイ寺のように、今の資本主義化の流れを認め、物欲や不平等の中に身を置きつつも時には瞑想によって心の安定をはかることを強調して、バンコクの新中間層を中心に信者を増やしている宗派がある。ここでの豊かな財力と高額な布施はタイ国内でも広く知られている。筆者はかつてタンマカーイ寺の住職に、エアコンが効き、高価な絨毯が敷きつめられた部屋で、「タイ社会の不平等化の動向について研究している」と自己紹介したことがあるが、このとき住職は「指の長さが皆同じなら、手は使いものにならないよ」という比喩で諭したのであった。これに対して、欲望を捨て、タンマに従った質素な生活を送ることを強調したサンティ・アソークという宗派もある。この宗派は、チャムローン氏（元バンコク都知事）が信者であることで著名であったが、この宗派をひらいたポーティラック師はサンガを批判したかどでサンガ組織から追放されている（本書第7章参照）。

おわりに――考察

以上見てきたように、仏教寺院の役割は社会変動とともに二つのパターンで変化した。二つのうち資本主義化の流れにのみこまれる寺院の方が大勢を占めるが、一方では今回の調査村のように、オルタナティブな開発・発展のセンターとして機能するような寺院も着実に増加している。しかし、僧の活動には限界がある。僧が関われるのは心の問題のみで、開発のプロジェクトを支援することはできるが、実際にやるのは在家の村の人々自身にほかならない。実際ターマファイワーン村においても、調査を行った第一区（ターマファイワーン）、第五区（タータングクゥィエン）ともに、出稼ぎ者の増加は顕著であり、僧侶の活動に理解は示しても「村の自立」とは相反する出稼ぎへの依存は強まるばかりである。とりわけ、海外への出稼ぎ者が増え始めると、家の新改築や現地では最も贅沢品である自動車の購入などが人々の欲望を刺激し、さらなる出稼ぎ者を引き起こすことも予想される。ターマファイワーン村でもすでにその兆しが出始めている。

このような状況に対して、第八区のパースカトー寺の学僧パイサーン師はかなり悲観的である。パイサーン師は、タンマサート大学卒業後、スラック・シワラック氏が結成したNGO、CGRS（Co-ordinate Group for Religion in Society、社会に関わる宗教者のための連絡委員会）で活動していたが、一九八三年にバンコクで出家し、四カ月後にカムキエン師のもとに至って師の活動を強力に支援してきた。その後九〇年にはプーロン寺に移り、ターリントン村の人々とともに森林保護や自助努力をめざした活動を行ってきたが、自助努力に向けた活動では、商品作物の流入に対抗して、村の人々に自然農法による自給自足的な農業に切り替えるよう提唱した。

ところがターリントンの村内で行われたこれらの活動は、交通のより不便なプーロン寺周辺ではある程度成功したが、交通網が不便とはいえターリントンよりは発達したスカトー寺周辺では人々があまり関心を示さなかった。スカトー寺周辺の人々は、森林保護、自然保護については理解を示し、ユーカリの植樹も減らしていったが、ユーカリの代わりに彼らが植えたものは商品作物である果樹であった。農民のリーダーの欠如も大きかった。スカトー寺周辺では、一五年ほど前までは農民の連帯は比較的保たれていたが、ユーカリ植林が始まって以降、人々は自らの利益を中心に考えるようになっていったのである。[10]

地域経済の商品化に対抗する自助努力が成功するにはさまざまな条件が存在している。まず、交通が未発達であるがゆえに商品化そのものがあまり進行しておらず、村の伝統が守られていることである。そして、僧侶たちの理念を実施する農民のリーダーが存在していることである。僧侶が開発僧としていくら農民に呼びかけても、在家の人々が実践しなければオルタナティブな開発・発展はかけ声倒れに終わってしまうことになる。また、人々の実践を理念的・金銭的にさまざまな側面から支援するＮＧＯの存在も不可欠なものとなろう。

高僧プッタタート比丘が説法の際に好んで使った言葉に「トゥア・クー・コーング・クー」という言葉がある（Phutthathat n.d.）。「自我への執着、モノへの執着」という意味である。カムキエン師の言葉によれば、「トゥア・クー・コーング・クー」とは、自分の体と感情がくっついてしまい、自分の体がその感情になってしまったときのことを指している。たとえば、怒りという感情が自分の体と一体化してしまえば、自分の体も怒りで充満してしまう。ところが自分の体（換言すれば意識）が感情から離れていれば、怒った感情を意識が冷静に見つめることができるのである。資本主義の浸透により商品化が進むと、多かれ少なかれ人々の感情の中には物欲が生じる。このとき、人々が「トゥア・クー・コーング・クー」の状況にあれば、モノ・カネへの執着が強まり、体も物欲に支配されてしまうであろう。仏教に基づく心の開発《かいほつ》とは、このようなさまざまな執着をなくしていくこと、すなわち「トゥア・クー・コーング・クー」の状態を少しでも減らしていくことであると考えられる。その意味で、仏教寺院、開発僧の果たす役割は非常に大きい。[11]さまざまなプロジェクトの内容という、表面に現れる事象よりもまず

「心」へのはたらきかけが何よりも肝要なのである。

＊調査に協力して下さったカムキエン師、パイサーン師、ナラテヲー僧、ソムマーイ僧に跪拝して感謝の意を表したい。また、イスラー氏やターマファイワーン村の人々にも心より深謝申しあげたい。さらに、調査の実施、本章の執筆にあたり、東京工業大学大学院生浦崎雅代さんの協力を得た。ここに謝意を表したい。(12)
本章は、すべて一九九四年から九五年の調査時点での現地の状況に基づいている。その後の変化については鈴木・浦崎（二〇〇〇年）および注（12）を参照されたい。

【注】

（1）タイ仏教の特徴については、石井（一九九一年）を参照のこと。
（2）商品化の進行によるタイ農村の社会変動プロセスについては、鈴木（一九九三年）、第一章および第五章を参照のこと。
（3）予備的調査を一九九四年二月に、本調査を一九九五年二月に行った。
（4）政府に提出した公式文書ではこのようになっているが、実際には、人々が官憲の目を逃れてターマファイワーンあたりに進出してきたのが一九五〇年で、開拓が始まったのは一九七〇年頃とのことである。
（5）東北タイの森の寺（ワット・パー）の特徴として、寺から寺への僧侶の移動がよく行われるため、各寺院ごとの僧侶の人数については、確定することは難しい。
（6）プーヤイバーン（区長）へのインタビューによる。
（7）本節では、カムキエン師へのインタビューを中心に構成したが、詳しくは、Sanitsuda (1991), Naraset et al. (1991), Maha Choem Suwajo et al. (1993), Phatharaporn (1993), Mulanithi Muban (1991) 等、カムキエン師に関する資料を参照されたい。
（8）ナラテヲー僧の活動については、小室（一九九四年）、Aksornratham (1994) 等でも紹介されている。
（9）詳細は鈴木（一九九三年）、第二〜四章を参照のこと。
（10）佐藤（一九九四年）はチャイヤプーム県のターマファイワーン、タータングクゥィエン、ターリントンの三つの村落を含む四つの村落を調査し、ターリントンのプーロン寺周辺の森林管理が最も成功していることから、森林管理が成功するには自治組織がそのカギとなっているという仮説を立てて検証している。

（11）櫻井（一九九五年）によれば、このような発想をオルタナティブ発展のモデルとして理論化することは危険であると論じているが、地球的規模での持続可能性（sustainability）を視野に入れたときに、この発想はアジアから学ぶ智慧として通用すると考えられる。また、北原（一九九五年）によれば、開発僧が持っている仏教を中心とした一つの共同体復古運動の理念にも問題があり、たとえば反近代化の推進においても彼らの活動は不徹底であるという。たしかに僧と民衆の間にはギャップがあり、ＮＧＯにもさまざまな考え方が混在していることも事実であるが、全体としては近代化にともなう資本主義の浸透からの弊害を少しでも減らそうという理念はこれらの活動のなかで共有されていると考えるべきである。

（12）調査時点においては環境問題が最も重要な課題であったが、開発僧の活動によって状況が改善されるとその後は麻薬の問題がとって代わった。そして一九九七年の経済危機以降は失業の問題、とりわけ出稼ぎに出ていた若者たちが村に帰って待機状況にあり、問題が深刻化していることもあって、オルタナティブ開発・発展の視点は重要性を増している。

僧侶たちの変化としては、ナラテヌー僧はスカトー寺の副住職となり、ソムマーイ僧は還俗された。そして浦崎（二〇〇一年）で論じられているように、多くの日本人の若者がナラテヌー僧をたずねてスカトー寺を訪れるようになった。

【参考文献】

〔外国語〕

Aksornrathan, 1994, *Rom pho kaeo*, vol. 2–6.

Center for Agricultural Statistics, 1993, *Agricultural Statistics of Thailand Crop Year 1992 / 93*, Office of Agricultural Economics, Bangkok : Ministry of Agriculture and Co–operatives.

Ekasan Rooniaw, n.d., *Kan dammuen ngan tam khrongkan oo phoo poo –Moo tii 1 tambol Thamafaiwan amphoe Kaengkhlo changwat Chaiyaphum*, n.p.

Maha Choem Suwajo et al., eds., 1993, *Phrasong kab kan anurak sapphayakorn thammachart*, Mulanithi khum khrong sat pa lae phannapuet haeng prathet thai nai phrabrom rachinupatham.

Mulanithi Muban, 1991, *Muban* vol. 29.

Naraset Phisitphanphorn et al., eds., 1991, *Thamniyab phrasong nak phatthana parkissan, Sathaban wichai lae phattana, Mahawitthayarai khonkaen, Sathaban wichai phuthasat*, Maha chulalongkorn racha withayarai.

National Statistical Office, 1983, *Intercensal Survey of Agriculture Changwat Chaiyaphum*, Bangkok : Office of the Prime Minister.

————————, 1990, *Population and Housing Census Changwat Chaiyaphum*, Bangkok : Office of the Prime Minister.

Phatharaporn Sirikanchon, 1993, *Nathi khong phrasong tam phuthabanyat : naeokhit lae botbat khong phra Khamkhien Suwanno nai kan phatthana chumchon,Sathaban thai suksa*, Mahawithayarai Thammasat.

Phutthathat Phikkhu, n.d., *Tua ku khong ku, chabab somboon*, Thammasapha.

Sanitsuda Ekachai, 1991, *Behind the Smile : Voices of Thailand*, Thai Development Support Committee.（アジアの女たちの会訳、一九九一年、『語りはじめたタイの人々——微笑みのかげで』明石書店）。

〔日本語〕

石井米雄、一九九一年、『タイ仏教入門』めこん。

浦崎雅代、二〇〇一年、「自分に向き合う旅に出よう——タイに向かう若者のチャルーン・サティ（気づきの瞑想）を通して」（所収：年報『あらはれ』第四号、猿田彦大神フォーラム）。

北原淳、一九九五年、「共同体意識と村落開発——タイＮＧＯ農村開発理論の批判的検討」（所収：『社会学雑誌』第十二号、神戸大学社会学研究会）。

小室貴一、一九九四年、「東北タイにおける農村開発の現状と私たちの生き方——伝統文化に根ざした〝開発〟を探る」（所収：『国際教育研究紀要』第一巻、東和大学国際教育研究所）。

櫻井義秀、一九九五年、「近代・開発の言語支配と対抗的社会運動」（所収：『現代社会学研究』第八巻）。

佐藤仁、一九九四年、「〝開発〟と〝環境〟の二者択一パラダイムを超えて——タイにおける森林管理の事例から」（所収：『国際協力研究』第十巻、国際協力事業団国際協力総合研修所）。

鈴木規之、一九九三年、『第三世界におけるもうひとつの発展理論：タイ農村の危機と再生の可能性』国際書院。

鈴木規之・浦崎雅代、二〇〇〇年、「タイ農村における開発僧と在家者——オルターナティブな開発・発展の中での相互作用」（所収：駒井洋編『東南アジア上座部仏教社会における社会動態と宗教意識に関する研究』平成九～一一年度科学研究費補助金〔基盤研究（A）（2）〕研究成果報告書）。

第7章 タイ近代化・都市化における新仏教運動と開発《かいほつ》僧／尼僧

野田真里

数少ない開発《かいほつ》尼僧（女性の開発《かいほつ》僧）、サンサニー尼。ジェンダーと女性のエンパワーメントの視点から家族の絆の開発《かいほつ》を鍵にシングルマザーや子どもの問題などに取り組んでいる。

はじめに――地球規模問題としての近代化・都市化

グローバライゼーションの中で、近代化にともなう都市化は、環境、人口、人権、女性等の問題とならんで、国際社会が抱える重大な地球規模問題（グローバル・イッシュー）の一つである。一九九六年、イスタンブールで第二回国連人間居住会議（ＨＡＢＩＴＡＴⅡ、通称都市サミット）が開催され、国際機関・政府・ＮＧＯが協力してこの問題に取り組むこととなった[1]。本年（二〇〇一年）六月の国連総会では、スペシャル・セッションとして「イスタンブール・プラス５」が開催され、ＨＡＢＩＴＡＴⅡ以降の都市化問題への取り組みについての評価がなされた。近年、とりわけ途上国においては近代化にともなう都市化は大きな影響を与えている。現在、世界人口の半数弱が都市に住んでおり、二〇〇七年には半数を超えるとされる。また途上国においては、ラテンアメリカでは人口の七五％がすでに都市に住んでおり、アジア・アフリカにおいても三〇年以内には人口の三五～五〇％が都市住民になるとされている。途上国の都市における貧困も深刻であり、途上国都市人口の三六％（女性が世帯主の場合は四一％）が、貧困ライン以下の生活を強いられている（UNCHS 2001）。急速な近代化にともなう都市化は、途上国の経済のみならず、社会関係、人間関係、文化・価値観等、社会そのものの変容を生み出している。

このような、近代にともなう都市化の問題はタイとて例外ではない。めざましい経済成長を遂げてきたタイにおいても近代化の過程で急速な都市化が進み、それによって社会や人々の価値観が大きく変容してきた。従来、伝統的なタイ仏教は農村の共同体（コミュニティ）をベースとしてきた。しかし、近代化の過程で、そうした伝統的な農村社会やそれを支えてきた価値観の崩壊が進む一方で、都市に中産階層が形成されると、伝統仏教はこうした新たな社会層のニーズに応えられなくなってきた。また、近代化・都市化は消費主義の浸透による仏教それ自体の商品化をもたらしたのである。

他方、近代化・都市化にともなう農村共同体の崩壊によってもたらされた、伝統的社会関係や人間関係、価値観の崩壊は新たな問題も生み出した。都市への人口流入とスラムの形成、人間関係の疎遠化や人々の心の荒廃、都市部での貧困、エイズウイルスおよびエイズの脅威、家庭崩壊といった、農村の貧困とは別の、新たな社会的・精神的問題が生じてきたのである。

本章の目的は、グローバライゼーションの中で、タイをとりまく近代化・都市化という社会変化およびそれにともなう諸問題に対して、仏教はどう変容し、またどう対応しようとしているのか、すなわち、伝統的な農村型仏教から脱却し、都市において新たな仏教運動としてどのような役割を担うのかを明らかにすることである。特に、近代化・都市化が生み出す歪みに対して都市の開発《かいほつ》僧／尼僧――後述――たちがＮＧＯ等と連携して取り組んでいる、仏教に基づく内発的発展・開発《かいほつ》の思想と実践について明らかにすることによって、この地球規模問題に対するオルタナティブな解決策を提示し、多くのＮＧＯや開発機関等への示唆となることを狙いとしている。

では、まず本章における研究の特徴および分析枠組について紹介してみよう。

本研究の第一の特徴は、近代化・都市化における仏教のさまざまな変容・対応について次の二類型に大別して位置付け、分析している点である。第一の類型は、近代化・都市化によってもたらされた新たな仏教の社会的ニーズに対応して、仏教のあり方それ自体を変化させようとする、タンマカーイ、サンティ・アソークなどの「都市型新仏教」である。第二の類型としては、近代化・都市化が生み出した貧困等のさまざまな社会的歪みや精神的荒廃に対して仏教者として実践的に取り組んでいこうとする、「都市の開発《かいほつ》僧／尼僧」たちの活動である。厳密に言えば、ここで紹介する都市型新仏教および都市の開発《かいほつ》僧／尼僧たちは、地理的に都市部でのみ活動しているわけではない。

しかし、ここであえて「都市型新仏教」ないし「都市の開発僧《かいほつ》／尼僧」という呼び方をするのは、後に詳しく述べるように、これらの新しい仏教運動が、タイの近代化・都市化による社会変容とそれによってもたらされた社会的・精神的矛盾に対して、従来の伝統的な農村型仏教から脱却し、新たな仏教思想と実践で対応しようとしているからである。

第二の特徴としては、「都市型新仏教」を都市化による新しい中産階層の出現、および仏教への消費主義の浸透・商品化に対する反応と捉え、その対応方法の立場を軸に分析している点である。ここでは近代化・都市化への仏教の肯定的対応として「消費主義的仏教運動」であるタンマカーイを、否定的対応として「仏教原理主義運動」のサンティ・アソークを取り上げる。

第三の特徴としては、在家の社会行動仏教者による社会変革運動について検討している点である。従来の仏教的開発《かいほつ》の議論では、出家者（開発僧《かいほつ》）の活動が多く論じられてきた。しかし、在家仏教者もまた出家者と同じく重要である。ここではサンティ・アソークの仏法原理に基づいて社会変革、政治の開発《かいほつ》をめざすチャムローン・シームアン氏とパランタム（法力）党の運動について検討する。

第四の特徴としては、仏教に基づくオルタナティブ発展・開発《かいほつ》の事例として、「都市の開発僧《かいほつ》／尼僧」たちの思想と実践について分析している点である。これまで、タイの都市仏教における研究はいくつもなされてきた（赤木、一九九一年、Jackson 1989 等）。また、タイの農村部における開発僧《かいほつ》の研究は、本書の他の章をはじめいくつかなされている。だが、近代化にともなう都市化における開発僧《かいほつ》／尼僧の研究はこれまでほとんどなく、本研究の最大の特徴といってよい。

そして、第五の特徴としては、女性の開発僧《かいほつ》、すなわち開発尼僧《かいほつ》（メーチー）の思想と実践についてケース・スタディを行っている点である。従来の研究で取り上げられてきた開発僧《かいほつ》はもっぱら男性であった。しかし、ジェンダーと開発の観点からみた場合、とくに後に詳しくみるように、タイ社会・タイ仏教における女性の位置を考えた場合、開発尼僧《かいほつ》について検討する意義はきわめて大きい。

「都市の開発僧《かいほつ》／尼僧」たちは農村の開発僧《かいほつ》たちと同じく、人々の苦しみを自らの苦しみと捉え、ＮＧＯや在家者等と連携しながら仏教に基づく内発的発展・開発《かいほつ》によって苦を乗り越えようとしている。だが、そうした僧侶が取り組むスラム、家庭崩壊、エイズといった都市化にともなう問題は、農村の貧困とは異なる新しい問題である。本章では、都市の開発僧《かいほつ》／尼僧の具体的活動を紹介するのみならず、そうした新たな問題の根本にある伝統的農村社会の社会統合のシステムそのもの、つまり仏教に根ざした社会関係・人間関係・価値観の崩壊の問題にまで踏み込んで分析する。

グローバライゼーションにおける近代化にともなう都市化は、近隣の東南アジア諸国や途上国にも見られる普遍的な社会現象である。こうした状況の中でタイにおける近代化・都市化がもたらした社会変化やそれがもたらす歪みに対して、仏教という伝統文化がどう変容しているのか、またオルタナティブとしてどのような仏教に基づく内発的発展・開発《かいほつ》を提示しているのかを検討することは、こうしたグローバルな近代化・都市化への「もう一つ」の解決策を示すものと考えられよう。

一　タイ仏教の社会的・精神的機能の低下と消費主義の浸透による商品化

では、タイの近代化・都市化において伝統社会やその文化・価値の基盤となる仏教はどのように変化したのであろうか。いいかえれば、都市型新仏教や、都市の開発僧《かいほつ》／尼僧の運動が生じてきた背景はいかなるものであろうか。まずは、タイ社会における仏教の変容からみていこう（近代化・都市化にともなうタイ社会の変容とそれによって生じた諸問題については、都市の開発僧《かいほつ》／尼僧との関連で、第三節で論じる）。

一九六〇年代以降、タイは急速な近代化を遂げてきた。一九六一年には第一次経済開発計画が実施され、タイ経済はバンコクなど都市部を中心に急速な発展を遂げるようになってきた。こうした近代化・都市化によって、タイの仏教は農村に根ざした伝統的仏教から大きな変容を遂げてきた。以下のような近代化・都市化にともなう仏教の変容は農村においても見られるが、都市においてその傾向は一層顕著である。

仏教の変容としては第一に、寺院の社会的・精神的機能の弱体化と、それにともなう農村共同体の伝統的な人間関係・社会関係の崩壊および、価値観・規律・道徳の崩壊である。仏教の形骸化ないし「葬式仏教化」といってもいいであろう。寺院はかつて村落共同体の中心であり、村人たちの学びの場であった。僧侶は人々に法を説き心の開発《かいほつ》を行ってきた。伝統的に仏教は農村共同体における人間関係の紐帯、社会関係の要であり、また、農村共同体における価値観・規律・道徳の精神的基盤であったのだ。しかし、近代化によって、寺院のこうした社会的・精神的機能は弱まり、いまではもっぱら葬儀等の儀礼の場にすぎないものとなっている。

こうした現象はバンコクなどの都市部においてより顕著である。近代化・都市化によって形成された都市中産階層の新しい都市型ライフスタイルにおいてはもはや寺院は地域社会の中核にはなりえない。都市中産階層は、農村の共同体的な生活とは異なり、より個人主義的な生活を好む。寺院で僧侶から仏教の教えを聞く機会もほとんどなく、都市中産層にとって仏教は精神的規範や心のよりどころになっているとはもはやいえない。

こうした寺院の社会的・精神的機能の低下について、いくつかの具体例を見てみよう。寺院はかつて寺子屋として村人に重要な教育の機会を与えるのみならず、精神的にも人々を導いてきたことはすでにみた。しかし、都市においてはもちろん、農村でも今では教育の場は近代的な学校にとって代わられている。また僧侶自身も寺院での仏教教育よりは一般の学校での高水準の教育を望むようになった。保健医療についても同様である。従来、僧侶は仏法の戒律の重要性を説いて、人々がふしだらな生活に陥らず規則正しい健康的な生活を送るよう導くとともに薬草の知識によって村人の健康維持に努めてきた。寺院は村の健康相談所・診療所としての役割を果たしてきたのである。しかし、都市部では言うに及ばず、農村部においても今日では保健医療の機能は病院などの近代的施設にとって代わられてしまった。今日、人々が寺に行くのは、生きるための治療や予防のためではなく、死んでからの葬式のためである。その葬儀等の宗教行事も、かつては村人自身によって担われていたが、いまや都市部では葬儀業社がとりしきり、僧侶は経をあげるだけの存在となってしまったのである。

第二に、僧侶の社会的地位の低下である。この点は先に見た寺院の社会的・精神的機能の弱体化と密接に関連している。かつて僧侶は村の知識人であり、村人に仏法や生活上のさまざまな教えを説いていた。僧侶は村の人間関係・社会関係の中心となる存在であり、また仏法による村の価値観・規律・道徳の伝道者でもあったのだ。だが、現在では多くの人々が近代的な学校で僧侶よりも高い教育を受けることが可能になり、かつてほど僧侶は尊敬されなくなった。とくに都市中産階層は相対的に高い教育を受けているため、人々にとっては、もはや僧侶は尊敬すべき知識人では必ずしもたりえない。

第三に、人々の寺院に対する参加意識・帰属意識の希薄化である。この点も先に見た寺院の社会的・精神的機能の弱体化と密接に結びついている。かつて寺院は農村共同体における人間関係・社会関係の要であったため、人々の参加意識・帰属意識が強かった。それゆえ村人と寺院の関係は固定的で、自分の村の寺がすなわち自分の菩提寺であった。しかし、とりわけ都市部においてはこの寺院と人々の関係が流動化し、自分で自由に寺を選ぶことが可能になった。これによって寺院を中心とした農村共同体における人間関係・社会関係が希薄化した。また、寺院の自由競争化にともない、寺院もより多くの人を引きつける「営業努力」、すなわち、面白い説教、占い、呪術等に熱心となり、次に見る「仏教の商品化」が進行することとなる。

これらの点に加えて、第四に、もっとも注目すべきは、仏教に消費主義が浸透し、仏教それ自体が商品化してきた点である。仏教に社会的・精神的機能が求められなくなった結果、単に儀礼的機能のみが残ったのである。農村の伝統的仏教において、僧侶・寺院と信者の関係の中心となっていたのは、信者がタンブン（積徳）すなわち僧侶・寺院に寄進することによって徳を積み、これに対して僧侶や寺院は人々に仏法を説いて精神性を高めるよう導いたり、さまざまな社会的事業を行ったりする、という関係性であった。しかし、近代化にともない、人々は立身出世といった現世利益のための一種の「投資」としてタンブンを行うようになり、また寺院や僧侶も信者のもたらす金品に関心を示すようになってきた。加えて先に見た寺院の自由競争化と、寺院の信者獲得のための営業努力がこうした傾向を一層顕著なものにしてきた。

こうした仏教への消費主義への浸透、仏教の商品化は、都市部においてより顕著である。というのも、都市部においてはより経済発展が進んでいるため寺院を巡って多額の資金が動き、また農村ほど仏教に対して畏敬の念が篤くなく、仏教を神聖化する度合いが相対的に低いからである。

仏教への消費主義の浸透、仏教の商品化はさまざまな形で見られる。第一に、仏教儀礼の商品化である。たとえば、元来僧侶から信者への授け物であったお守り（プラ・クルアン）は今や商売繁盛や学業成就を祈願するための商品となり、有名な僧侶にちなんだもの、効験あらたかとされるものにはプレミアがついて高額で取引されている。第二に、政治家と仏教との癒着である。政治家のなかには高名な僧侶に多額の御布施をして当選祈願を依頼する政治家がいる一方、僧侶も村やお寺での行事の際に、政治家に寄付を頼むようになってきた。第三に、サンガにおける地位を巡る消費主義の浸透である。僧侶のなかにはサンガの中で高い地位を得ることを目的として多額の御布施をあつめて壮大な伽藍を建立したり、なかには高僧の地位そのものを現金で買うような行為に及ぶ僧侶までもが出現している。第四に、葬式のビジネス化である。都市部では葬式それ自体がビッグビジネスとなっており、僧侶は葬式業者と癒着して多額の資金を得るようになっている。

二　都市型新仏教による都市中産階層と消費主義への対応——順応と批判・変革の二面性

では、こうしたタイ社会の近代化・都市化とそれにともなう仏教の社会的役割の変容の中で、仏教はそれにどう対応しようとしているのであろうか。まず、都市型新仏教から検討していこう。

都市型新仏教を分析する鍵となるのは、前節で見たようなタイ社会の近代化・都市化による都市中産階層の形成による新たなニーズへの対応と、仏教への消費主義の浸透による商品化である。こうした近代化・都市化に対して、肯定的ないしは否定的に対応し、仏教のあり方それ自体を変化させようとするのがタンマカーイやサンティ・アソークなどの都市型新仏教である。

（1）都市の消費主義的仏教——タンマカーイ

近年、都市部の中産層の間で急速に信者を増やしてきた新しい仏教運動にタンマカーイがある。[2] タンマカーイの運動は一九七〇年にパクナム寺のソッド師の瞑想法を学んだクンヤーイ尼とその弟子たちによって始められた。タンマカーイ寺は首都バンコクの郊外、北に約四〇キロメートルのパトゥムターニー県[3]にある。広大な敷地には近代的な様式の本堂や約二万人を収容できる巨大な瞑想センター等があり、日曜日や仏日ともなると無料の送迎バスが出てバンコクから多くの信者が集まってくる。バンコクは急速な経済発展を遂げた結果、たしかに物質的には豊かになった。しかし、都市中産層のなかには、都市の喧騒やストレス、物質文明への不満から、心の安らぎを求めて仏教に救いを求める者も多い。だが、従来の伝統的な農村型仏教はそうした都市中産層のニーズには充分応えてこなかったのである。

タンマカーイの具体的な特徴は以下に述べる四点にまとめることができるが、その性質は大きく分けて次の二点に集約できる。すなわち、一つは農村型の伝統仏教から脱却し、仏教を現代の都市市民、中産階層のニーズに合わせた形にアレンジした点、そしてもう一つは、仏教をとりまく消費主義の浸透や仏教の商品化に対して肯定的に順応し、現行のサンガや現代社会のあり方およびその価値観に対してもそれをサポートするような思想と実践をもっている点である。それゆえ、タンマカーイは都市型新仏教のなかでも、近代化・都市化に肯定的な、「消費主義的仏教運動」であるといえる。

では最初の性質である、タンマカーイがいかに仏教を都市中産階層向けに近代的にアレンジしているかを、具体的特徴の第一・第二点を通してみてみよう。

第一に、在家信者の主体的な仏教の実践、とりわけ瞑想を強調している点である。仏教では悟りを得るために[4]、戒学《かいがく》、定学《じょうがく》、慧学《えがく》の三学を修めなければならないとされるが、タンマカーイが強調する瞑想は、定学にあたる。従来の伝統仏教は、出家した僧侶のみが瞑想修行を行い、在家信者は僧侶に寄進をして徳を積むという「タンブン仏教」であった。ここではあくまでも僧侶が仏教を実践する主体であり、在家信者はそうした僧侶の修行を支援し、その見返りとして僧侶から祝福を受けるという、客体的・受動的存在でしかなかった。しかし、都市の物質生活に飽きたらず、心のよりどころを求めている都市中産層は、こうした従来の受動的な在家信者の役割には満足できず、自らもより主体的・積極的に仏教の修行を行いたいと願っているのである。タンマカーイではこうしたニーズに応じて、僧侶のみならず、在家信者も瞑想を行っている。

タンマカーイの瞑想法は在家信者にも実践できるよう、従来の止観瞑想法（ウィパッサナー）に比べて平易なものとなっている。タンマカーイ瞑想では精神集中に水晶を用いる。精神を集中し、自らの体内に水晶が入るイメージを浮かべ、「サンマ・アラハン（正等阿羅漢＝正しき悟りをひらいた尊者）」と唱える。やがてその水晶が透明となり光輝くイメージが得られるようになる。この状態を「パトンマ・マッガ（第一の正道）」とよび、至上の幸福（悟り）へと導かれることになる（Bower 1966 : 8–45 およびダマガヤ（タンマカーイ）財団、一九八八年、一―九頁）。

タンマカーイの道場では誰でも容易にこの瞑想が実践できるように、瞑想法を紹介した本やビデオはもとより、瞑想に必要な水晶玉等のグッズをパックした「瞑想セット」を販売している。在家信者はこのタンマカーイ瞑想を行って心を静め、仏道修行を行ったという充足感を得るとともに、日ごろのストレスを癒し、リフレッシュして明日への活力を養うことができる。この水晶玉を用いた瞑想に重きを置くのがタンマカーイの特徴である。

第二に、寺院そのもののつくりや運営方法が洗練されている。タンマカーイの本堂や瞑想センター等の施設は、デザイン的にも従来の寺院とは異なり近代的で美しい。近年では世界最大の仏舎利塔が膨大な資金を使って建立されている。また、寺院の運営においても、農村部の寺院が主に年輩者によって運営されているのと異なり、タンマカーイではバンコクの主要な大学にあるタンマカーイ・サークルの学生たちが多数ボランティアで関わっているなど、都市の若者の感覚にマッチしたものとなっている。

もう一つのタンマカーイの顕著な性質として、仏教をとりまく消費主義の浸透や仏教の商品化に対して肯定的に順応している点が挙げられる。これを次の第三・第四の具体的特徴を通してみてみよう。

第三に、タンマカーイの教義それ自体が、都市中産階層に即したものとなっている。伝統仏教の僧侶の教育水準が都市住民と比べて必ずしも高くなく、その教えも近代都市住民には必ずしもそぐわないものであることはすでにみた。これに対しタンマカーイでは、現代の近代化・都市化された消費社会に反するような禁欲的な教え（伝統的な少欲知足の教え等）は説かず、現代社会に生きる個人としてよきビジネスマン、よき官僚、よき学生になることを説いている。また、説法の方法も古めかしいいわゆる「お説教」的なものではなく、大卒の僧侶（住職のタンマチャーヨー師はカセートサート大学出身）が、都市の高学歴者が受け入れやすい理路整然とした、現代的なものにアレンジしている。たとえば、タンマカーイ寺のメッタナンド師はハーバード大学大学院を修了した英才で、信者にも人気があるが、師は「プッタタート比丘は無我（anatta）が重要だと言ったがそんなことは不可能で、誰にでも自我（atta）はある。重要なのは我を無くすのではなく、よき自我を育むことだ[5]」と説いている。

第四に、タンマカーイはタイの近代都市社会に上手く浸透し、マーケティングが巧みである。後に見るサンティ・アソークとは違い、現体制に上手く順応し、良好な関係を保つことで教団としての発展を遂げてきた。たとえば、バンコクの大学には多くの仏教サークルがあるがその大半はタンマカーイが支配している。ビジネスマンや軍、政府との関係も良好で、多くの研修生を受け入れる一方で多額の寄進を受けている。また、サンガとの関係もきわめて良好であり、現行のサンガ体制を攻撃したり異を唱えたりはしない。

以上見てきたように、タンマカーイはタイの近代化・都市化に肯定的に順応する形で仏教を変革し、都市中産階級のニーズに適ったタンマカーイ瞑想を中心とした「宗教サービス」を提供しつつ、現体制にも支持を得ている、商品化された仏教、消費主義的仏教であるといえる。

（2）仏教原理主義による消費社会への挑戦——サンティ・アソーク

サンティ・アソークは、ポーティラック師によって、一九七五年、バンコクの隣のナコーンパトム県で創設された新しい仏教運動である。サンティ・アソークはブッダ元来の教えに帰ることによって、現在のタイ仏教に蔓延し

仏教原理主義的な都市型新仏教であるサンティ・アソークのカリスマ的リーダー、ポーティラック師。

ている物質主義や消費主義を批判しつつ、僧侶や信者が調和の取れた共同体に基づいて生活し、働き、食を得ながら「仏教徒の理想郷」をつくることをその設立の趣旨としている（Aporn 1989：14）。実際、都市の市民、特にインテリ層には、近代化・都市化によってもたらされた社会や人々の心の荒廃、仏教の堕落に対して疑問を抱く者も多い。たとえば、上座部仏教の腐敗・堕洛について触れることはこれまでタブー視されてきた。だが、仏教を喰い物にして無垢な農民からタンブンを求め続ける寺・僧侶をその貪欲さから「蛇」にたとえて描く小説が出版され、話題となった（ウィモン、一九九二年）。戒律を厳しく守るサンティ・アソークの清貧の思想と実践はそうした仏教の商品化や腐敗・堕落をよしとしない人々に支持されているのである。開祖のポーティラック師自身、僧侶になる前はバンコクのマスメディアで華々しく活動していた。しかし、師はそうした都会の物質文明にひたりきった生活に強い疑問を抱くようになり、仏道を志して出家したという経緯を持つ。

サンティ・アソークの具体的な特徴は以下に述べる四点にまとめることができるが、その性質は大きく分けて次の二点に集約できる。すなわち、一つは、現代の商品化・儀礼化された仏教ではない、仏教本来の少欲知足・清貧のライフスタイルを追求している点、そしてもう一つは、仏教を取り巻く消費主義の浸透や仏教の商品化を痛烈に批判し、現行のサンガや現代社会のあり方およびその価値観に対して仏教原理に基づいて改革していこうとする思想と実践をもっている点である。それゆえ、サンティ・アソークは、先にみたタンマカーイとは対極的に、都市型新仏教のなかでも、近代化・都市化に否定的な、仏教原理主義運動であるといえる。

まずはじめにサンティ・アソークの第一の性質である、戒律に厳格な実践、仏教本来の少欲知足・清貧のライフスタイルについてその具体的特徴をみてみよう。

第一に、サンティ・アソークの僧侶の生活は非常に戒律に厳格なものである。まずサンティ・アソークでは僧侶として出家するまでに、伝統仏教と比べて厳しいプロセスがある。伝統仏教においては成人男子であれば得度式を受けることによってすぐに僧侶になることができる。また、在家者の安居《あんご》（僧侶が雨季の三カ月間、旅行や遊行をやめ、寺院に定住し修行に専念する期間）の時期だけの一時的な出家も一般に行われている。戒律では本来、出家に際して既婚者は離婚しなければならないが、こうした一時出家では離婚しない場合も多い。しかし、サンティ・アソークにおいては長い、厳しいプロセスを経て僧侶となる。第一段階は寺人（アーラミック）として一年間寺に仕え、第二段階としては行者（パチャーイ）として四カ月以上、五戒を守る生活を送る。第三段階は修戒者（ナーク）として四カ月以上八斎戒[6]を守る生活を送る。第四段階としてようやく出家得度するが、その際には私有財産を全て処分し、正式に離婚せねばならない。その他、伝統仏教では黙認されている煙草、嗅ぎ薬も禁止されている。また、仏教本来の教えにはない呪術やお守りの授与も、仏教の商品化につながるとして禁止されている。

第二に、サンティ・アソークにおいては僧侶のみならず、在家信者も厳しく戒律を守り、主体的・積極的に仏教を実践することが求められる。伝統仏教においては戒律を守って修行を主体として行うのは僧侶であり、在家信者はそうした修行僧に対して寄進を行うという、客体的・受動的役割を持つに過ぎない。上座部仏教には、僧侶の守るべき二二七戒（具足戒）のほかに、在家者も守るべき戒律として五戒がある。しかし、現実においてはタイの在家仏教者のなかで五戒を自覚的に理解し実践している者はきわめて少ない。

サンティ・アソークにおいて戒律が重視されるのは次のような仏教理解に基づく。すなわち、仏教において悟りを得るための実践として不可欠である三学、八正道および五戒にたいする有機的な理解である。三学とは先に述べたように戒、定、慧の三つの段階を修めることである。戒律（戒）を守ることによって自らを道徳的に高め、瞑想（定）を行うことによって精神を高め、正しい智慧（慧）を得ることができるようになる。すなわち、戒律を守ることは、悟りを得るための実践の基礎となるものである。

これは、悟りを得るための八つの実践徳目である八正道（正見、正思、正語、正命、正行、正精進、正念、正定）との関係においても明らかになる。すなわち、三学の第一段階である戒律を守ること（戒）においては、まず戒律を守ろうという正しい思惟（正思）があり、五戒を守ることによって、正しい行い（正行）、正しい生活（正命）、正しい言葉（正語）、が可能となる。またこれらを通じて、正しい理解（正見）、正しい気づき（正念）、正しい努力（正精進）がもたらされる。こうした持戒の実践を通じて、三学の第二段階すなわち瞑想（定）において正しい精神統一（正定）がなされ、そして、第三段階である正しい智慧（慧）が得られるようになるとされる（Aporn 1989 : 22–25）。

サンティ・アソークでは仏教の原理とは質素倹約、勤労および自己犠牲であると強調される（ibid : 13）。実際、サンティ・アソークでは僧侶のみならず信者の生活はきわめて質素である。食事は一日一食の菜食主義を実践している。僧侶や尼僧は質素な茶色の法衣をまとい、信者もモホームと呼ばれる藍染めの農民服を着ている。宝石や時計、自動車といった奢侈財は持たない。住居も椰子を葺いただけの小さな庫裏・小屋である。

次に、もう一つの性質である近代化・都市化による社会への消費主義の浸透や仏教の商品化を痛烈に批判する、仏教原理主義の思想と実践の側面についてその具体的特徴をみていこう。

第三に、サンティ・アソークは現行のサンガを痛烈に批判している。現在のサンガは仏教本来の少欲知足の教えを忘れ、現世利益を望む人々に対して加持祈禱などを行うような仏教の商品化を容認しており、僧侶の質の低下や仏教の堕落を招いているという批判である。また、世俗の権力である国家が聖なる仏教に介入することにも異を唱えている。たとえば、サンガ法に基づいて国家は僧位を授けたり、逆に僧籍を剥奪したりすることができる。仏教が国家のコントロール下にあることによって、国家と仏教、あるいは政治家と仏教の支配―従属関係や癒着が生まれる。また、国家のあり方が仏教本来の教えに適っていないような場合でも、国家の統制下にある以上、仏教はそれに異を唱え、改革していくことができない。実際、一九六〇年代、近代化と経済成長を推し進めるためタイ政府は僧侶に少欲知足の教えを説くことを禁じたこともある。こうした現代社会における仏教のあり方、ひいては現体制のあり方を痛烈に批判してきたことがもとになって、ポーティラック師自身が国家による弾圧を受けている。一九八九年にサンガ法を犯したとして逮捕され、僧侶としての資格を剥奪されたのである（Aporn 1990 : 21-36）。それゆえ、師は法的には僧侶でなくなったために、僧職のシンボルである黄衣をまとうことが許されず、現在は白衣をまとっている。

第四に、サンティ・アソークにおいては勤労と社会実践こそが仏法であるとする点が特徴的である。すなわち、物質文明が蔓延する現代社会・都市社会において、戒律を守って清貧な生活を送るだけではなく、そうした仏教原理に基づいて実際に社会においても行動し、実践していくべきであるとされる。ポーティラック師は「人間の欲望は完全に抑えることはできないが、腹八分目に食べて、ほどほどに儲けて、残りを社会に還元するべきだ。現代社会から超越して現実に目をつぶるのではなく、現実にしっかり目をむけて欲望を抑え徳行を社会に還元していく、これが仏法である」と述べている(7)。

こうしたサンティ・アソークの社会実践の中心となる教えに善行主義（ブンニョム）がある。たとえば、善行主義に基づく経済活動とは、物品の生産や販売は行うが、利潤追求はしない。具体的にはサンティ・アソークの信者は各地方で有機農業を営み、都市部の生活協同組合活動（バンコクのクロントーイ・スラムにも小さなマーケットがある）と連携して玄米や無農薬野菜の販売等を行ったり、「チョムロム・マンサラビット」（ベジタリアン・クラブ）と呼ばれる菜食レストランを経営したりしている。

以上見てきたように、サンティ・アソークは、タイの近代化・都市化がもたらした消費主義および仏教の商品化を痛烈に批判し、戒律の厳守を中心として少欲知足の仏教本来のあり方を実践しようとする仏教原理主義であるといえる。そして、この仏教原理に基づいて政治や社会を変革しようとしているのが、次節でみるチャムローン氏率いるパランタム（法力）党の活動である。

（3）仏法による政治の開発《かいほつ》――在家の社会行動仏教者・チャムローン氏とパランタム（法力）党

サンティ・アソークの仏法原理とは質素倹約、勤労および自己犠牲であり、善行主義に基づく社会実践が重視されるが、在家信者たちの中から、こうしたサンティ・アソークの仏法を政治の場でも実践し、社会変革を試みる、いわば「仏法による政治開発《かいほつ》」を行おうとする運動が生まれた。一九八八年に創設された、チャムローン・シームアン氏を指導者とするパランタム（法力）党の活動である。チャムローン氏の思想と活動は、以下にみるように、在家者が主体となって善行主義に基づく政治活動、および非暴力による社会変革を実践する点が特徴的である。

第一の特徴として、善行主義に基づく政治活動とは、仏教の五戒の教えを基礎とした、仏法に適った社会正義の実現である。パランタム党の名前はパラン（力）＋タム（仏法＝タンマ、ダンマ）という意味をもつ。この場合「タム」とは、仏法はもとより、あらゆる宗教の法（真理）、ひいては法律の意味もある。よって、パランタム党とは、仏法を基礎として、社会において真理の法（タム）を実現する力・勢力（パラン）という、より普遍的な意味をもつと考えられる（本書第Ⅱ部資料2も参照）。より具体的には「政界の浄化」すなわち、タイで横行している票の買収や政治家の汚職を許さないクリーンな政治を実現することである。また、チャムローン氏は政界の浄化のためには、まず自らがクリーンであること、すなわち在家者も出家者（僧侶）と同じく自ら仏法を実践すること、自己の開発《かいほつ》が政治や社会の開発《かいほつ》にもつながる、と考えている。チャムローン氏は次のように述べている。「どんなにうまみのある話があろうと自分は決して不正はしない。なぜなら、自分には正しい宗教があるから。自分はつねに人々からの試験をパスしてきたようなものだ。在家の身ではあったが、仏陀の教えを厳しく実践してきたので〝半僧侶半俗人〟と呼ばれるのはそのためだ……。政治家になれば、いっそう仏陀の教えを守るべきだ。そうあらねば国を食い物にする人物に成り下がってしまう。タイは大きな国ではないので、食い物にされたらひとたまりもない。自分は不正のない唯一の政治家だ」（チャムローン、一九九三年、二五三頁）。実際、チャムローン氏はサンティ・アソークの教えに従って、五戒を厳格に守り、一日一回の菜食しかとらず、質素な藍染めの農民服を着ることを通じて自ら少欲知足を実践し、政治家はクリーンであらねばならないことを示している。こうした考えに基づいて、チャムローン氏らサンティ・アソークの信者たちはパランタム党を結成、政界浄化の活動に乗り出した。

当時、近代化・都市化によって首都バンコクに台頭してきた中産階層には民主主義の意識が強く芽生えていた。伝統的権力構造や軍の支配による従来の汚職にまみれた政治に飽き飽きしていた市民は、こうした清廉にして勤勉、「ミスター・クリーン」と呼ばれていたチャムローン氏とパランタム党を支持し、過去最高の得票数でチャムローン氏を知事に選んだ。また、国政においてもチャムローン氏およびパランタム党はバンコクの中産階層を中心に支持をひろげ、一九八八年の選挙では国会の三五七議席のうち一四議席を獲得、九二年三月の選挙では四一議席とそれぞれ議席数を伸ばしている。特にバンコクでは三五議席のうち三二議席を押さえて圧勝したのである。この時代においては、チャムローン氏とパランタム党が提唱する、仏法に適ったクリーンな政治が人々に強く支持されていたことがうかがえる。

第二の特徴は、非暴力による社会変革の実践である。仏教において、非暴力（アヒンサー＝不殺生）は最も重要な教えの一つである。チャムローン氏は、一九九二年の民主化運動（五月政変）の際、まさにこの非暴力の教えによって社会変革を起こし、タイに民主主義をもたらそうとしたのである。九二年四月、スチンダ将軍が民主的選挙の手続きを経ずして政権の座につき、軍事独裁を行おうとした。これに対してNGOや政党等の民主化勢力はスチンダ首相の退陣を求めて激しい抗議運動を展開した。また、民主主義の意識が芽生えた学生やバンコク市民もこれに呼応した。同年五月チャムローン氏、スラムのNGO活動家プラティープ氏らが中心となってスチンダ首相退陣を求める民主化運動が組織され、学生や一般市民も参加して非暴力的手段で大規模なデモを行うなど、大衆運動は大きな盛り上がりを見せた。とりわけチャムローン氏はハンストを決行するなど、民主化運動のシンボル的存在となった。

五月、平和的非暴力手段で闘う民主化勢力に対して軍が発砲、流血の惨劇が起きたが、チャムローン氏が率いる民主化勢力はあくまでも非暴力を貫いた。「政府が、完全武装の軍と警察を投入して参加者の一掃、虐殺を行ったにもかかわらず、反対集会参加者は死を恐れず、民主化要求のために命を捧げる心積もりができていた。最大の民主主義意識が生まれたのだ。……非暴力は、臆病者の戦い方ではなく、いつでも死の用意をする勇気あるものの戦いの方法である」（前掲書、二三七～八頁）と考えたからである。最終的には、五月政変はプーミポン国王の調停によって幕を閉じ、スチンダ首相は退陣した。五月政変の後に行われた選挙ではパランタム党は四七と議席を伸ばし、チャムローン氏は連立政権の副首相の座に就いた。

このように、チャムローン氏とパランタム党の、仏法とくにサンティ・アソークの善行主義に基づくクリーンな政治改革、非暴力による社会変革は仏法による政治の開発《かいほつ》と呼ぶべきものである。汚職にまみれた政治や軍政に不満を抱いていた、民主主義に目覚めた都市中産層を中心に支持を得てきたといってよい。

だが反面、近年ではその支持を失いつつあることも事実である。一九九六年の選挙ではパランタム党はわずか一議席しか獲得できなかった。その原因としては、チャムローン氏やパランタム党の仏教に基づく社会変革そのものが支持を失ったというよりも、現実政治の中でパランタム党内の路線対立が起きたり政策が首尾一貫性を欠いたりしたことに対し、国民が嫌気がさしたことによるものと考えられている。

以上みてきたように、タンマカーイ、サンティ・アソークといった都市型新仏教にとっての課題はタイの近代化・都市化の過程で新たに台頭してきた都市中産層や仏教への消費主義の浸透にどう対応していくかであった。タンマカーイはこうした現象に順応する一方、サンティ・アソークはそれを批判し、両者は対照的・対極的な仏教運動である反面、実は両者には共通している点もある。(8) それは、サンティ・アソーク、タンマカーイともに、農村型伝統仏教、タンブン仏教からの脱却を行っている点である。すなわち都市中産階層は伝統仏教における在家信者の受動的・客体的役割に飽き足らず、これら都市型新仏教において瞑想実践や戒律の厳守によって主体的に仏教実践を行っているという点である。そして、この在家信者の主体的実践が個人のレベルにとどまらず、仏教による自己変革から仏法（タム＝ダンマ）に適った社会正義の実現のための社会変革、政治改革にまで発展したのがチャムローン氏やパランタム党の活動であった。

三　近代化・都市化による伝統社会の崩壊と新たな社会問題

第一、第二節では、近代化・都市化によって、タイ仏教の社会的役割の変化と、それに対応する都市型新仏教の実践について検討した。本節以降では、近代化・都市化によるタイ社会自体の変容およびそれにともなう新たな諸問題と都市の開発《かいほつ》僧／尼僧の実践について検討しよう。

本章の冒頭にみたように、グローバライゼーションの中で、近代化にともない都市化が進行し、さまざまな問題を生み出している。これは途上国において顕著であり、タイとてその例外ではない。タイの近代化・都市化によって伝統社会が崩壊し、それにともなって生じるさまざまな社会的・精神的問題を目の当たりにするなかで、僧侶の中にも、近代社会・都市型社会における仏教のあり方を考え、NGO等と協力して仏教に基づく内発的発展・開発《かいほつ》を実践してそうした諸問題へのオルタナティブな解決策を見出そうとする運動が生まれてきた。「都市の開発《かいほつ》僧／尼僧」たちの活動である。すなわち、農村部において開発《かいほつ》僧たちが、貧困や環境破壊に対して立ち上がったように、都市部においても開発《かいほつ》僧／尼僧たちが、後に見るように近代化・都市化によって生じた新たな問題に取り組むようになったのである。

タイの急速な近代化の過程において経済成長が進み、農村への商品経済の浸透によって、農村から都市部への人口流出が起こり、伝統的な農村共同体が衰退する一方で、都市部ではスラムが形成された。これはタイ社会を根底で長く支えてきた伝統的な社会を統合するシステムそのものの変化をもたらした。第一に、社会関係すなわち農村の伝統的な共同体関係の変化、第二に、人間関係すなわち家族の絆の変化、そして第三に、価値観すなわち道徳観や規律の変化である。これら社会を統合するシステムは、ソーシャルキャピタル（いわゆる「社会関係資本」）とよばれ、近年では自然資本（天然資源）、物的資本、人的資本と並んで、開発の重要な資本・資源であると考えられるようになってきた(9)。よって、タイにおいては、近代化・都市化において、伝統的農村社会を支えてきたソーシャルキャピタルが崩壊してきたことが、都市におけるスラム、家庭崩壊、エイズ等の諸問題の根源と考えられ、都市の開発僧《かいほつ》／尼僧たちの取り組む課題となっている。

タイは急速な近代化・都市化によってとりわけ一九六〇年代以降、多くの人口が首都バンコクに流入したが、その背景には次のようなものがある。第一に、都市と農村の格差の拡大である。政府主導の「上からの開発《かいはつ》」計画である八次にわたる国家経済（社会）開発計画においては、とくにその初期に都市部の工業発展の陰で大多数の人口が住む農村部の開発が取り残され、都市と農村の所得格差が生じた。第二に、農村における商品経済の浸透による貧困化である。農業の近代化にともなって農村では自給自足的農業から商業的農業への変換を余儀なくされた。単一作物栽培による商業的農業は環境破壊をもたらして農地を荒らす一方、農業が資本集約型となったことによって肥料、農薬の購入費など農業に投入する支出が増加し、その結果、かえって借金がかさむこととなった。こうして農民たちはより多くの収入を求め、また農村では生活できなくなったために都市へと流れる人口も増えた。一方、都市においては急速な工業化により、労働力需要が逼迫していたため、農村からの廉価な労働力を無制限に受け入れた。その結果、首都バンコクには巨大なスラムがいくつも形成されることになったのである。

このような近代化・都市化はタイ社会において次のような三つの変化をもたらした（これらの変化は近代化の波が押し寄せた農村においても見られるが、都市のとりわけスラム社会においてはより顕著な問題となって現れている）。第一に、伝統的社会関係の崩壊である。農村社会においては、寺院を中心とした緊密な社会関係＝共同体（コミュニティ）が形成されていた。しかし、すでにみたように近代化にともなって寺院は社会的役割を喪失していった。さらに、都市とくにスラムにおいては農村でみられたような緊密な社会関係＝共同体が育ちにくい。その理由としては、（一）都市への移民によって新たに作られたスラム社会には農村社会において共同体の核となっていた寺院が存在しない、（二）出身地もばらばらであるため地縁血縁に基づく連帯が生まれにくい、（三）近隣の住民ないし先に住んでいた住民と、新たに流入した住民との軋轢がある、（四）人の出入りが比較的激しい、（五）貧困等さまざまな理由から犯罪も多く住民の相互信頼が薄い、ということが挙げられる。

第二に、伝統的人間関係・家族関係の希薄化である。農村の伝統社会においては、大家族制が主であり、親子の絆や親戚関係は緊密なものであった。しかし、近代化・都市化が進むにつれて、出稼ぎ等によって多くの若者や働き盛りの人々が都市に流出し、そのまま都市に居つく者も増えて徐々に伝統的な人間関係・家族関係は崩壊した。また、都市においては核家族化が進行して伝統的な家族の絆が薄れた。農村からの移住者が多いスラムにおいても貧困、麻薬、エイズ等の理由から家庭崩壊が起きている。苛酷な児童労働や児童虐待が原因で親元を離れた子どもも多い。そうした子どもたちは行き場を失ってストリートチルドレンになったり、犯罪に手を染めたり、また売買春によって不遇にもシングルマザーになったりするケースもある。

第三に、伝統的価値観の崩壊である。伝統的農村社会においては仏教の教えが人々の生活の規範であり、道徳であった。農村の年間生活は折々の仏教行事を軸として営まれ、人々は足しげく寺院に通って僧侶の説く仏法に耳を傾けた。少欲知足や五戒といった仏教の教えは村人共通の価値観であり、彼らの生活規範や道徳として受け入れられていたのである。しかし、近代化・都市化によって人々が寺院に足を運ぶ機会が減り、説法を聴く機会が減るとともに、経済至上主義・消費主義が浸透して仏教の教えそのものが「近代化にそぐわない」として退けられるようになると、こうした仏教に根ざした伝統的価値観は崩壊していった。たとえば、在家仏教者が守るべき徳目である五戒の一つである不邪淫戒すなわち、「淫らな行いをするなかれ」という戒めは有名無実化し、タイでは売買春がはびこり、エイズが蔓延するようになったのである。

四　都市の開発僧《かいほつ》／尼僧によるソーシャルキャピタルの再生と都市での開発《かいほつ》

では、こうした急速な近代化・都市化によって生じた社会変化・社会問題にタイ仏教はどのように取り組んでいるのであろうか。近年、開発僧《かいほつ》／尼僧たちは、農村の問題だけでなく、新たな都市の問題にも取り組み始めた。「苦からの解放」という仏教の基本に帰れば、開発僧《かいほつ》／尼僧にとっては、伝統的な農村の問題も、新たな都市の問題も等しく取り組むべき「苦」なのである。「はじめに」でも述べたように、これまでの仏教的開発《かいほつ》の議論では、農村における開発僧《かいほつ》（男性出家者）が中心であった。しかし、本章で、都市における女性の出家者（尼僧＝メーチー）も含めた開発僧《かいほつ》／尼僧の思想と実践や、それに協力するＮＧＯや在家の社会行動仏教者について紹介することは、この仏教的開発《かいほつ》の議論を深めるうえで大いに貢献すると考えられる。

都市の開発僧《かいほつ》／尼僧たちは、近代化・都市化によって生じたスラム、家庭崩壊、エイズ等の具体的な問題に取り組んでいるのみならず、以上みてきたようなその背後にある根本的な問題にも取り組んでいる。近代化がもたらした伝統的ソーシャルキャピタルの変化、つまり伝統的社会関係・人間関係・価値観の崩壊こそが近代化・都市化のもたらす問題の根源にあり、あわせてこれらのより本質的な問題から取り組んでいるのである。すなわち第一に、マハ・サマイ師は都市スラムにおける子どもの教育と共同体の再生を通じて社会関係の開発《かいほつ》に、第二に、サンサニー尼（メーチー・サンサニー）は、女性のエンパワーメントと家族の絆の再生を通じて人間関係の開発《かいほつ》に、そして第三にアロンコット師はエイズ患者の末期医療を通じて伝統的価値観すなわち仏教に根ざした道徳の開発《かいほつ》に、それぞれ取り組んでいるのである。では、都市の開発《かいほつ》僧／尼僧たちの取り組む問題および、その思想と実践を順次検討していこう。

（1）都市スラムにおける子どもの教育と社会関係の開発《かいほつ》――マハ・サマイ師の思想と実践

都市化による諸問題、中でもスラムの問題はタイの抱える大きな社会問題の一つであり、バンコクの人口約六〇〇万人のうち約五分の一がスラムに住んでいるとされる。貧困問題をはじめスラム住民のおかれている状況は劣悪であり、すでに多くのＮＧＯ等がその問題を指摘し、取り組んでいる。[10] 近代化・都市化によって引き起こされた社会的・精神的問題は以下に述べるスラム問題に集約的に現れている。第一に、居住問題である。スラムの住人の大半はスクウォッター（不法占拠者）であり、法的な地位をもたない。そのため、住民としてのさまざまな行政サービスを受けられず、また居住権の保証がなく常に強制立ち退きの恐怖にさらされている。第二に、生活環境・健康問題である。スラムは先住の都市住民が住んでいなかった、沼地、川岸、線路沿いといった劣悪な場所に形成される。また、行政サービスが受けられないため上下水道等の生活インフラも整備されない。よって、非常に不衛生な環境で生活せざるをえず、感染症などさまざまな健康上の問題を抱えている。第三に、教育問題である。大人のみならず子どもたちも正式に住民登録がされておらず、また貧困のために子どもといえど家計を支える貴重な労働力として働かざるをえない。したがって多くの子どもたちが就学の機会を与えられない。親たちも日々の生活に追われ、子どもの学費を捻出する余裕がなく、自らも教育を受ける機会がない。第四に、就労・経済の問題である。スラムの住民の多くは農村からの移住者であり都市で生活するための技術に乏しく、また、教育の機会も十分でない。よって、劣悪な労働条件の下で肉体労働や単純労働につくか、物売りや行商など、インフォーマルセクター（正式な雇用関係のない、非公式な就業部門）での物売りや行商など不安定な就労でわずかな日銭を稼ぐしかない。失業者も多く、劣悪な労働条件での女子労働や児童労働もあり、深刻な問題となっている。そして第五に、これらの諸問題は精神的・社会的問題を引き起こす。貧困にあえぎ、社会関係の希薄なスラムにおいては犯罪が横行し、人々の間に疑心暗鬼が芽生えている。精神的・経済的不安から麻薬に手を出すものも多く、それが犯罪や家族崩壊、エイズ等の問題も引き起こしている。家庭崩壊によって行き場を失った子どもたちはストリートチルドレンになったり、売買春によって不遇にもシングルマザーとなるケースも多い。

以上みてきたようなスラムの諸問題は、伝統的農村社会においては顕在化してこなかった問題であるか、たとえあったとしてもある程度は解決可能であった問題である。それは、伝統的農村社会においては仏教を軸とした緊密な社会関係＝共同体が機能しており、寺院や僧侶が中心となって相互扶助のもとにさまざまな精神的・社会的問題に取り組んできたからである。よって、スラムの問題の根本には社会関係の崩壊すなわち社会的不統合があり、スラムの問題の解決には、この社会関係の開発《かいほつ》、共同体の再生が不可欠となる。

バンコクのトンブリー地区にあるバンサイカイ寺では、住職のマハ・サマイ師が中心となり、他の僧侶や大学生とともに、ＮＧＯ「サンティアン（蠟燭の灯火）」を結成、他のＮＧＯ等や大学とも協力して、子どもたちの教育プロジェクトを通じて、スラムの共同体の再生、社会関係の開発《かいほつ》に取り組んでいる。

マハ・サマイ師は東北タイのローイエット県出身で、出家後バンコクのマハーチュラーロンコーン仏教大学で学んだ。マハ・サマイ師が開発に携わるようになったきっかけは次の通りである。第一に、マハーチュラーロンコーン仏教大学や友人の影響である。仏教大学では大学の休みの期間、農村に入って開発の活動をしたり、一般人に法を説いたりするインターンシップ（研修制度）があった。この機会に、師は同じ僧侶である友人たちと、僧侶が開発に関わることの重要性、社会問題に取り組むことの重要性について議論し、その必要性を認識するようになった。第二に、僧侶による都市での開発運動がまったくといってよいほどなかったことによる(11)。師は仏教大学を卒業後、しばらくは農村に入り開発の仕事に携わった。自身が農村の出身であり、農村の子どもたちにも都会の子どもたちと同じように教育の機会を与えたいと考えたからである。だが、師の村でも近代化が進むにつれて貧しい農民が都市に流入するようになったが、こうした都市移民の生活環境は劣悪であった。こうした村からの都市移民の苦しみを目の当たりにした師は、農村の問題と都市の問題は繋がっており、農村の開発と同じく、都市の開発、スラムの開発も重要であると考えるようになった。

マハ・サマイ師は僧侶として都市スラムの開発問題に関わることについて次のように述べている。「自分は貧しい家庭の出身だったので十分な教育が受けられなかった。しかし、出家し黄衣を纏ったおかげで勉強をすることができた。私が還俗してしまったら自分の家族しか助けられない。しかし、黄衣を纏いお寺で活動していれば何千人もの子どもたちを助けられる。だから自分の人生を仏教のため、そして貧しい人々の教育のために捧げるのは当然のことである(12)」。この思想は、「村の衆には借りがある」として開発《かいほつ》活動をはじめた東北タイ・スリン県の農村の開《かい》発《ほっ》僧、ナーン和尚とも共通している（本書第5章および第Ⅱ部資料1参照）。

こうして、マハ・サマイ師は子どもたちの教育問題を軸に、都市スラムの開発に取り組むようになった。貧困農村出身のスラム住民は、農村で十分な教育を受ける機会がなかったために都会に出て低賃金労働者として働かざるを得なくなった。そうした両親を持つ子どもたちもまた、経済的理由で教育を受けられないため、インフォーマルセクターで働かざるを得ない。こうした悪循環を断ちきるためには子どもたちへの教育が大切であると師は考えたのである。また、同時に師がかつて活動していた農村とは異なる、都市特有の問題があることにも気がついた。それは、伝統的農村社会にみられた仏教を軸とした緊密な社会関係＝共同体が、都市スラムにおいては崩壊してしまっているという問題である。それゆえ、子どもの教育等スラムの開発には社会関係の開発《かいほつ》、共同体の再生が不可欠であると考えるようになった。

具体的には、マハ・サマイ師の寺では子どもたちに対し、共同体の再生・開発《かいほつ》を軸とした次のような六つの事業を行っている。第一に、乳幼児（三～五歳児）のためのプロジェクトとして、月曜から金曜まで幼稚園やデイケアセンターを開いている。

第二に、学齢児童（八～一五歳）の就学支援である。貧困層の子どもには政府と協力して公教育が受けられるように奨学金の支援をしている。また、学校に行けない子どもやストリートチルドレンには公教育が受けられるようになるまでノンフォーマル教育の支援をしている。

第三に、道徳教育を通じた心の開発《かいほつ》である。スラムでは、犯罪、ギャンブル、麻薬、売買春が横行しているが、多感な年齢の子どもたちがこうした非行に走らないよう、仏教日曜学校を開催して道徳教育を行っている。

第四に、都市と農村の子どもたちの交流促進である。スラムの子どもたちを農村にワークキャンプをしに連れて行き、開発のボランティアワークを経験してもらっている。

そして第五に、社会関係の開発《かいほつ》、共同体の再生の活動がある。こうしたスラムの子どもたちの活動を実現するためには、地域ぐるみでの親の理解や協力が不可欠である。スラムにおいては貧困と大人たちの多忙のために、子どもたちは貴重な労働力として働かされ、親の教育への関心も高いとはいえない。こうした認識にたって、マハ・サマイ師は「コミュニティの再生が開発《かいほつ》の基礎である」と考え、師が活動するスラムの七つの地域に住民委員会を組織し、親や地域社会を巻き込んでの教育開発をおこなっている。

また、逆に子どもたちのための教育活動が、スラムにおける社会関係の開発《かいほつ》、共同体の再生に寄与する側面も見逃せない。両者は密接な相互関係にある。第一に、マハ・サマイ師の活動が子どもたちのみならず、親にとってもメリットになっている。忙しく働く親たちにとっては寺のデイケアセンターで子どもを預かってくれたり、修学のための資金を融通してくれたりすることは非常にありがたいことである。第二に、こうしたマハ・サマイ師の活動に対する親たちの肯定的評価が住民参加を促すことになる。自分の子どもに全く無関心な親などいないのであり、また師の活動が子どものみならず自分たちにもメリットがあることがわかれば、親たちは自然とマハ・サマイ師の寺に集まり、活動に協力するようになる。第三に、子どもたちを教育することで、将来の地域共同体の担い手を育てることになる。親世代においては出身地もばらばらであり、なかなか共同体としての意識が育ちにくかったが、子どもたちは同じスラムで生まれ育ち、寺で社会関係や共同体の大切さを重んじる教育を受けることによって自然と仲間意識が芽生えるのである。こうしたプロセスを通じて、都市スラムという困難な状況の中でも、人々が寺に集い、活動に参加し、そこに子ども同士の交流、ひいては子どもを通じての親同士の交流が深まり、社会関係が開発《かいほつ》され、共同体が再生されていくのである。

第六に、マハ・サマイ師は他のNGOや開発《かいほつ》僧とのネットワーキングにも熱心に取り組んでいる。たとえば、バンコクにはマハ・サマイ師と同様、都市の開発《かいほつ》に取り組むパヨーム師がおり、交流がある。パヨーム師はプッタタート比丘の薫陶を受け、「都市のスワンモーク（解放の園）」づくりをめざして活動にいそしんでいる開発《かいほつ》僧である（本書第Ⅱ部資料3参照）。師が卒業したマハーチュラーロンコーン仏教大学がバンコクにあるため、後輩の学僧たちが多数訪問するが、師はこうした若い僧たちに自分たちの町や村で開発を行うためのアドバイスも行っている。また、師は、都市スラムの開発《かいほつ》の問題は農村の問題と密接に関係していると考え、農村の開発《かいほつ》僧とのコンタクトを密にとっている。「スラムの貧困問題の根源は農村の貧困にあると考えている。しかし、だからといってスラムの貧困を放置するわけにはいかない。私はここで頑張って何とか貧困を食い止めたい[13]」と述べている。

このように、マハ・サマイ師の活動は、都市スラムにおいて子どもの教育を切り口としながら、近代化・都市化によって崩壊した社会関係、共同体を、他の開発《かいほつ》僧やNGO等とも連携しながら仏教に基づいて開発《かいほつ》していこうとする活動である。

（２）開発《かいほつ》尼僧によるジェンダーに配慮した女性のエンパワーメントと家族の絆の開発《かいほつ》
――サンサニー尼の思想と実践

サンサニー尼（メーチー・サンサニー）の瞑想道場サティアンダンマサタン寺はバンコクの北部にあり、都会の喧騒を忘れさせる、緑に囲まれた美しい寺である。ここで、サンサニー尼は女性の立場から、開発《かいほつ》尼僧（女性の開発《かいほつ》僧）として、ＮＧＯ等と連携しながら家庭崩壊等によって不遇な立場におかれた女性や子どもたちの、仏教に根ざしたエンパワーメントに取り組んでいる。女性の出家者（尼僧＝メーチー）が開発《かいほつ》に取り組むケースはきわめて珍しく、ジェンダーと開発の観点から、あるいはタイ社会やタイ仏教における女性の位置の観点（後述）からみて、サンサニー尼の思想と実践は大いに注目に値する。

近代化・都市化の中で女性や子どもたちが困難な立場に立たされるようになった背景は第三節で詳しくみた。スラムにおいては貧困、麻薬、エイズ、家庭内暴力等の理由から家族の絆が薄れ、家族崩壊がおきている。独り身の女性は生きてゆくために厳しい労働条件で働かざるをえず、子どもの面倒を見きれなくなる場合も多く、また、子どもたちも児童虐待・児童労働等が原因で親元を離れざるをえないケースも多い。そうした子どもたちの行く末は、先にも述べたようにストリートチルドレンや不遇なシングルマザーであることが多い。

では、こうした問題の根本にあるものはなんであろうか。「近年、タイ社会では近代化が進んで母子の絆が希薄化してきた」とサンサニー尼は言う(14)。近代化・都市化の進展によって、伝統的な社会統合のシステム（ソーシャルキャピタル）の崩壊が原因となって精神的・社会的な問題を引き起こしてきたことはすでに見たが、中でもサンサニー尼はとりわけ家族の絆や親子関係、人間関係の崩壊が重要であると考えているのである。だが、サンサニー尼は伝統的な農村の親子関係、家族関係をそのままよしとしているわけではない。タイ女性をとりまくジェンダー関係、すなわち、伝統的な家族関係、社会関係は男尊女卑的であり、こうした伝統的な人間関係が近代化・都市化の諸問題と結びつくことによって、女性はより一層困難な立場に立たされているからである。こうしたサンサニー尼のジェンダーに配慮し、かつ仏教に根ざした内発的発展・開発《かいほつ》には次の三つの側面があるといえる。すなわち、第一に、不遇な立場にある女性や子どもたちに対する、親子の絆の回復を軸とした福祉活動、第二に、エンパワーメントを通じての不遇な女性の自立・開発《かいほつ》を支援する活動、さらに第三に、女性を不遇な境遇に追いやってしまうようなタイ社会の伝統的な人間関係・社会関係そのものの変革活動である。

第一に、親子の絆、特に母親と子どもの絆を強め、子どもたちの健全な発育を促すための活動には次のようなものがある。「子どもの国」づくりの事業では、シュタイナー教育(15)の手法を取りいれて、子どもたちが自然な形で能力を伸ばしていけるような幼稚園を運営している。当初の対象は貧困層の子どもたちだけだったが、今ではさまざまな社会階層の子どもたちを受け入れている。障害児学級では目が不自由な子どもたちやポリオの子どもたちの世話をしている。休日には父母や子どもたちを対象に仏教日曜学校を開き、瞑想や仏教による道徳教育を通じて家族の絆の重要さを教えている。また、毎月開催される保育園のお楽しみ会では父母を招き、子どもたちとのさまざまな遊びや説法を通じて親子の絆を強めるようにしている。

第二に、女性の開発《かいほつ》・エンパワーメントのために次のような活動を行っている。女性のシェルターでは、不遇な女性のための文字通りの「駆け込み寺」として、暴行や家庭内暴力、離婚等によって困難な立場に陥った女性を保護している。また、さまざまな理由でシングルマザーとなった女性たちにも、子どもを育てながら自立できるように支援を行っている（*Bangkok Post* 1994）。加えて、女性に瞑想を指導して心の開発《かいほつ》を促し、自ら苦を乗り越えられるようにするとともに、説法を通じて「生あるものはすべて尊い」という仏教本来の教えに立ち帰り、女性として社会的に男性と同等に生きていくよう導いている。

第三に、尼僧（メーチー）のために、仏教による女性のエンパワーメントのトレーニングを行っている。メーチーがどのような社会活動をしていくのが良いかアドバイスをし、年に一回、社会活動にかかわるメーチーたちを集めて経験を共有する交流会を開いている。

このメーチーに対する活動がなぜ重要なのか。その意義を理解するには、タイ社会におけるジェンダー関係、すなわち、伝統的なタイ社会、タイ仏教における女性やメーチーの役割・社会的地位について理解しておく必要がある。(16) サンサニー尼はかつて一流企業の美人キャリアウーマンとして活躍していた。忙しい都会生活を送る中で自分の中のエゴがどんどん大きくなる一方、人生について疑問を抱き、メーチーとして仏門に入り、開発の活動に取り組むようになった。だが、タイ社会において、サンサニー尼のような経歴を持って出家したり、いわんや開発《かいほつ》尼僧（女性の開発《かいほつ》僧）として社会活動にかかわったりするメーチーは非常に珍しい。それは、タイ仏教における女性や尼僧の地位の問題と関係がある。

一般に、タイにおいてメーチーの社会的地位は高くない。タイには正式な尼僧である比丘尼《びくに》は存在しない。メーチーは八斎戒を守り白い衣を纏っているが、正式に出家得度した僧侶ではないため地位の低い者とみなされ、寺院では僧侶の下働き的な仕事をしているのが通常である。また、メーチーになる女性は老人や離婚者等、社会的に不遇な女性である場合が多く、彼女たちについてはある種の「世捨て人」的な見方が一般的である。よって、寺院や地域社会において、メーチーがリーダーとして重要な役割を果たすのはなかなか困難である。

しかし、サンサニー尼の活躍はそうしたメーチーに対する既成観念を打ち破り、仏教による女性のエンパワーメントを通じて、メーチーを含むすべての女性の社会的地位の向上に大いに貢献している。よって、メーチーへのトレーニング事業は、社会的弱者への支援として重要であるばかりでなく、「社会的弱者」であった女性が仏法を実践する尼僧として、在家の不遇な女性たちを導いていくリーダーとなる支援という意味でも重要である。

以上みてきたように、開発《かいほつ》尼僧であるサンサニー尼による活動は、近代化・都市化によって失われた人間関係、親子の絆を取り戻し、不遇な女性や子どもを助ける上で重要である。同時に、仏教に基づくエンパワーメントを通じて女性の自立、女性の開発《かいほつ》を促し、女性を困難な状況に追いやったジェンダー関係すなわち、男尊女卑的な家族関係・人間関係や伝統的仏教のあり方を変革し、ひいてはタイ社会における女性の地位そのものを変革していく大きな契機となる可能性を秘めている。

（3）命の尊厳を重んじたエイズ末期医療センター（ホスピス）と道徳の開発《かいほつ》――アロンコット師の思想と実践

タイ社会の近代化・都市化にともなって、エイズが深刻な問題となってきており、重要な開発課題として多くのNGO等がこれに取り組んでいる。タイ開発サービス委員会（TDSC、タイの社会開発分野のコーディネーションNGO）によれば一九九六年時点で、タイでは八十万人以上のHIV（エイズウイルス）感染者、三万三四一三人のエイズ患者がおり、すでに九三二六人が死亡している。これは近隣アジア諸国の中でもとびぬけて多い数字である（TDSC 1996：14）。患者の大部分は都市に集中しており、首都バンコクはもとよりチエンマイやチエンラーイ等地方都市でも高い感染率となっている。患者の特徴としては、当初は男性の同性愛者間での感染が多かったが、現在では農村出身で都市に出稼ぎに行き、麻薬や売春によって感染した者が多い。さらには感染した夫から妻への二次感染や、感染した妻から出産した乳幼児への直接感染も増えており、親をエイズで失くしたエイズ孤児の問題も深刻化してきているのである。エイズはウイルスに感染したからといって必ず発病するわけではないが、ひとたび発病すれば「死に至る病」となる。

エイズそれ自体が死に至る深刻な病であり、患者にとっては大きな苦しみであるが、同時に患者はもう一つの苦しみである人間の尊厳・人権蹂躙の問題とも闘わねばならない。エイズ患者はタイ社会でひどく差別され、職場や学校のみならず、病院や家庭からも追われる運命にある。社会的に排除され、満足な治療を受けることも、安らかな死を迎えることもできない。

こうしたエイズの問題に取り組む開発《かいほつ》僧にアロンコット師がいる。アロンコット師のプラバットナンプ寺はバンコクの北部ロッブリー県にある。師は森林僧としてタイの森を巡礼し瞑想修行を続け、この寺の近くの洞窟で七年間瞑想修行を続けていた。その後、プラバットナンプ寺の住職として招かれた師は、エイズの脅威が深刻な社会問題となったため、一九九二年に仏教者国際連帯会議（INEB）の協力を得て、仏教による末期医療センター（いわゆる「仏教ホスピス」）を始めた(17)。師の末期医療センターはINEBのほか、多くの国内外のNGO等が支援にあたっているが、とりわけマヒドン医科大学との協力は重要である。当初は薬草を使った伝統医療のみだったが、同医大との協力により、現在では近代医療と伝統医療、仏教の実践を組み合わせたユニークな末期医療センターとなり、社会的に排除されたエイズ患者たちの「駆け込み寺」となっている。(18)

ではこうしたタイのエイズ問題の根本にはどういう原因が潜んでいるのであろうか。アロンコット師によれば、エイズの問題は、タイの近代化・都市化によって伝統的な農村社会が崩壊し、その価値観の基礎となってきた仏教の教えが省みられることがなくなり、タイ社会とりわけ都市部における道徳や規範の衰退につながったことが根本原因である。(19)具体的には、仏教の五戒、すなわち不飲酒（酒、麻薬など中毒性のあるものを摂らない）、不邪淫（売買春等淫らな行いをしない）といった教えが省みられなくなり、道徳として機能しなくなったということである。

よって、このセンターの目的としては、エイズ患者の人権や命の尊厳を守るとともに、エイズ問題の根本にある道徳の開発《かいほつ》を促進することがある。すなわち、第一に、仏教の教えに基礎づいてタイが直面するエイズという危機を救う、第二に、エイズ患者に対して仏教の慈悲の心や人間性の啓発を行う、第三に、タイ社会におけるエイズへの偏見をなくし、エイズについての正しい認識を啓発する、第四に、仏教的道徳を発展させ、タイ社会に新しい共生社会のビジョンを示す、というものである。

こうした目的の達成のために、このセンターでは次のよう

アロンコット師が運営する仏教ホスピス（末期医療センター）。丘の上の仏教寺院のすぐそばに患者の入所施設が設けられている。近くには近代的な病院施設も完備されている。

なプロジェクトを行っている。第一に、エイズ患者のための末期医療プロジェクトでは、エイズの末期患者のための肉体的・精神的苦痛を緩和し、患者の命の尊厳を守る事業である。このセンターでは近代医療と仏教を組み合わせているが、とくに、仏教によるケアはこのセンターに特徴的なものである。タイにおいてエイズ患者は家族や社会から放置され、物心ともに疲弊しきって誰にも看取られずに悲惨な死を迎えるケースが多い。このセンターでは患者に対して仏法を説き、瞑想などの仏道修行を指導しているが、これによって患者の心が落ち着き、精神面だけでなく肉体面にも良い影響を及ぼしている。また、ホームケアプロジェクトでは患者の家にスタッフを派遣し、家庭内で密かに放置されているエイズ患者を治療している。また、患者の家族に対してはエイズへの理解を深めてもらい、患者のケアやその死を看取ってもらうようにしている。

第二に、仏教的価値観、道徳を開発《かいほつ》することによって、エイズ患者に対する差別や偏見をなくし、エイズウイルス感染とエイズ発病を予防しようとする事業である。このコミュニティケアプロジェクトでは、地域社会の人々にエイズへの理解を深めてもらい、エイズという病気と患者に対する差別や偏見をなくすとともに、地域における予防や患者の医療を推進するよう働きかけている。またリビングハウスケアプロジェクトとして、エイズ患者の共同体を作って相互扶助に基づいて患者たちが生活できるようにする事業も計画されている。

アロンコット師自身、寺での法話はもとより、行政やＮＧＯ、学校等の協力を得て、患者を同伴してエイズ教育のための講演を各地で行っている。エイズに対する正しい理解を身に付けてもらい、エイズへの差別をなくすとともに、仏教的道徳、特に五戒の不邪淫（買売春等をしない）、不飲酒（酒、麻薬を摂らない）を守ることがエイズ予防につながることを理解してもらうためである。実際、患者たちは、仏教の業（カルマ）の教えを正しく理解することで、自らの犯してきた過ちを反省し、同じような悲劇が起こらぬよう自ら人々に訴えかける「語り部」となっているのである。ある男性患者は次のように話していた。「昔は若さに任せてお酒やギャンブルに耽り、買春をしてエイズにかかってしまった。ここに来るまでは社会からの差別や死への恐怖から気も狂わんばかりだった。しかし、ここに来て、アロンコット師の教えを聴き仏教の教えを実践するようになってから死への恐怖は消えた。

もう余命幾ばくもないが、師とともに学校や地域社会をまわり、私のような愚かな経験をしなくてすむように、自分の苦い体験を若い人たちに伝え、五戒を守り、仏教を実践することがエイズを予防する上で何よりも重要であることを話している[20]」。

このように、アロンコット師の活動は、都市化・近代化によって崩壊した仏教的価値観の再生、道徳の開発《かいほつ》を通じて、エイズ患者の生命の尊厳と人権を守り、エイズ問題の深刻化を食い止めようとする活動である。

おわりに――グローバルな近代化・都市化と仏教的開発《かいほつ》

以上みてきたように、タイ社会をとりまくグローバルな近代化・都市化の流れは、タイの伝統的な社会や文化・価値観までも大きく変化させてきた。またこれにともないタイ仏教は近代化・都市化とともに大きな変貌を遂げてきた。その現れの一つは、近代化・都市化に対応して仏教のあり方それ自体を変化させようとする、「都市型新仏教」である。新たな都市中産階層の台頭と消費主義の浸透・仏教の商品化に対して、「消費主義的仏教」であるタンマカーイは瞑想を重視してこれに順応する一方、「仏教原理主義」といえるサンティ・アソークは戒律を重視して仏教の商品化を痛烈に批判した。また在家の社会行動仏教者チャムローン氏とパランタム党は仏法原理に基づいて政治を浄化し、社会を変革しようと試みた。

もう一つは、近代化・都市化が生み出したさまざまな社会的歪みや精神的な荒廃に対し、仏教者として、NGOや開発機関等とも協力しつつ取り組んでいこうとする、「都市の開発《かいほつ》僧／尼僧」たちの活動である。都市の開発《かいほつ》僧／尼僧たちは近代化によって生じた都市スラムの貧困、シングルマザー等の不遇な女性や子ども、エイズの脅威や患者への差別等の問題、およびその根本にある伝統的農村社会のもつ仏教をベースとしたソーシャルキャピタルの崩壊、すなわち社会関係・人間関係・価値観の再生と開発《かいほつ》に取り組んでいる。

最後に、本章での研究を踏まえて、近代化・都市化のもとでのタイ社会における仏教的開発《かいほつ》の今後の展開について、グローバライゼーションの流れの中で他の途上国や先進国との関係も視野に入れつつ検討課題を挙げてみたい。タイの都市における新仏教や開発僧《かいほつ》／尼僧の思想と実践から日本をはじめ他の国々が学ぶことは多く、また、逆に近代化・都市化がさらに進んだ日本をはじめとする先進国や、他の途上国の経験からタイが学ぶことも多いのである。

第一に、都市や農村が抱える問題やその関連について仏教、特に開発僧《かいほつ》／尼僧やNGOがどう対応していくかである。すでに検討したように、タイにおいては近代化によって、仏教に基づく伝統的農村社会の社会関係・人間関係・価値観が崩壊したことが都市におけるさまざまな精神的・社会的諸問題の原因となった。また、都市と農村の交流が盛んになるにつれ、同様の問題は農村でも見られるようになり、エイズ、家庭崩壊等、都市型の諸問題は農村にも「逆輸入」されつつある。よって、近代化の過程では都市の問題と農村の問題は表裏一体の関係であり、これに対して仏教、とくに開発僧《かいほつ》／尼僧がどう対応していくかが重要となる。今のところ開発僧《かいほつ》／尼僧の多くは農村で活動しており、「開発のための仏法連合」（セーキヤタム）といったネットワークNGOもあるとはいえ、農村と都市の開発僧《かいほつ》／尼僧の連携は、マハ・サマイ師のケースなどを除いてごく限られている。タイをとりまく近代化・都市化の波に対応していくためには、都市の開発僧《かいほつ》／尼僧と農村の開発僧《かいほつ》／尼僧および、こうした僧侶たちと連携する在家の社会行動仏教者やNGO同士がより緊密なネットワークを築くことが重要であろう。

第二に、タイの経験は他の仏教国、とりわけ同じ上座部仏教を信仰する近隣のカンボジア、ラオス、ミャンマー等にとって非常に重要である。タイは近隣諸国に比べてかなり高い近代化・経済発展の段階にあり、その意味で、近隣諸国の未来を映し出しているともいえる。タイで起きた近代化・都市化にともなう仏教の変容や精神的・社会的問題は、これらの国々でも起きる可能性が高いと見るのが自然である。タイで生まれたような都市型新仏教（タンマカーイ、サンティ・アソーク）が近隣諸国でも生まれるであろうか。また、タイで起きたような都市化による社会的諸問題に対して近隣諸国の開発僧《かいほつ》／尼僧や在家の社会行動仏教者、そして、NGO等の開発機関はどう対応していくのであろうか。そのときタイの都市型仏教や都市の開発僧《かいほつ》／尼僧たちは「先輩」として何を伝え、また近隣諸国の仏教はタイから何を学ぶのであろうか。また、こうした僧侶たちと連携する在家者やＮＧＯ等の機関は何を伝え、何を学ぶのか。特に開発僧《かいほつ》／尼僧および在家の社会行動仏教者に関しては、仏教者国際連帯会議（ＩＮＥＢ）などの国際ネットワークＮＧＯの役割がさらに重要になると考えられる。

第三に、先進国社会、とくに日本との関係についてである。日本はタイよりさらに近代化・都市化が進んでいるが、今日のタイと共通する点も多い。日本でも周知の通り近代化の過程において伝統仏教の力が衰退し、仏教が本来の社会性・精神性を失い「葬式仏教」に成り下がってしまった。日本でもたしかに既成仏教に飽き足らない人々が、タイと同様在家信者を主体とする新仏教の運動を展開し、今日では大きな社会的勢力ともなっている。だが、高度に近代化された日本社会においては、一般論としてはタイにもまして仏教の役割は衰退しているといわざるをえない。近年ではさらなる近代化によって「オウム真理教」のような「仏教」を名乗るカルト宗教が生まれ、大きな社会問題を引き起こす一方で、仏教者、ＮＧＯ、弁護士等がこの問題に取り組んできた。タイにおいてもさらに近代化・都市化が進む中でこうしたカルト「仏教」が出現するのであろうか。また、その際には、タイの仏教者、ＮＧＯ等は日本の経験から学び、適切に対応することができるであろうか。

都市の開発僧《かいほつ》／尼僧の思想と実践については、日本や先進諸国はタイと学び合えることがとくに多い。日本の都市（地方都市も含む）の寺院は、いまやほとんど地域とのつながりも失い、単なる「葬式ビジネス」の場と化しているケースが多い。だが、少数ではあるが日本でも仏教に基づく開発《かいほつ》活動を行っている都市寺院やＮＧＯ等もある。仏教に基づく幼児教育活動、地域の子ども会や母親の活動支援、外国人労働者（とくにタイ女性）の人権保護のための駆け込み寺の活動、「ビハーラ」と呼ばれる末期医療センターの運動、国際協力や他のＮＧＯを支援する活動等である。また、日本に限らず、アメリカ等でも、仏教による末期医療や死生教育が実践されている。こうした日本や先進国の都市における仏教による社会活動とタイの都市の開発僧《かいほつ》／尼僧の活動は相互に学び合える点が多く、ＮＧＯ等の開発機関にも多くの示唆を与えるのではないだろうか。

第四に、都市化・近代化における、仏教以外の伝統文化によるオルタナティブ発展の検討である。本章の研究では、タイにおける仏教に基づく内発的発展・開発《かいほつ》について検討した。だが、それぞれの国や地域が持つ伝統文化や宗教も、こうしたグローバルな都市化・近代化に対するオルタナティブ発展の道を提示する可能性を持っていると考えられる。その可能性を探るには、タイにおける仏教的開発《かいほつ》と他の仏教国との比較、そしてより普遍的に、仏教と他の宗教・伝統文化との比較において検討していく必要があると考える。

今日、グローバライゼーションが進展する中で、タイのみならず多くの途上国が近代化・都市化とそれにともなう問題に直面している。また、日本をはじめとする先進国も同じような過程をたどってきた。こうしたグローバルな近代化・都市化がもたらす社会変化の中で、仏教（あるいは宗教・伝統文化）はどう変容していくのか、また近代化・都市化にともなう精神的・社会的諸問題に対し、オルタナティブとしてどういう内発的発展・開発《かいほつ》を提示できるのか、そしてNGO等の開発機関にどういう示唆を与えるのか、今後も注目し検討していく必要があろう。

＊本研究にあたり、プラウェート・ワシー博士、プラティープ氏、メッタナンド師、ポーティラック師、パヨーム師、マハ・サマイ師、サンサニー尼、チャツマーン博士、アロンコット師は快くインタビューに応じてくださった。ヌッチャリー・シリビロジャーナ氏（「タイ仏教の社会思想と社会行動」研究会タイ事務局）には通訳の労をとっていただいた。サンティカロー比丘（スワンモーク寺）からはタイ仏教の近年の動向について貴重なアドバイスをいただいた。謝して記したい。

【注】

（1）筆者は都市化問題を地球規模問題としてとりあげた、第二回国連人間居住会議に日本のNGO代表団であるＨＡＢＩＴＡＴⅡ日本ＮＧＯフォーラムの事務局次長として参加した。この会議をめぐるプロセスにおいて、筆者は、都市問題・居住問題に取り組む日本のＮＧＯのとりまとめを行う一方、各国のＮＧＯと連携して、国連や各国政府に対し、アドヴォカシー（政策提言活動）を行った。詳しくは Noda et al (1996) を参照。

（2）タンマカーイ（法身、サンスクリット語でダルマカーヤ）とは元来、大乗仏教の用語で　仏の本身としての永遠不滅な法のことを示す。ちなみに大乗仏教においては仏になるための因としての行を積み、その報いとしての功徳を備えたものを報身（サンボダカーヤ）、仏が衆生を教化するために姿を現したのを応身（ニルマーナカーヤ）といい、この三つを三身という。

（3）タイ語でワン・プラといい、在家信者が月に四回、寺に詣でて戒律を授かる日。陰暦の八日、十五日、二三日および月末がそれにあたる。

（4）タイの著名な知識人、プラウェート・ワシー博士（マヒドン医科大学教授）は、この三学のいずれを強調するかによって、タイの新しい仏教運動を特徴付けている。すなわち、サンティ・アソークにおいては戒律を厳格に守ること（戒学）、タンマカーイにおいては瞑想を実践すること（定学）そして、プッタタート比丘においてはブッダの言葉に立ち返ってものごと本来のありようを正しく認識する智慧をもつこと（慧学）がそれぞれ強調されているとする（筆者によるインタビュー。一九九四年八月八日、於マヒドン医科大学）。このプラウェートの整理はやや図式的な感も否めないが、現代のタイの新しい仏教運動を理解する上では有効な座標軸を提供していると評価できよう。

（5）筆者によるインタビュー。一九九四年八月七日、於タンマカーイ寺。

（6）五戒とは出家者はもちろん、在家者も含めすべての仏教者が守るべき基本となる戒律である。五戒とは生き物を殺さない（不殺生）、盗みをしない（不偸盗）、淫らな行いをしない（不邪淫）、嘘をつかない（不妄語）、酒など中毒性のある物を摂らない（不飲酒）の五つがある。八斎戒とはこの五戒に衣食住の具体的な節制、すなわち装身・化粧をやめ、歌舞を聴視しない、高い台（ベッド）に寝ない、食事は決められた時間（昼以降）はしない、の三つを加えて八条にしたもので、在家者が出家生活に一歩近づく、僧俗を結ぶ意味ももつ。

（7）筆者によるインタビュー。一九九四年三月一九日、於サンティ・アソーク寺。

（8）興味深い事実としては、ポーティラック師はサンティ・アソークを開く前の数年間、タンマカーイ寺にて修行をしていたという事実があり、両者は全く無縁ではない。だが師は、第二節（1）で述べたようなタンマカーイの思想や実践に限界を感じた。また、高学歴者の多いタンマカーイにおいては正規の仏教教育を受けていない師がないがしろにされた。こうした経緯から師は新たにサンティ・アソークを開いた、とされる。

（9）ソーシャルキャピタル（social capital）とは、「人々の調和のとれた行動を促進するような、信頼、規範、ネットワーク、価値観」と定義される（Putnam 1993 : 167）。すなわち、社会経済発展をもたらす、社会統合の基盤として人々や社会をつなぐ「糊」である。なお、ソーシャルキャピタルは「社会資本」ないし「社会関係資本」と訳されることが多い。しかし「社会資本」は社会基盤（ソーシャルインフラストラクチャー）と同義で使われることが多く、また、ソーシャルキャピタルには「社会関係」より広い意味がある。よってここではそのままソーシャルキャピタルとしておく。ソーシャルキャピタルと仏教的開発《かいほつ》についてはNoda (2000) 等を参照。

（10）スラムの活動家プラティープ・ウンソムタム・秦氏および氏が代表を務めるＮＧＯ「ドゥアン・プラティープ財団」（ＤＰＦ）スタッフへの筆者によるインタビュー。一九九四年七月三〇日、於同財団、バンコク・クロントーイ・スラム。プラティープ氏は「スラムの天使」と呼ばれ、都市貧困層の問題に積極的に取り組むほか、民主化運動のリーダーとしても活躍、近年ではタイ上院議員に選出された。氏も敬虔な仏教徒である。

（11）僧侶とは別に、在家仏教者による都市での社会活動として、一九五〇年に設立された青年仏教会によるバンコクのスラム地域における仏教日曜学校がある。これは公のサンガ主催の仏教日曜学校と違い、もっぱら貧困児童の救済、教化をめざしたノンフォーマル教育運動であり、王室にも支持されている。なお、この青年仏教会は、仏教が現代社会に適応できていないことへの危機感から始まった在家仏教者による仏教改革運動であり、その担い手の多くは海外留学を通じて欧米文化とくにキリスト教文化に触れることによって自らを仏教徒と再認識し、タイ仏教を守ることを痛感した若いインテリ層であった（石井、一九九一年、一八一―五頁）。このような在家者による仏教改革運動は、王室による改革運動（モンクット親王によるタンマユット派の運動）や、出家者による改革運動（故プッタタート比丘等の学僧や開発僧《かいほつ》／尼僧の運動）と並んで注目に値する。

（12）筆者によるインタビュー。一九九四年七月二九日、於バンサイカイ寺。

（13）同。

（14）筆者によるインタビュー。一九九四年八月四日、九日、於サティアンダンマサタン寺。

（15）ドイツの哲学・教育学者、ルドルフ・シュタイナーによって提唱された、人間を身体・心魂・精神の全体においてとらえる人智学に基づく教育。人間の一生全体を視野に入れ、子どもの自然な成長に沿って、幼児期・学童期・青年期にそれぞれふさわしい能力を伸ばそうとする点が特徴である（シュタイナー、一九九六年）。シュタイナー教育には、人間の潜在能力の開花という点で、仏教の開発《かいほつ》思想と共通するものがある。

（16）チャツマーン博士（タマサート大学教授）への筆者によるインタビュー（一九九四年八月八日、於タマサート大学）および、Chatsumarn（1991）も参照。博士は同大学で宗教学、哲学の教鞭をとり、仏教と女性の問題に関するタイを代表する知識人である。

（17）末期患者のための医療施設は一般に「ホスピス」と呼ばれることが多く、「仏教ホスピス」という呼び方もされる。しかし、ホスピスという言葉はキリスト教に由来する言葉であり、仏教に基づく施設に用いるには違和感をぬぐえないので、ここでは原則として「末期医療センター」と称した。なお、日本にも仏教に根ざしたターミナルケアセンターが新潟県の長岡西病院などにあり「ビハーラ」（精舎）と呼ばれている。ビハーラ運動については田代（一九九九年）などを参照。

（18）師のエイズ末期医療センターには一般の人々に混じって僧侶もいる。上座部仏教の僧侶は厳しい戒律を守っているため麻薬や売春でＨＩＶに感染するということはありえないが、ここにいる僧侶の患者たちは、感染後、贖罪の意識を感じて仏門に入ったり、社会の中での行き場を失って出家したりした者たちである。

（19）筆者によるインタビュー。一九九四年八月一日、於プラバトナンプ寺。

（20）同。

【参考文献】

〔外国語〕

Alongott, n.d. "Buddhsim in Thai Society : the AIDS Crisis, and Hospice Care", in *Seeds of Peace*, Vol.8, No.13, pp.13–14, Bangkok : International Network of Engaged Buddhists (INEB).

Apinya Fugengfusakul, n.d., "Empire of Crystal and Utopian Commune : Two Types of Contemporary Theravada Reform in Thailand", *Sojourn*, Vol.8. No.1, n.p.

Aporn Poomapnna, 1989, *Insight into Santi Asok*, Bangkok : Dharma Santi Foundation Press.

――――――, 1991, *Insight into Santi Asok II*, Bangkok : Dharma Santi Foundation Press.

Asian Institute for Health Development, 1994, *Graduate AIDS Volunteer Project,* Bangkok : Mahidol University.

Askew, Marc, 1994, *Interpreting Bangkok : The Urban Question in Thai Studies*, Bangkok : Chulalongkorn University Press.

Bangkok Post, 1992, "A Heaven for Unmarried Mums : At the beginning of a new life", Jan 25, Bangkok.
Bowers, Jeffery, 1996, *Dhammakaya Meditation in Thai Society*, Bangkok : Chulalongkorn University Press.
Chatsumarn Kabilsingh, 1991, *Thai Women in Buddhism*, California : Pallalax Press.
Jackson, Peter, 1989, *Buddhism, Legitimation and Conflict : The political function of urban Thai Buddhism*, Singapore : Institute of Southeast Asian Studies.
Noda, Masato et al (eds), 1996, *HABITAT II (The 2nd United Nations Conference on Human Settlement) Japan NGO Report-As an integral part of official report*, Istanbul : Japanese NGO Forum for HABITAT II.
Noda, Masato, 2000, "How is 'Social Capital' Useful in the Analysis of the Organised Community Action?", MSc in management of NGO dissertation, Centre for Civil Society, London School of Economics and Political Science.
Olsen, Grant, 1993, "Bodhirak, Chamlong and Phonphichai : A trinity of Santi Asoke biographies", London : 5th International Conference on Thai studies, Scool of Oriental and African Studies.
Panya Prachakorn, 1994, "Seeking Supremacy the Buddhist way : Num employs spiritual help boxers relax and concentrate", Bangkok : *The Nation*, May 15.
Pitch Pongsawat, 1993, "The Role of the Sangha in the Urban Thai Society : A case study of Phra Phayom Kalayano", London : the presentation paper at the Thai Study conference on the panel Thai Buddhism, School of Oriental and African Studies.
Putnam, Robert, 1993, *Making Democracy Work*, Princeton : Princeton University Press.
Taylor, J.L., 1990, "New Buddhist Movement in Thailand : An 'individualistic revolution', reform and political dissonance", in *Journal of Southeast Asian Studies*, Vol.XXI, No.1, pp.135–154, Singapore : National University of Singapore.
Thai Development Support Committee (TDSC), 1996, *Thai Development Newsletter : Living with a friend called Aids*, No.31, Bangkok.
United Nations Centre for Human Settlement (UNCHS), 2001, *Istanbul + 5 (brochure)*, New York.

〔日本語〕

赤木攻、一九九一年、「サンガへの挑戦——タイにおける仏教改革運動素描」（所収：『アジア学論叢』大阪外語大学）。

石井米雄、一九九一年、『タイ仏教入門』めこん。

ウィモン・サイニムヌアン、一九九二年、『蛇』（桜田育夫訳）めこん。

河森正人、一九九七年、『タイ：変容する民主主義のかたち』アジア経済研究所。

産経新聞、一九九五年、「生と死を考えるシリーズ：タイのエイズホスピスから」①～⑥、十月三日～十六日。

シュタイナー、ルドルフ、一九九六年、『人間理解からの教育』（西川隆範訳）筑摩書房。

チャムロン・スイームアン（シームアン）、一九九三年、『タイに民主主義を――清貧の政治家チャムロン闘争記』（北村元・佐々木咏子訳）サイマル出版会。

田代俊孝、一九九九年、『仏教とビハーラ運動――死生学入門』法蔵館。

ダマガヤ（タンマカーイ）財団、一九八八年、『メディテーションの方法』（Pathum Thani：Dhammakaya Foundation）。

野田真里編著、一九九五年、『アジアの智恵に学ぶ共生の社会――タイ：NGOと仏教によるもう一つの発展』「タイ仏教の社会思想と社会行動」研究会＋アーユス＝仏教国際協力ネットワーク。

林行夫、一九九三年、「ラオ人社会の変容と新仏教運動――東北タイ農村のタマカーイをめぐって」（所収：田辺繁治編著『実践宗教の人類学――上座部仏教の世界』京都大学学術出版会）。

福島真人、一九九三年、「もう一つの『瞑想』、あるいは都市という経験の解読格子――タイのサンティ・アソーク（新仏教運動）について」（所収：田辺繁治編著『実践宗教の人類学――上座部仏教の世界』京都大学学術出版会）。

ブンミー・ティラユット、一九九五年、「五月事件――タイの政治空間における記号のドラマ」（西井涼子訳、所収：田辺繁治編著『アジアにおける宗教の再生―宗教的経験のポリティックス』京都大学学術出版会）。

第Ⅱ部資料１――農村での開発《かいほつ》実践

ナーン和尚と開発《かいほつ》僧のネットワーク

ピピット・プラチャーナート（ナーン和尚）
浅見靖仁＝訳／高橋秀一＝構成

国際シンポジウム「アジアの智慧に学ぶ共生の社会―タイ・NGOと仏教によるもう一つの発展」（1995年７月８日、早稲田大学にて）。

はじめに――心から始まる

私が行っている活動には、米の共同管理（サハバーン・カーウ）（本書第5章参照）、日常生活品などを扱う生活協同組合や貯蓄協同組合の活動、多品種の作物を栽培する複合農業、化学肥料や農薬を使わない有機農業、海外に米を輸出する活動などがあります。

こうした活動は突然始めたものではありません。村人の前に出て行く前に、まず私自身をそうした活動にふさわしいような状態にもっていくことから始めました。たとえて言うならば、ナイフで何かを切る場合に、いきなり対象物を切るのではなく、まず刃を十分に研ぐことから始めるのと同じようなものです。つまり、まず瞑想を通じて精神を落ち着かせて冴え渡った状態にし、心の中に仏の教えを準備するのです。そうした準備ができたら、次は村を歩き回って、村の中がどのような状態にあるかを観察します。村の人たちがどういう経済的・社会的な問題に直面しているのか、またその原因は何かを調べなくてはならないからです。そうすると、一番重要なのは人間の行動や思考のもととなる心の問題であるということがわかります。問題を解決するためには心の問題をまず治さなければならないのです。体の病気であれば医者は体を診察すればわかりますが、心の病気であれば仏法を使って診察しなければなりません。貪欲、怒り、誘惑など、心の病気が何であるかがわかれば、治すための薬や治療法を探すことができるのです。問題があるとわかれば、今度は「自分を知る」、つまり自分がどのような心の病気、すなわち欲望をもっているのかということについて村人たち自身に考えてもらいます。たとえば村人の中には、妻がいるのにさらに二人目、三人目の女性を求めるという貪欲な心をもつ者がいます。心の問題がどんなものかを知ってもらったら、今度は村人一人ひとりをとりまく経済、社会、家族の問題について考えます。村人の多くは、賭けごと、悪い友達づきあい、怠惰、浪費などの問題を抱えていましたが、それらの問題は完全に解決することはできなくても改善することは可能であることを、村人たちに教え説いたのです。

一　「墓場へ行って皆で死ぬ」とは

村人の煩悩を絶つために、私が考え出したものとして、「墓場へ行って皆で死ぬ」という方法があります。もちろん、本当に死ぬわけではありません。村の林にあるお墓に村人を四〇人ほど連れていって、そこで瞑想をさせるのです。一五日間、互いに二、三メートル離して建てた一人用テントに入り、誰とも話すことなく一五日間を過ごします。村人にその方法を話したときは、「夜はお化けが出て怖いからいやだ」という者もいたのですが、「ナーン和尚が行くなら私もついて行こう」という者もたくさんいました。

村人が実際に何をして過ごすかといいますと、「止観瞑想法」という修行をしてもらいます。具体的には、息を静かに吸ったり吐いたりするのですが、その呼吸を「意識する」のです。息が鼻の穴から出て、入って、また出て、入るという過程を意識します。すると次第に意識が冴え渡った状態になり、意識そのものさえも出たり入ったりするのが感じられてくるのです。こうすることで自分の心を客観視できるようになり、さまざまな誘惑に対する抵抗心が芽生えてきます。そういう形で、自分がなかなか断ち切れないでいた、人生にとって本当は必要ではないものに対する執着が、完全には消えないまでも、薄れていくことが実感できるのです。

村人たちもこの修行に大変興味をもちました。それによって自分の心をよい状態に保ち、幸せで平穏な気持ちになれるからです。米の共同管理や生活協同組合、貯蓄協同組合、複合農業などの活動は、そうして穏やかな心を得た村人たちが互いに手を取り合うことによって、初めて行うことができるのです。この協力こそが活動の推進力です。また僧侶と一緒に活動することも、村人たちに安心感を与えます。

二　村の衆には借りがある

次に、なぜ僧侶が村の開発に関わらなければならないのか、という点についてお話ししたいと思います。

私は二〇歳の時に、出家する機会を与えられました。僧侶になってから、僧侶は何もしなくてもいいということを知りました。僧坊は村人が建ててくれるし、毎日の食事も寄進してくれます。生活に関しては困ることは何もありません。時間が充分に与えられていましたので、仏教の教理について勉強し、それによって自分の煩悩を減らして、平穏な状態に達することができました。しかしそれは、村の人々が貧しい暮らしの中から食べ物を寄進し、寺を建ててくれたからこそ可能になったのであり、自分が得たものは、本来彼らに返すべき「借り」であるということに気づいたのです。そして、村人たちにどうしたらその借りを返せるかを考えました。まず、これまで寄進してもらったお金やお米を返すのはどうかと考えました。しかしその時、ブッダの教えの中に、「自らを拠り所とせよ」という言葉があることに思い至りました。これは僧侶のみならずすべての人に当てはまることです。このようなブッダの教えに従って、村人たちが自分自身を知り、自分の生きる道や問題解決の方向を自分で見つけるために、僧侶として彼らを教え導く役割を果たそうと考えるようになったのです。

これまでの活動の中で、私はさまざまな問題に直面してきました。何ごとにも障害はつきものですが、それを克服できるかどうかは、自分がその問題をどれだけよく理解しているか、その問題に対してどれだけ準備を整えているか次第だと思います。私自身の例を挙げますと、私は長年の間、村人たちが共有地を協力して耕作し、収穫を分け合う「友好の米作り」という活動を行ってきましたが、共産主義の脅威が強かった時代には、この活動によって共産主義者の疑いをかけられ、村人数人が逮捕されたことがありました。私自身も郡役所に呼ばれて取り調べを受けましたが、この活動の意義を正しく理解するように郡長を説得しました。これは助け合いなのだ、共同して苗代を作り、一緒に田植えをし、友情のきずなを結ぶのだ、と。その後役人たちもこの活動を理解してくれるようになり、時には農作業を手伝うようになりました。こうした活動は、社会のためになることを皆で一緒にやる、つまり協力しあって徳を積む（ルワム・タンブン）ことができるという点で、非常に大切なことであると思います。

三　広がるネットワーク

次に、他の地域で同じような活動をしている人たちと、どのようなつながりをもっているかについてお話しします。

活動を始めたのは自分の住んでいる村でしたが、そのうち周囲の村からも来てほしいという要請があって、手助けするようになりました。そういう村が一〇、二〇と増えていくにしたがって、私一人ではとても手が回らず、要請に応えることができなくなってきました。そうしたところにコーンケーン大学で農村開発を研究しているアキン先生とモンコン先生が私の話を聞きに来て、同じような関心をもつ人々とのネットワークを積極的に作ろうということになりました。現在そのネットワークには、ＮＧＯのスタッフやそうした活動を支援する知識人など多様な人々がおり、またスリランカや韓国など海外の人々とも交流があります。

スリン県の開発僧の間では、二〇人ほどの「サハタム」というネットワークがあり、また全国規模では「セーキヤタム」（開発のための仏法連合）という組織があります。また、とくに東北部に限っていえば、僧侶、ＮＧＯ、農民が協力して、有機農法で米を作り、業者に委託せずに自分たちの手で精米する活動が多くの県に広がっています。こうした運動によって、安全な食べ物を食べることができるようになるだけでなく、土や水などの環境を回復させ、また精神的にも豊かになって、さまざまな欲望にも立ち向かうことができるようになるのです。

おわりに――日本の皆さんへのメッセージ

これまで数多くの日本人が私の村を訪ねて来てくれました。日本人が最初に私の村に来たのは一九七五年で、それ以来これまでに数えきれないくらいの日本人が、短期間ではありましたが村に滞在しました。今回、一週間の日本滞在中に、多くの方々に再会することができ、とても嬉しく思っています。

現在の日本がタイに比べて経済的に発展していることは間違いありませんが、精神的にもより優れているかというと、必ずしもそうとは言えません。精神的な面では、日本とタイはお互いに学びあうべきところが多いのではないでしょうか。また学びあうだけでなく、自分自身をよく知り、正しい見方と正しい行いをし、心を穏やかにするよう努めることによって、双方の関係も平安なものになるでしょう。私は、日本は緊張感が漂う社会だと感じていますが、たとえ忙しい中でも、ほほえみを絶やさず、平安な気持ちで毎日を生きることはできると思います。今日はお話を聞いていただき、どうもありがとうございました。

＊本編は、一九九五年七月八日、早稲田大学小野講堂における国際シンポジウム「アジアの智慧に学ぶ共生の社会――タイ・ＮＧＯと仏教によるもう一つの発展」（共催：「タイ仏教の社会思想と社会行動」研究会、アーユス＝仏教国際協力ネットワーク）の際に行われた講演をもとに構成した。なお、本編の作成にあたり、パットオン・ピパタナクル（在日タイ大使館勤務）に協力を頂いた。（構成者）

＊ナーン和尚については、ピッタヤー・ウォンクン、二〇〇一年、『村の衆には借りがある――報徳の開発僧』（改訂増補版、野中耕一編訳、燦々社）に詳しい。（編者）

第Ⅱ部資料２——政治での開発《かいほつ》実践

チャムローン氏とパランタム（法力）党の政治思想

チャムローン・シームアン
西川　潤＝聞き手／野田真里＝構成

パランタム（法力）党の母体となっているサンティ・アソークの信者。
モホームと呼ばれる農民服をまとい清貧の生活を実践している。

真の仏教としての持戒と慈悲――サンティ・アソークとパランタム（法力）党の結成

西川　潤（以下、西川）　我々、「タイ仏教の社会思想と社会行動」研究会（本書の母体となった研究会）では、タイ仏教が今までの近代化とは違うオルタナティブ発展（もう一つの発展）のあり方を提示しているのではないか、と考え研究しています。チャムローンさんは、タイの新仏教運動であるサンティ・アソークの信者として、またパランタム（法力）党党首（一九九五年当時）として仏法を社会の中で実現するご活躍をされていると理解しています（詳しくは本書第7章を参照）。

今日は、チャムローンさんご自身が現代のタイ社会をどのように見ているか、とくにパランタム党という、仏教を背景とする政党党首の見地からタイ社会をどのように見ていらっしゃるかについてお話をお伺いしたいです。

チャムローン・シームアン(1)**（以下、チャムローン）**　どうぞ、喜んでお受けします。

西川　チャムローンさんは小さいころから仏教に親しんでいたと思いますが、サンティ・アソークとはどのようにして出会ったのですか。

チャムローン　今から二十数年前に、プッタタート比丘《びく》のスワンモーク（解放の園）寺院を訪れたのですが、そのとき師の教えや書物に非常に感銘を受けました。そこで本当の仏教とは何か、また偽りの仏教とは何かを学びました。師は仏教の教えの中で最も高い水準にある教え、つまり涅槃に到達するために、煩悩を断ち切ることについて説いてくださいました。そしてスワンモークにいる時、わざわざスラートターニー県（スワンモーク寺院のある県）まで来なくても、バンコクにも仏教の教えの実践を順序よく、わかりやすく説いている寺院がある、という話を知人から聞いたのです。それがポーティラック師が開いたサンティ・アソークだったわけです。今でもスワンモークには年に二回行きますし、サンティ・アソークの寺院には毎週行っています。

スワンモークでは真の仏の教え、つまり戒律を守ることについて説きます。まず基本の五戒について説き、段階的に八斎戒を守るところまで教えます。(2) その戒律を厳格に守れるようになるにつれて、慈悲の心や献身の気持ちが生まれてくる。それは自分のためにもなるし、社会のためにもなる。それが真の仏教の教えなのです。一般にタイの仏教徒は、仏教の本質を理解しているとはいえません。お寺にお金を寄付して新しい建物を造ったりするタンブン（積徳）だけで満足してしまっています。お金が欲しいとか健康でありたいとか、自分のためにのみ祈っている。しかしそのような人たちは仏教の教えを誤解しているのです。本当に善き仏教者、善き人間になりたいと思うならば、自分を律しなければならないのです。

西川　プッタタート比丘の教えとポーティラック師の教えは非常に似ているところがあると思う一方、違うところもあると思います。その違いは何でしょうか。

チャムローン　教えの根本はほとんど同じだと思いますが、違いがあるとすれば、ポーティラック師は基本から順々に、実践に重きを置いて教えていく。一方、プッタタート比丘は教えの最も高尚な部分をまず最初に説くという点です。

西川　そうしますとパランタム党を結成したのは、やはりサンティ・アソークの実践を重視する教えに基づくと考えてよいのですか。

チャムローン　もちろんサンティ・アソークの影響はありますが、必ずしもそれだけではありません。私がサンティ・アソークに行くようになったのは今から一六年前の一九七九年ですが、パランタム党を結成したのは一九八八年のことで、時間的にも大きな開きがあります。

西川　政党名の「パランタム」とは「法力」「仏法の力」という意味ですが、この世に仏法を体現することを目的として活動していらっしゃるのですか。

チャムローン　タム（＝ダンマ）とは、仏教の法はもとより、すべての宗教の法（真理）のことを指す概念です。私自身は仏教徒ですが、他の宗教に対し尊敬の念を持っています。

人間性の開発《かいはつ》のための教育「リーダーシップ・スクール」の活動

西川　仏法では個人の悟り（開発《かいほつ》）が中心なので、政党による仏法に基づく社会変革――政治の開発《かいほつ》とでも言いましょうか――をめざすのは難しいのではないでしょうか。

チャムローン　確かに政党の活動のみに仏法による社会変革を期待するのは難しいですね。私個人としては、社会の開発《かいほつ》をめざす活動の一環として、中部タイのカーンチャナブリー県に学校を作って教育活動をしています。これはよりよき社会づくりを担うリーダーシップを備えた人材の育成、すなわち人間としての資質の向上、人間性の開《かい》発《ほつ》のための活動です。先日もカーンチャナブリー県での四日間の研修を終えたばかりです。

西川　その教育活動についてお伺いしたいですね。

チャムローン　これは私がバンコク都知事に就任した一九八五年から始めた活動ですが、それ以前は週末を利用して、仏教の教えを説くために国中あちこちをハンモックを担いで廻っていました。知事になるまでに七〇〇回ぐらい行きました。知事になったときに、都庁の幹部から、「都の職員たちにも同じような教えを広めてはどうか」という提案があり、この教育活動を始めることになったのです。私の知事時代の七年間に一万人以上がこの活動で学びました。この教育活動は「人間の資質向上のための教育（Up-grade Development of Quality of Life）」と呼ばれました。都のあらゆる職員、すなわち清掃局の職員にはじまり学校の校長先生にいたるまでを対象として、グループごとに分けて研修を行いました。活動を始めたばかりのころは都の予算と施設を利用していました。参加者の九割は都の職員でしたが、他にも、都以外の公務員や民間企業の社員も参加しました。私としては自前の学校を作り、この活動をより幅広く、民間にも対象を広げていきたいと思いましたが、その時はお金も土地もありませんでしたので実現しませんでした。

今から四年前（一九九一年）に、韓国のキム・ジョンキ財団からアジアの社会に貢献した人に対して贈られる賞を授賞したとき、故キム・ジョンキ博士が三十数年間にわたり、よく似た活動を展開していたことを知りました。博士の学校「カナアン・ファーマーズ・スクール」は昨年（一九九四年）創立四〇周年を迎えたそうですが、その間に四十数万人が学んだそうです。そこでは清潔で勤勉な人間の育成をめざし、知識を教えるよりもどうしたら人間としての資質を高め、自分自身を向上させることができるのか、すなわち人間性の開発《かいほつ》について教えることに重きを置いていました。私が教えていることと偶然にも全く同じでした。ただ私の教育活動と大きく違っていたのは、博士は自前の土地と施設を持ち、対象を公務員に限らず広く一般に門戸を開き、また四〇年という長い歴史を持っていることでした。この「カナアン・ファーマーズ・スクール」は韓国の発展のために大きな役割を果たしてきました。実業界で活躍している人物にもここの卒業者は多く、「現代《ヒュンダイ》グループ」（韓国の財閥）の会長もその一人です。

韓国での授賞式から戻ると、タイの実業界の人たちから何かやりたいことはないかと聞かれ、自分の教育活動を行うための学校が欲しいと答えました。それでそういった人たちの寄付によりカーンチャナブリー県に念願の自前の学校を作ることができ、これを「リーダーシップ・スクール」と名づけました。都知事時代には私自身、一四七回の研修を行いましたが、先週この学校で、通算一四八回目の研修を行いました。これには民間企業からも五八人が参加しました。ほとんどは二五歳から四五歳までの大企業の中間管理職の人たちです。ここでの研修生は学歴は問いませんが、多くが大学卒以上です。研修は四日間で、定期的に開いているわけではありませんが、大体二カ月に一度の割合で開いています。

西川　その学校でも仏教の戒律を守るのですか。

チャムローン　もちろん仏教の教えが基本にありますが、「リーダーシップ・スクール」で教えるのは仏教だけではありません。ここへ来る人たちは、清廉、勤勉、節約に努め、正直で、犠牲の精神と感謝の心に富んでいるという、人間の資質の六つの点ですでに優れた人たちなのですが、その長所をさらに伸ばすことができるように教えるのがこの学校の役割なのです。

西川　私どもも日本で小さなＮＧＯ（日本ネグロスキャンペーン委員会）をやっておりまして、よりよき社会の担い手たるリーダーの育成を行っています。フィリピンのネグロス島に有機農業の専門家を派遣し、民衆のリーダーシップを育み自立を促す活動を行っています。そこではそれまでは伝統的な地主—小作関係の下にプランテーション（大農園）でサトウキビばかり作っていたのですが、今では民衆が自立的農業を営むようになり、自分たちの食料が調達できるようになったと地元の人たちに喜ばれています。

チャムローン　私どももカーンチャナブリー県で地元の農家一〇軒と協力して、自然農業を教え、農民のリーダーを育成する学校も運営しています。カーンチャナブリー県は非常に乾燥した土地で、気温も高いのですが、自然農業のプロジェクトが行われているノンプルーでは乾季は野菜と果物、雨季は米を作っています。ノンプルーは「リーダーシップ・スクール」のある県庁所在地から一〇〇キロほど離れたところにあります。ここで研修生たちは、質素な小屋に泊まって農作業の手伝いをするのです。この農場で収穫される、農薬や化学肥料を使っていない農作物は、バンコクのウィークエンド・マーケットの近くに出荷しています。

西川　私もぜひ、日本の有機農業の専門家を連れてチャムローンさんのプロジェクト地を訪問したいですね。

チャムローン　学校を作るなどというと一見、大それたことをやっているように聞こえるかもしれませんが、この仕事は私にしかできない意味のある仕事だと思って地道にやっています。

社会における真理の法の実現——パランタム党の政治思想と民衆

西川　すでにお伺いしたように、仏法の実践としては、個人で戒律を守り、慈悲の心を育むということと、教育によって人間性の開発《かいほつ》を行うことの二つの側面があると思います。チャムローンさんはこれに加えて政治によって仏法を実現するということをやってこられたと思いますが、パランタム党は社会における真理の法の実現という立場から何をめざしているのですか。

チャムローン　パランタム党は大きな政治勢力にはなりえていません。とくに地方では残念ながら票の買収が多く、本当に勢力を伸ばしたかったら選挙に大金をつぎ込まなくてはならない。バンコクでも地方でも、貧しい人たちはパランタム党の言っていることには共感を持ってくれているのですが、実際の投票となるとお金をもらえる方を選んでしまう。票の買収にかかわらない中産階級以上にもパランタム党を支持する人は多いのですが、なかなか投票行動に結びつかない。パランタム党は汚職や金をつぎ込む選挙には反対しているので、今のところ政党として大勢力になる望みはありません。将来、何十年か先に社会が変化し、票の買収によって投票行動が左右されなくなれば、パランタム党も勢力拡大ができるでしょう。

西川　そうすると、パランタム党の目的は多数政党として政治的に何かを実現するというよりも、仏法を基本とし、社会において真理の法を実現しようとする、その在り方そのものによって政治に影響を与えることである、そのように理解してよろしいのですか。

チャムローン　そうです。政党の大きい小さいは問題ではありません。すでに申し上げたとおり、パランタム（法力）党のタム（法）とは、仏法をはじめとするすべての宗教の法も含む真理を意味します。私どもは、社会においてこうした真理の法《タム》を実現する力《パラン》になれればと考えています。

西川　現在あなたの党は連立内閣の一員ですから、パランタム党のめざすもののなかで、政府の持つ大きな力によって実現できることがあると思いますが。

チャムローン　そう多くは期待できませんが、いくつかは実現できると思いますよ。

西川　あなたが都知事に選ばれたときは圧倒的な票数で選出されましたが、その支持力は今日まで続いていると思いますか。

チャムローン　都知事時代には自分の権限を使っていろいろなことができました。世界で六番目に汚い都市といわれたバンコクが、今では世界で十指に入る魅力的な都市に変わった。洪水も減った。自分が思っていた以上のことができました。しかし副首相（インタビュー当時）では国全体に責任がありますし、権限も限られていますので、なかなかそうもいきません。

西川　バンコク都知事を辞めて国政に出られたのは、都知事としての仕事はある程度成し遂げたので、今度は中央政界で、という気持ちがあったからですか。

チャムローン　いいえ、自分が望んだというよりも、まわりから中央政界に担ぎ出されたのです。

西川　チャムローンさんは一九九二年五月、民主化運動の先頭に立たれましたが、その後タイの民主主義の現状はどうですか。

チャムローン　タイ社会は民主化に向けて大きくは変わっていませんが、少しずつは変わりつつあると思います。

西川　チャムローンさんの存在があればこそ、タイは民主化の方向に動いていると我々は思っています。チャムローンさんの今後の活躍を祈っております。最後の質問ですが、チャムローンさんにとって民主主義とは何ですか。

チャムローン　民主主義とは、民衆の大多数の利益になるような政治システムであり、また真の民主主義においては、政治は民衆のために献身的に尽くすべきであると思います。

＊このインタビューは、一九九五年三月一五日、タイ王国総理府にて行われた。

【編注】

（1）チャムローン・シームアン（Chamlong Srimuang）氏の略歴は以下の通りである。

一九三五年、バンコクに生まれる。陸軍士官学校を卒業後、アメリカに留学。タイ特殊部隊司令官としてラオス戦争、ベトナム戦争に従軍、八五年陸軍少将となる。同年、軍籍を離れ、バンコク都知事選挙に立候補し、勝利。九二年バンコク都知事のポストを、パランタム党の同僚で党首を務めるクリサダー・アルンウォン・ナ・アユタヤ副知事に譲り、総選挙に出馬した。総選挙ではパランタム党は四一議席（うち三四議席がバンコク）を確保し、チュアン文民政権の支柱（副首相）となる。一九九二年以降のタイの民主化に主導的役割を果たし、同年、マグサイサイ賞を受賞した。邦訳書に『タイに民主主義を——清貧の政治家チャムロン闘争記』（北村元・佐々木咏子訳、サイマル出版会、一九九三年）がある。

（２）五戒とは出家者はもちろん、在家者も含めすべての仏教者が守るべき基本となる戒律である。五戒には、殺すなかれ（不殺生）、盗むなかれ（不偸盗）、淫らな行いをするなかれ（不邪淫）、嘘をつくなかれ（不忘語）、酒など人を惑わすものを摂るなかれ（不飲酒）の五つがある。また、八斎戒とは、この五戒に衣食住の具体的な節制、すなわち歌舞にふけったり装身具を身につけないこと、高台（ベッド）に寝ないこと、決められた時間以外（午後）に食事をとらないこと、の三つを加えて八条としたもので、在家者が出家生活に一歩近づく、僧俗を結ぶ意義をもつ。

第Ⅱ部資料3——都市での開発《かいほつ》実践

パヨーム師と「都市のスワンモーク」

高橋秀一

「都会のスワンモーク」作りをめざすパヨーム師。竹筒でできた貯金箱を手に、子どもたちに節約や貯蓄の大切さを説いている。

はじめに

喧騒の都、バンコクの中心部から水上バスに乗り、チャオプラヤー川を三〇分ほど遡上すると、ノンタブリー県に入る。終点の船着き場で小型ボートに乗り換え、細い運河を入って行くと、水は次第に澄み、首都近郊とは思えないほど豊かな緑が広がってくる。両岸には水上に突き出して建つ昔ながらの木造家屋が点在し、洗濯する母親のそばで子どもたちが水浴びをするといったのどかな日常が垣間見られる。コンクリート造りの大きな寺院のある船着き場で降り、人影のまばらな小道をしばらく歩く。すると突然、道の両脇に露店が立ち並び、人々が賑やかに行き交う一角にたどり着く。パヨーム・カラヤーノー師（Phra Phayom Kalayano）が住職を務める、スワンゲーオ寺院の門前市だ。(1)

パヨーム・カラヤーノー師、通称プラ・パヨーム（「プラ」は僧侶の尊称、「パヨーム師」の意）は、タイではきわめて名高い僧侶だ。ある新聞が行った世論調査では、「最も知名度の高い僧侶」に選ばれたこともある。テレビ・ラジオ番組への出演、著作・カセットテープの出版などマスメディアを活用した説法活動や、ストリートチルドレン、麻薬中毒患者など社会的弱者を対象とした多くの社会福祉活動を手がける異色の僧である。また最近では、破戒行為をしたとして僧籍を剝奪された高僧の批判・罪状追及の急先鋒を担うなど、社会に対する積極的な発言でも注目を集めている。こうした社会志向の活動の源泉について、パヨーム師は幼少時の体験と、プッタタート比丘《びく》

（本書第３章、第４章参照）からの思想的影響を強調する。(2)

一　幼少時の体験とプッタタートとの出会い

パヨーム・カラヤーノー師は一九四九年、ノンタブリー県の農家に生まれた。もとの名をパヨーム・チャンペートという。父プレーンは信仰心こそ人並みで正直な男であったが、ある時から酒や賭博を好む友人たちとつきあうようになり、家に帰らないことが多くなった。一家の暮らしはもっぱら母サンパオ一人の肩にかかるようになり、もともと楽ではなかった家計は一層困窮した。しかし母親は働き者で倹約家であるうえに教育熱心であったため、パヨーム少年は他の兄弟三人とともに義務教育課程（当時小学校四年まで）を修了することができた。だが卒業後は中学校へ進学せず、家計を助けるため働きに出た。農園での椰子の実取りや砂糖づくり、建設現場での日雇い労働、家具職人などを経て、一九歳の時には小規模ながらも建設請負業を興すまでになった。しかし二〇歳目前に父が死んだこと（母はすでに死亡していた）に加え、二〇歳になった男性は出家せねばならないというタイの伝統に従い、パヨーム師は地元ノンタブリーの寺院で得度した。

ここで修行を重ね、仏教教理を学んでいく中で、パヨーム師はプッタタートの著作に出会い大きな感銘を受ける。教法試験（ナック・タム）二級に合格したパヨーム師は、プッタタートのもとで学びたいと考え、タイ南部のスラートターニー県にある仏法実践道場、スワンモーク（解放の園）を訪れる。しかしここで修行するにはナック・タム一級を取得していなければならず、この時は一五日間滞在しただけでノンタブリーに戻り、再び勉学に励んだ。その後無事一級に合格したパヨーム師は、二四歳から三〇歳までの六年間にわたりプッタタートの教えを受けることになる。

スワンモークでのパヨーム師は、プッタタートの教えを一般の人々に広めるための説法の腕を磨くことで頭角を現した。先輩僧からスライドを用いて仏法を説く技術を学び、地域の学校やスワンモーク内での説法に情熱を傾けた。ユーモアや社会の現状への言及もふんだんに取り混ぜながら、わかりやすく仏教の教えを伝える技術には優れたものがあり、全国の教員大学や警察学校などでの説法を引き受けるようにまでなった。

一九七九年に故郷ノンタブリーに戻ったパヨーム師は、ワット・ゲーオ（「ワット」は寺院の意）という寺の住職に就いた。先輩の開発《かいほつ》僧パンヤーナンタ比丘らの支援を受けその三年前から仲間の僧侶二人と始めていた、夏休み中の男子児童・生徒を対象とした出家プログラムをここで本格化させた。このプログラムはパヨーム師にとって、その後の多様な社会開発活動の先駆け的なものとなった。

一九八〇年、パヨーム師はワット・ゲーオをスワンモークをモデルに大幅に改修し、「スワンゲーオ寺院」と改名する。一般的なタイの仏教寺院に見られるような豪華絢爛な本堂はない。果樹園に囲まれた緑豊かな敷地内に、事務棟や宿舎等の建物、そして屋外の説法場が点在している。この改修は、パヨーム師がプッタタートから受けた教えを実践するための、「都会のスワンモーク」を作ることを目的としたものだった。

またパヨーム師の活動が拡大するにともない、事業を運営・管理するための組織として「ムラニティ・スワンゲーオ（スワンゲーオ財団）」が一九八六年に設立された。設立時には、仏教の理念に基づくモラルの宣伝活動とそのために働く人々の支援、そして人々が適切な職業に就くことができるよう支援を行う、という目標が掲げられた。

二　パヨーム師の活動

故郷ノンタブリーを拠点として以来、パヨーム師は独創的な活動を数多く展開してきた。それらは大きく説法活動と社会開発活動の二つに分けることができる。(3)

（1）説法活動

説法活動はスワンモークでの修行時代に始まったものだが、その腕にさらに磨きをかけ、ますます多くの場所での説法に招かれるようになった。さらにその機会も学校や企業、役所からポップス・コンサートまでさまざまであり、一九九二年には一年間に七〇〇カ所での説法をこなしたという。スワンゲーオ財団によれば、パヨーム師は寺で丸一日を過ごすことは週に一日、日曜日しかないという。その日曜日が来ると、多くの在家信者たちがボートやピックアップ・トラック（後部が荷台になっている中型自動車）に乗り、家族そろってパヨーム師の説法を聴きにやって来る。師は午前中は彼らの面会に個別に応じ、相談を受け助言を行う。午後からは高い木々に囲まれた説法場で、集まった人々を前に説法を行う。目をなかば閉じ、穏やかな表情を浮かべながら、平易な言葉で人々に語りかける。その内容も政治や経済、社会問題など巷の話題に言及しながら、仏の教えと日常との関わりをわかりやすく説くものだ。

パヨーム師の説法活動はこれだけにとどまらない。一九八八年にチャンネル３で「仏法をパヨーム師とともに」と題したテレビ番組に出演したのをはじめ、これまでいくつかのテレビ・ラジオ番組のホスト役を務めた。また著作や説法を録音したカセットテープも多数出版しており、寺院内の売店をはじめ街中の店頭にも並んでいる。

（２）社会開発活動

パヨーム師の活動のもう一つの柱として挙げられるのが、社会開発活動である。これらはスワンゲーオ財団により主催・運営されている。前述した児童・生徒向けの出家プロジェクト以外に、主要なものとしては以下のようなプロジェクトが挙げられる。

①仏法を学ぶためのキャンプ・プロジェクト

小学生から大学生までを対象に、寺院内に三日間寝泊まりしながら仏法を学ぶプロジェクト。楽しみながら仏法を学ぶと同時に、集団生活を通じて礼儀や助け合いの心を養うのを目的としている。

②空腹の子どもたちのための支援プロジェクト

学習意欲は旺盛だが生活に困っている児童たちを対象に給食および奨学金を支給する。各学校から選ばれたこうした児童たちは、週末になると寺院に集まり植木の世話や売店の手伝いなどの労働に従事する。自分の生活費を自分でまかなう機会を与えることにより、労働の大切さを教え、自立心を育くむことを目的としている。

これらの①②などのプロジェクトからは、子どもたちの教育、そして自助の精神の育成を重視するパヨーム師の姿勢が伺える。パヨーム師は次のように言う。

「私自身、教育を受ける機会に恵まれなかったため、できるだけ多くの子どもたちが教育を受けられるように努力してきた。教育は、自分の行いを冷静に見つめるための知力を養う。現代の教育は、勉強はできるが社会のために役に立とうということを考えない、視野の狭い人間をつくり出しているのではないだろうか[4]」。

③麻薬中毒者のためのプロジェクト

麻薬中毒の状態から抜け出したいという意志のある者をスワンゲーオ寺院で出家させるプロジェクト。中毒の治療だけでなく、仏法の習得を通じた「精神面での」治療も受けることができる。筆者が訪問した際にも数人の患者が滞在しており、また中には元患者でそのままスワンゲーオ寺院の僧侶になった人もいる。ティーラサック僧（四一歳）もその一人で、修行を続けながら寺に住む親のいない子どもたちの世話をしている。

④職業訓練プロジェクト

職がなく困窮した人々、とくに深刻な貧困状態の東北部から職を求めてバンコクに来たものの失業してしまった人々を対象に、寺院内に住居を提供し、電気製品修理などの技術指導を行う。また、スワンゲーオ財団はこうした人々の就職のために雇用主との連絡役も果たしている。このプロジェクトはまた、文部省などの政府機関や民間企業からの支援を受けている。

⑤困窮した人々のためのプロジェクト

洪水や火災などの災害により住居を追われた人々を対象に、物心両面からの支援を行うプロジェクトで、政府の公共福祉局からの協力を得て行われている。

⑥廃品回収・再利用プロジェクト

スワンゲーオ寺院を訪れると、他の寺院にはない雑然とした雰囲気が感じられる。壊れた家具や電気製品、古本などが敷地内のあちこちに山のように積み重ねられているためで、子どもから老人までさまざまな人々がそれらを運んだり、解体したりしている様子を目にすることができる。それらは在家の人々により持ち込まれたもので、寺院内で生活する人々が作業場で修理したり、部品を再利用する。これは職業訓練プログラムの教材となるだけでなく、販売した収益を財団の活動基金とする。

おわりに

以上、パヨーム師の活動について簡単に述べてきた。首都近郊において「都市のスワンモーク」づくりをめざすその活動を概観すると、マスメディアの利用などある意味での「派手さ」や福祉的要素が強いことなどから、本書で紹介されている他の開発僧《かいほつそう》たちの活動とはかなり異質な印象を受ける。しかし「人間生活の質を高めるための努力」といった広義の意味で「開発」を捉えた場合、パヨーム師もまた、開発僧《かいほつそう》と呼ぶに十分ふさわしいと筆者は考える（都市の開発僧《かいほつそう》については本書第7章参照）。

現代タイ社会は急速な近代化の過程にある。物質的な豊かさの追求が人々の心をとらえ、寺に行かない、出家しないといった「仏教離れ」の傾向がとくに都市部で顕著になりつつあるという。果たして、仏教はタイ人とタイ社会にとって必要なものではなくなっていくのだろうか。個々人の精神に関わる問題である以上、一般的に論じることはできないが、本書で紹介されている他の開発僧《かいほつそう》同様、パヨーム師の活動も、急速に変容する社会の中での仏教の存在意義を、「現実への直接的なコミットメント」という形で示したものであるといえるだろう。

パヨーム師は自身のタイ社会の見方について、筆者に次のように述べた。

「現代タイ社会の最大の問題は、皆が自分の利益しか考えないようになったことです。経済が発展していく中で、人々が五感を満足させるために競ってモノを手に入れることに腐心するようになり、仏法や倫理を顧みなくなったのがその原因です。しかし経済の発展自体を悪いことだとは考えていません。私の活動に対しては、寺院内で販売・生産活動を行っていたり、寺の敷地内にたくさん建物が建っているのを見て、『資本主義的だ』と批判する人もいます。しかし、現代の資本家たちはどんなに利益を得ても飽き足らず、それを社会に還元しようとしません。それに対し私は、資本主義社会の中でたくさん儲けている人からお金を集めて、貧しい人々のために使うのです[5]」。

毎日をビジネスマンのように多忙なスケジュールの中で過ごすパヨーム師。プッタタートの教えを受け継いだ弟子として、また持ち前のアイデアと行動力を駆使して、これからも多彩な実践活動を展開していくことだろう。

*本編の執筆にあたり、ヌッチャリー・シリビロジャーナ氏に通訳などの協力をいただいた。

【注】

（1）筆者は一九九四年一二月に、ノンタブリー県のスワンゲーオ寺院を訪れた。
（2）パヨーム師の半生については、Yumonthien (1991) を参考にした。
（3）パヨーム師の活動については、前掲書第2部4、5章を参照。
（4）筆者によるパヨーム師へのインタビュー（一九九四年一二月二五日）。
（5）同。

【参考文献】

Yumonthien, Pairoj, 1991, *Prawat chiwit Phra Phayom* (The bibrography of Phra Phayom), SuanKeawPress.
Pitch Pongsawat, 1993, The roles of the Sangha in the urban Thai society : a case study of Phra Phayom Kalayano. (Presentation paper at the Thai Study Conference on the Panel Thai Buddhism, School of Oriental and African Studies, University of London.)

第Ⅲ部

開発《かいほつ》とNGO

第Ⅲ部「開発《かいはつ》とＮＧＯ」では、タイのＮＧＯの歴史と現状、そしてタイＮＧＯと仏教に基づく開発《かいはつ》がどのように連携し、相互に影響を与え合っているかを検証する。

第8章 タイNGO活動と農村社会

伝統文化（仏教）に基づく「節度ある中道社会」づくり

赤石和則

タイNGOの代表的リーダー、プラティープ氏。第2回国連人間居住会議（HABITATⅡ）で、バンコク・スラムの居住問題を訴えた。

はじめに

先のタイ経済危機（バーツ危機）[1]は、それまでのバブル経済が崩壊したことによって、都市を中心に大量の失業者を生み出した。その結果、出稼ぎ労働に頼って現金収入を得てきた農村の人々をも直撃した。しかしその一方で、タイ社会のありようを根本から考え直そうとする動きも出てきた[2]。

ふりかえれば一九八七年以降のタイ経済は、一気に高度経済成長に突き進んだ。その結果バブル経済の象徴としてのバンコクや一部の地方都市は、一層急速な都市化と人口流入を招いた。農業を捨てて、あるいは季節労働の出稼ぎとして、農村から都市に移動した人々は、工場、建設現場、デパート、レストラン、屋台、タクシー会社などで働き、バブル経済の下支えとなった。またもともと都市に暮らす人々は、現金収入が格段に増えるにしたがって中間層として都市の中核を担うようになった。家族をもつ人々は、多くは共働きで、週末スーパーマーケットで大量の食料や日常生活用品を買い込んだ。彼らは車や家をローンで購入し、その車で食料などを自宅に運び、大型冷蔵庫にそれらを保存するという生活を始めた。バンコクとその近郊の、世界的に有名な交通渋滞を避けるために、平日はみな早朝に出勤し、帰りも買い物のできる時間には帰宅できず、結局は週末に一週間分の買い出しをすることが必要不可欠になったし、彼らはそのことを都市生活者のステイタスシンボルとしてむしろ誇らしげに思ってもいた。都市にはモノが溢れ、誰もが物質的繁栄という、目に見える「豊かさ」に埋没するかに見えた。

しかながら経済危機によってまず、バブルの下支えとなっていた人々の収入基盤が崩壊した。工場閉鎖や建設中止などによって、大量の失業者が生まれた。彼／彼女らは当てのない日雇い労働者としてスラムなどに居住しながら都市に暮らし続けるか、出身の農村に戻るかの選択を迫られた。次に都市中間層の生活形態そのものも崩壊した。失業や転職が相次ぎ、収入が減った人々は、ローンが滞り、車や家を処分するだけではなく、家具や衣類のガレージセールを行って、わずかな現金でも確保しようと努めざるを得なかった。給与生活をやめて、農村で新生活を始める人々も目立つようになった。その後タイの経済危機は、製造業を中心に輸出産業などの回復にみられるように、少しずつ回復基調が見えてきたといわれる。しかしこれまでのバブル経済の崩壊は、タイ社会のあらゆる層の人々に、これまでの開発のあり方、タイ社会そのもののあり方をもう一度考え直す、ある意味で「好機」となったことは間違いない。

遡ってみれば、タイの開発の歴史において、物質的繁栄やバブル経済に多くの人々が沸き返る中で、常に草の根の民衆の視点に立ってこうした西洋型の急速な工業化路線に警鐘を鳴らしてきた人々がいた。タイ本来の開発のありかたを模索してきたタイのＮＧＯ(3)（非政府組織）や仏教者である。彼／彼女らは、自らの伝統文化である仏教の教えに基づいて「過剰な生産や消費は社会を破滅に向かわせるものである」と考え、一九八〇年代以降の、物質的繁栄のみを追い求める工業化路線は都市と農村の経済格差や農村の貧困を生み出す一方、環境破壊をもたらした、と考えた。タイのＮＧＯや仏教者は上からの開発に疑問を呈する一方、農民層を対象とした支援を活発に行ってきたのである。

タイを席巻した高度経済成長の中では、こうしたＮＧＯや仏教者の警鐘や取り組みは「少数者」の主張として退けられてきたが、バブル経済の崩壊後その様相は一変した。タイの人々は自分たちの経済成長が実は脆弱なものであり、さまざまな矛盾をはらんでいたことを再認識させられると同時に、これまでの開発に警鐘を鳴らしてきたタイのＮＧＯや仏教者の主張に耳を傾けるようになったのである。

本章の目的は、タイ社会におけるＮＧＯ活動の変遷をたどりながら、経済危機＝バブルの崩壊を大きな転換点として人々が従来型の開発の行き詰まりを痛感する中で、NGOや仏教者が提唱するタイの伝統文化＝仏教に基づく内発的発展がどのように展開されていくかについて明らかにすることである。本章の構成は次のとおりである。第一節では、経済危機までのタイ社会におけるNGO活動の変遷について歴史的に概観する。なお、タイのNGOをとりまく現状を「総覧」として付した。第二節では、経済危機がタイ社会、とりわけ農村に与えた影響について東北タイの村を事例に検討する。第三節では、経済危機を契機とした人々の価値観の変化について、国王の演説や村における僧侶の役割を中心に検討する。そして最後に、バブル崩壊をきっかけに人々が模索し始めた、オルタナティブ発展（もう一つの発展）の道、すなわち仏教に基づく心の開発《かいほつ》を基礎とした、過剰も不足もない「節度ある生活」（仏教的に言えば中道社会）の展望と、その実現に向けてのNGOや仏教の役割について論じる。

一　タイにおけるNGO活動の変遷

タイのNGO活動は、タイ社会全体の政治経済動向と無関係ではなく、むしろ密接に関連しながら、それに呼応する形で変遷を遂げてきた。農村もまたタイ社会の変化の影響を直接受けてきた。タイにおける「開発」分野のNGOは、概して農村の人々を対象として活動を開始したところが多い。それだけ開発の歪みが農村に集中的に現れたことの裏返しでもあった。もちろんタイのNGOが一九八〇年前後に続々と設立されるに及んで、直接的には農村を対象とはしないNGOも目立ってきた。しかしそれらのNGOを見ると、たとえばスラム支援NGOに見られるように、農村が抱えるさまざまな問題の延長で活動していることが分かる。タイのNGO活動と農村の諸問題とは密接不可分に関係しているのである。

以下タイNGOを中心に、四つの歴史的段階に区分しながら、[4]活動の変遷を年代順に見ていこう。個々のNGOについては、主要タイNGOの設立年別一覧（**表1**）を参照されたい。

表１　主要タイ NGO の設立年別一覧

【1960年代まで】

1893　タイ赤十字協会（TRCA）
1927　タイ看護協会（NAT）
1934　タイ・キリスト教会財団（CCT）
1956　タイ全国女性協議会（NCWT）
1958　タイ・ガールガイド協会（GGAT）
1960　タイ全国社会福祉協議会（NCSWT）
1967　タイ農村復興運動（TRRM）

【1970年代】

1970　開発のためのタイ・カトリック協議会（CCTD）チエンマイ YMCA／チエンマイ県
1971　コモン・キムトーン財団（KKF）
1973　市民自由同盟（UCL）
1974　女性地位向上協会（APSW）
　　　人口・地域開発協会（PDA）
1975　開発のための正義と平和委員会（JPCD）
　　　タイ・キリスト教児童基金（CCF）
　　　保健・開発財団（HDF）
1976　社会に関わる宗教者のための連絡委員会（CGRS）☆
1977　開発に関するアジア文化フォーラム（ACFOD）☆
1978　タイ適正技術協会（ATA）
　　　ドゥアン・プラティープ財団（DPF）
1979　開発のための宗教委員会（TICD）
　　　子供財団（FFC）
　　　タイ農村人的資源開発財団（THAID-HRRA）／チエンマイ県

【1980年代～90年代】

1980　タイ農業・農村開発委員会（WCARRD）
　　　農村開発財団（FARM）
　　　スラム居住改善協会（BTA）
　　　女性の友グループ（FWG）
　　　タイ・ボランティア・サービス（TVS）☆
1981　NET 財団／スリン県
　　　タイ赤十字子供の家（TRC・CH）
1982　タイ開発サービス委員会（TDSC）☆
　　　子供権利擁護センター（CPCR）
　　　コミュニティ教育開発計画（EDCAP）
　　　人間居住財団（HSF）
　　　もう一つの開発研究フォーラム（ADF）☆
1983　保健に関するタイ NGO 連絡委員会（CCPN）☆
　　　タイ障害児財団（FHC）
　　　人権に関するタイ NGO 連絡委員会（CCHR）☆
1984　草の根総合開発計画（GRID）／ローイエット県
1985　農村開発に関するタイ NGO 連絡調整委員会（NGO–CORD）☆＊
　　　東北タイ文化・開発センター（CCD）／コーンケーン県
　　　アムネスティ・インターナショナル・タイ（AIT）
　　　エンパワー（EMPOWER）
1986　女性財団（FFW）
　　　ベターライフ児童財団（FBLC）
　　　生態系回復プロジェクト（PER）
　　　スラムに関するタイ NGO 連絡委員会（NGO–SLUMS）
　　　複合農業グループ（IFG）／スリン県
　　　山岳地域開発財団（HADF）／チエンラーイ県
1988　地方開発財団（LDF）
　　　タイ農村開発協会（TIRD）
　　　開発メディアセンター（DMC）
1989　エイズ問題タイ NGO 連合（TNCA）☆
1991　大衆民主主義キャンペーン（CPD）☆
1992　民主主義連盟（CFD）☆

☆＝連絡調整・ネットワーク型 NGO
＊1994年以降、NGO–CODと改称。
（出所：筆者）

（1）一九七〇年代初頭まで——「上」からの慈善・社会福祉型活動、市民・民衆主導型NGO活動の萌芽期

タイにおける一般的なNGO活動の起源を見れば、一九世紀後半から二〇世紀初頭まで遡ることができる。国際的組織のタイ版という形で、たとえば一八九三年にはタイ赤十字協会（TRCA）が組織され、またキリスト教組織による活動が二〇世紀初頭から本格化している。その後第二次世界大戦と戦後の混乱期を経て、一九五〇年代に入り、開発分野のNGOが設立されるようになった。それらはタイガールガイド協会（GGAT）のような組織に代表されるが、こうした組織は王室がその設立・運営に関与したり、影響を与えてきたことから「王室系」とも呼ばれてきた。この頃はまだ、どちらかといえば「上」からの慈善・福祉型の援助が目につく程度であった。

一方、一九六〇年代も後半になると、世界的な潮流として「民衆参加の自助努力による開発」が主張されるようになり、タイでも大学関係者、若手エリート層を中心に、市民・民衆主導型の新しいNGOの芽が出てきた。はっきりとNGOという形を取らなくとも、バンコクの大学生らが、農村に入り、農民とともに農村開発に取り組む活動が出てきた時期である。そうした活動を推進した代表的NGOが、一九六七年にプオイ・ウンパコーン[5]によって設立されたタイ農村復興運動（TRRM）である。TRRMはタイ最初の開発NGOであり、「生活改善、教育、保健、自治、非暴力」（TDSC, 1997）などを活動の柱に掲げた。農村復興のカギは農民の意識変革にあるとして、人間開発を中心課題としつつ、その一方で多くの大学生をワークキャンプの形で農村に送り込み、農民とともに活動する中から、大学生自身の意識変革もまためざした。この頃は、大学内で学生政党を作ろうとするグループ、貧困層への支援を進めようとするグループなど大変活発な活動が見られたという[6]。いずれ当時のさまざまな社会活動に参加した若者たちは、その後タイの社会変革のキーパーソンとして活動することとなる。

（2）一九七〇年代——民主主義の実験（政治運動化）とその低迷・転換期

一九七〇年代に入り、引き続き学生らを中心とした活動は活発化するが、その一方で、政府・軍部による締め付けも厳しくなり、この当時至る所で農村活動家が射殺されるという不幸な事態が発生した。射殺された一人にコモ

ン・キムトーンという若者がいた。この若者の死を悼んで、七一年にコモン・キムトーン財団（ＫＫＦ）が設立された。

その後、一九七三年一〇月の「学生革命」(7)を経て、こうした活動は更に進展するかのように見えた。事実、学生革命後の三年間は、後年「民主主義の実験の時代」とも呼ばれ、学生組織に限らず、人権擁護のＮＧＯが設立されたり、さまざまな労働運動が組織されたりした。しかし、七六年一〇月六日の学生たちに対する虐殺事件を機に、民主化の動きは転換を余儀なくされた。この時、学生の中には森林の奥深く入り、軍事政権への徹底抗戦を掲げる動きも出たが、総体としては民衆の支持を十分に得るまでの大きな力とはなり得なかった。

この一九七六年を契機に、またその後の度重なる軍部と反対勢力との流血の対立の教訓を経て、タイのＮＧＯ活動は新しい時期を迎える。七六年から七九年にかけて、新しいＮＧＯ活動の理論的支柱となったのが、スラック・シワラック(8)（本書第3章執筆者）であった。スラックは、「タイ社会の伝統と文化、特に仏教を基盤とした開発」「非暴力による社会変革」を基本思想として、七六年、社会に関わる宗教者のための連絡委員会（ＣＧＲＳ）を設立し、上記の理念を基に新しいＮＧＯ活動推進の先頭に立った。ＣＧＲＳの理念は、欧米型の近代化モデルに沿った開発ではなく、仏教などの伝統文化に根ざした、タイ独自の「もう一つの発展」の推進であった。また、東北タイをはじめ、いわゆる開発《かいほつ》僧の活動が活発化してきたのもちょうどこの時期である。

ではなぜこの時期に、スラック氏をはじめとする知識人やタイＮＧＯ、そして仏教者が、タイの伝統文化（仏教）に基づくオルタナティブ発展に注目するようになったのだろうか。それは次のようなＮＧＯをとりまく社会背景があったからである。タイの西洋的な近代化＝工業化がいよいよ進むにつれて、その矛盾は一層露呈するようになった。工業化を軸とした経済成長、欲望をひたすら追い求める物質的充足は人々の生活を確かにモノの面では「豊か」にする一方、その矛盾は無視できないほど拡大してきた。農村の貧困や社会的格差、環境問題が深刻化してきたのである。この時期、タイの多くの人々は開発の成果を謳歌していたが、他方でＮＧＯ、仏教者、知識人の中でタイ社会の進歩的な人々、タイの急速な近代化に批判的な人々は、こうした従来の開発がもたらした負の側面

東北タイで活動するローカルNGO、開発のための宗教委員会（TICD）・スリン。

を鋭く批判しつつ、そのオルタナティブを求めるようになった。以来今日まで、タイでは多くのNGOが設立されたが、タイの伝統文化（仏教）の尊重は、民主主義の推進や民衆参加とならんで、タイNGOの活動の基本となっている。

ちなみにこの一九七〇年代に、今日のタイを代表するNGOが、当時の国際情勢を踏まえて、いくつか設立されている。その一つが七〇年設立の開発ためのタイ・カトリック協議会（CCTD）である。CCTDは設立当初から、CGRSが提唱した「もう一つの発展」路線の重要な担い手として、今日に至るまで、タイにおける農村開発の中心的な役割を果たしている。もう一つは、七四年設立の人口・地域開発協会（PDA）である。家族計画の国際的な潮流を踏まえた、タイにおける活動母体と見ることもできるが、むしろ農村開発を中心としたプロジェクトに、家族計画をとりくむという統合プロジェクトの推進団体として評価を得てきた。

（3）一九八〇年前後から八〇年代後半まで――タイNGOの躍動期

一九八〇年前後から始まる八〇年代のNGO活動は、まさにタイNGOの躍動期の中で展開されたといえる。この年代は、タイ社会が近代化＝工業化に向けて変容を迫られ、その一方でさまざまな社会問題が頻発し出した時期である。この頃から、農村開発に限らず、スラム改善、女性・子ども支援、障害者支援といった分野に取り組むNGOが数多く設立されるようにもなった。八〇年前後には、タイ政府の弾圧緩和政策もあって、活動拠点として潜伏していた森林地域から帰った若者たちも多く、彼らの中には、こうしたNGOに参加する者も出はじめた。またさまざまな分野で活動するＮＧＯが多くなったことにともない、関連分野相互の連絡・調整を目的とした、ネットワーク型のＮＧＯも多数設立されている（表１）。

この時期に設立された特徴的なＮＧＯを各分野別に列挙すれば次の通りである。

仏教などの宗教や伝統的文化を基盤とする開発ＮＧＯ

・社会に関わる宗教者のための連絡委員会（ＣＧＲＳ）　一九七六年

・開発のための宗教委員会（ＴＩＣＤ）　一九七九年

地方拠点の農村開発および少数民族支援ＮＧＯ

・タイ農村人的資源開発財団（ＴＨＡＩＤＨＲＲＡ）　一九七九年／チエンマイ県

・ＮＥＴ財団　一九八一年／スリン県

・東北タイ文化・開発センター（ＣＣＤ）　一九八五年／コーンケーン県

・山岳地域開発財団（ＨＡＤＦ）　一九八六年／チエンラーイ県

さまざまな社会問題にとりくむＮＧＯ

・ドゥアン・プラティープ財団　一九七八年、スラム改善

・スラム居住改善協会（ＢＴＡ）　一九八〇年、スラム改善

・子供財団（ＦＦＣ）　一九七九年、子どもの権利擁護等

・女性の友グループ（ＦＷＧ）　一九八〇年、女性の権利擁護等

・タイ障害児財団（ＦＨＣ）　一九八三年、障害児の権利擁護等

専門職能型ＮＧＯ

・タイ適正技術協会（ＡＴＡ）　一九七八年

ＮＧＯ活動推進サービス・ネットワーク型ＮＧＯ

・タイ・ボランティア・サービス（ＴＶＳ）一九八〇年
・タイ開発サービス委員会（ＴＤＳＣ）一九八二年
・農村開発に関するタイＮＧＯ連絡調整委員会（ＮＧＯ―ＣＯＲＤ）一九八五年[9]

（４）一九八〇年代末から今日まで――高度経済成長への代替模索、新しい社会的課題への挑戦期

一九八六年から八七年を機に、日本を中心として、海外からの投資が急激な増加傾向を見せ、それとあいまって、タイ経済は高度経済成長の波に乗り始める。[10]その結果、国家としての経済成長の裏で、都市と地方との格差、貧富の格差、新しい社会問題が増大した。タイＮＧＯの多くは、これまで農村開発を軸に、それと密接な関係にあるスラム改善に取り組んできたが、この時期になると、これまでのＮＧＯが進めてきた開発の取り組みが、国家全体の工業化の波に大きく飲み込まれるようになってきた。ＮＧＯは、正念場を迎えることになる。

もともと仏教などの伝統文化・慣習を基軸に「もう一つの発展」路線を進めてきたＮＧＯ諸団体は、この時期、欧米の各国政府・ＮＧＯ双方から受けていた資金援助をストップされるという事態に見舞われた。すでにタイは国内調達が可能という援助側の判断と、援助側の財政事情の悪化などが重なって、徐々に途絶え始めていったのである。しかも、高度経済成長路線に批判的なＮＧＯ活動は、なかなかタイ国内の広範な人々に理解されるに至らず、いくつかのＮＧＯが活動停止を余儀なくされることにもなる。その典型例が、一九八五年にコーンケーン県に設立された東北タイ文化・開発センター（ＣＣＤ）である。ＣＣＤは主として、カナダ政府の資金によって運営されてきたＮＧＯである。設立当初は、村の伝統医療や薬草治療の普及に取り組み、次に伝統的な農村生活の知恵に依拠した村落コミュニティの復興に取り組んだ。こうした取り組みで重要なことは、ＣＣＤはあくまでも村のリーダーの促進者であったことである（Gohlert 1991, p.129 ~ 134）。ＣＣＤのスタッフやボランティアたちは、村人との接点を特に大切であると考え、その多くは村内に置かれた事務所兼宿舎に寝泊まりした。強いリーダーシップをもった活動家を中心に、ユニークな活動が展開されたが、カナダ政府の撤退と国内寄付金の減少で、九五年に活動を停止

した。

この時期に、農村開発を進めようとするＮＧＯが新しい活路として見出したのが、開発僧《かいほつ》や村のリーダーたち（村長、教員など）と連携する方法であった。住民参加による開発を進める上では、村の中で影響力のある人々の理解や協力を得ることが不可欠であったからである。とりわけタイにおいては僧侶は村のリーダーとして社会的影響力があるだけでなく、精神的支柱ともなっていることが注目された。農村開発に従事するＮＧＯの多くは、今日、各村での活動の情報提供、相互交流・研修の推進のために、ニュースレターの発行、セミナーの開催などに取り組んでいる（セーリー、一九九四年）。それぞれの村や地域の中の住民組織（ＰＯ）に、地元の開発僧《かいほつ》がさまざまな智慧を出し、これに全国的なネットワークと情報網を持つ都市部のＮＧＯが加わり連携するという図式である。これは今日的なタイＮＧＯの特徴の一側面であるといえる。こうした連携の中から住民組織が中心となり、具体的に収入向上を図る取り組みも次々と展開されていったのである。

たとえばタイ適正技術協会（ＡＴＡ）は、一九八〇年代半ば、東北タイのわずか一カ村（ローイエット県カセヴィサイ郡ソンホン村）で、女性たちによる伝統手織物の復興と振興のプロジェクトをスタートさせたが、その後周辺村を中心に三〇カ村に女性グループが組織されるに至った。さらに、こうしたグループの女性たちが織るシルクやコットンの手織物を流通販売する組織を設立し、バンコクでの販売のみならず、海外（日本など）へも各国の提携ＮＧＯなどを通して販売するようになっている。

一方、急速な経済成長の中から現れた社会問題の解決をめざすＮＧＯは、国内の支援を得ながら、新しい今日的な課題に次々と取り組むようになった。たとえば、子ども・青少年が麻薬等に汚染されるケース、農村から家族連れで年に出稼ぎに来るものの、子どもが就学できないケースや家族崩壊に至るケースなどである。またタイではＨＩＶ（エイズウイルス）感染およびＡＩＤＳ（エイズ）発症の問題が深刻化しており、八〇年代終わりに入って、多くのＮＧＯがこの問題に取り組みはじめた。これまで他のＮＧＯで活動していたリーダー格の人たちが、エイズ問題専門のＮＧＯを設立して活動を開始したのもこの頃である。[11] 八九年、タイＮＧＯや外国ＮＧＯ間でエイズ問題の連絡調整団体も設立された。これがエイズ問題タイＮＧＯ連合（ＴＮＣＡ）で、現在五〇を越えるＮＧＯがメンバーとなっている。

また、森林伐採や工場による公害などを背景として生まれた環境問題に取り組むＮＧＯも目立っている。とくに一九八六年に設立された生態系回復プロジェクト（ＰＥＲ）など、環境問題専門のＮＧＯの役割は年々大きくなっている。

今日的な問題でさらに忘れてはならないのが、一九九〇年代に入って活発化した民主化の動きであろう。開発に関係するＮＧＯの多くは、それまで直接的には政治に関与せず、むしろそれとは一線を画してきた。しかし九一年の軍部クーデターを機に、総選挙の実施や軍部の政治への不介入を求める活動が、バンコクなど都市部の市民層やＮＧＯによって展開されたのである。同年バンコクで開催された世界銀行総会の折には、ＮＧＯ―ＣＯＤやＰＥＲなどが中心となって、世界各地のＮＧＯ代表を集めて、ＮＧＯ独自の対抗集会をもった。九〇年代に入って、タイＮＧＯは確実に政治的・社会的な影響力を発揮し出したといえる。こうした運動は、その後各ＮＧＯの代表がさまざまな形で政治に参加する契機ともなった。

◆総覧　今日のタイＮＧＯの現状

①タイの開発関係ＮＧＯの現勢

タイにおけるＮＧＯの法的登録・認可を示す団体区分は、「財団」（Foundation）と「協会」（Association）である。もちろん法的登録をされていない、いわゆる任意のＮＧＯも多く存在する。タイに限らず、どこの国でもＮＧＯの定義や範疇をどう設定するかは、大変難しい問題である。タイの場合もいくつかＮＧＯのダイレクトリー（名鑑）が発行されているが、各発行者の判断で掲載団体が決められている。

開発に関係するタイのＮＧＯダイレクトリーは、一九八三年にタイ・ボランティア・サービス（ＴＶＳ）から発行されたものが最初である。このダイレクトリーには一一二団体が収録された。その後八七年に改訂版が発行され、一三六のＮＧＯが収録されるまでになった。また九〇年には、チュラーロンコーン大学社会調査研究所、チエンマイ大学社会調査研究所、コーンケーン大学調査開発研究所の三大学の共同編集でＮＧＯダイレクトリーが発行されている。このダイレクトリーは、ＴＶＳ発行ダイレクトリーの改訂版という性格を持つもので、三七五団体が収録されている。ＴＶＳ版と収録団体数に二〇〇以上も差があるのは、三大学版がバンコクや地方レベルにおいてかなり幅広い調査を実施して収録ＮＧＯを増やしたことが挙げられる。三大学版ダイレクトリーに収録されている三七五団体の地域別内訳は次の通りである。

「バンコク」地域	一四〇
「北タイ」北部地域	七九
「北タイ」南部地域および中央タイ	二六
「東北タイ」地域	七八
「南タイ」地域	五二

このダイレクトリーはさらに、収録ＮＧＯの主要対象別に分類を試みている。タイＮＧＯが誰を対象に活動しているかを、この分類から読みとることができる。ダイレクトリー掲載の対象別分類は次の通りである。

◆子ども・青少年、女性、労働者一般、スラム居住者、障害者、農村居住者（農民等）、山岳民族、少数民族、難民、ＮＧＯ及びＮＧＯワーカー（連絡調整・サービス業務）。

また主要活動分野として次のカテゴリー別にＮＧＯの分類が行われている。

◆農村開発、都市地域（スラム問題への対応含む）開発、保健・医療、人権擁護、社会福祉、アドヴォカシー活動（政府、企業、国民等への政策提言、啓蒙）、NGO間の連絡・調整、情報提供・サービス等。

さらに一九九七年一〇月、タイ開発サービス委員会（TDSC）が、最近のタイNGOをほぼ網羅したタイNGOダイレクトリーを発行した。同時期に小冊子（テレフォンダイレクトリー）と英語版も発行したが、その中には四六五団体が収録されている。この最新版ダイレクトリーでは、一九九〇年版と同様に主要活動分野別分類が行われている。その分野別項目は次の通りである。（活動対象別分類はなし）

◆農業・農村開発、エイズ対策、子どもと青少年支援、障害者支援、山岳民族支援、人権擁護、労働運動、メディアによる活動、天然資源と環境保護、保健と消費者保護、スラム問題への対応、女性支援、NGO間の連絡・調整（ネットワーキング）、情報提供・サービス等。

特に目立つのは、エイズ対策に取り組むNGOの急速な増加である。このダイレクトリーには七〇団体が収録されている。

②タイにおけるNGO間の連絡調整機関

タイでは、NGOの全活動を包含する、厳密な意味での全国協議会（連合体）は長い間存在しなかった。そのかわり各分野ごとに連絡・調整団体があり、相互の交流や共同行動を容易にしてきたのである（表1参照）。その一つが、一九八五年に設立された「農村開発に関するタイNGO連絡調整委員会」（NGO—CORD）であるが、この組織は、その後九四年に、略称のR（Rural＝「農村」の頭文字）を外して単にNGO—CODと名称変更した。これは同組織が、農村開発ＮＧＯだけではなく、それ以外の分野の主要ＮＧＯがほぼ加入する実質的なタイのＮＧＯ全体の連絡・調整機関としての役割を果たすようになったことを意味する。バンコクに本部を置きながら、一方で各地域にも支部組織を持ち、きめ細かな連絡・調整に当たっている。地方ごとに、北部、東北部、中央部、南部の四支部が設置されている。今日約二〇〇以上ものＮＧＯがメンバーになっているという意味では、タイ最大のＮＧＯ連合体といってもよいだろう。ＮＧＯ―ＣＯＤの主要活動分野は次の一一で、それぞれの分野ごとにさらに綿密なネットワークが形成されている（TVS 1987）。

◆労働、エイズ、人権、保健・消費者保護、スラム、有機農業、女性、天然資源・環境、子ども、山岳民族、人材育成・サービス。

③欧米ＮＧＯの動向とタイＮＧＯとの関係

欧米のＮＧＯは、一九六〇年前後から、すでにタイにおいてさまざまな開発協力活動を展開してきた。当初は、タイ国内に事務所を構えて、プロジェクトを直接的に実施する形態が主であったが、国際的な開発援助戦略の変化ともあいまって、次第にタイＮＧＯを資金的に支援する方向に変わってきた。今日、欧米のＮＧＯの多くは、基本的にはタイでの支援活動から撤退する傾向にある。しかしその一方で、いくつかの欧米ＮＧＯはむしろ東北タイなどでの活動を活発化させている。これらのＮＧＯの多くがプロジェクトの直接実施型のＮＧＯであることは注目に値する。**表2**は、今日タイに活動拠点（事務所）を置く主要ＮＧＯの一覧である。この他にも、タイ国内に活動拠点を持たないものの、タイＮＧＯへの資金協力を行う欧米のＮＧＯとしては、クリスチャン・エイド（イギリス）、ノビブ（オランダ）、ミゼリオール（ドイツ）などがある。

ところで一九八〇年代半ばまでは、タイでのプロジェクト直接実施型の代表的欧米ＮＧＯはノルウェーのレッド・バーナであった。このＮＧＯは多くのタイ人スタッフを抱え、所長こそ本国から派遣されていたものの、日常的なプロジェクト実施はほぼタイ人スタッフたちに任せられてきた。しかしその後資金的圧縮と内部対立など

表2　主要欧米ＮＧＯのタイでの活動開始年と名称、国籍

1958	ボランティア・サービス・オーバーシーズ(VSO)、イギリス
1962	キューソ（CUSO)、カナダ
1968	ジャーマン・ボランティア・サービス（GVS)、ドイツ
	パール・バック財団（PBF)、アメリカ
1974	ワールド・ビジョン財団（World Vision)、アメリカ
1975	フリードリッヒ・ナウマン財団(FNF)、ドイツ
1976	フリードリッヒ・エーベルト財団(FES)、ドイツ
	セーブ・ザ・チルドレン（SCF)、イギリス
	レッド・バーナ（REDD BARNA)、ノルウェー
1977	カソリック・リリーフ・サービス（CRS)、アメリカ
1979	ケア・インターナショナル（CARE International)、フランス＝国際本部
1981	プラン・インターナショナル／コーンケーン事務所（Plan International）
1988	プラン・インターナショナル／ウドーンターニー事務所（Plan International）

（出所：筆者）

があって、活動規模は縮小されている。このレッド・バーナに代わって、八〇年代半ば以降タイの各地に事務所を開設して、多くのタイ人スタッフを雇い入れて活動を開始したのが、プラン・インターナショナルである。プラン・インターナショナルは、東北タイの幅広い地域で、地域開発を軸とした総合的な開発プロジェクトを実施している。その活動はプラン・インターナショナルの国際的な戦略に沿ったものである。そのためどちらかというと、プラン・インターナショナルは、タイNGOとのきめ細かな情報交換や連携・協力活動を十分に行っているとは言い難い。ちなみに東北タイ農村部におけるプラン・インターナショナルの活動は次のような内容である（マハーサーラカーム県A村の事例）。

◆中学生への奨学金供与
◆小学校への図書館（施設）、遊び場の提供
◆橋の設置
◆雑貨小売店（施設）の設置

こうした活動は、スタッフとして雇われた地元の村人が、村内のニーズを聞き出す中から実現させていくという。(12)

④日本NGOの動向とタイNGOとの関係

日本のＮＧＯの多くは、一九八〇年代に入ってようやくタイでの活動を開始している。そのきっかけは、いわゆる「インドシナ難民」救援活動をタイで行ったことであった。八〇年前後、大量の難民が周辺諸国からタイ国内に逃れて来たことに対して、国連難民高等弁務官事務所（ＵＮＨＣＲ）などの国連組織は、難民救援に当たって、多くのＮＧＯの協力を得た。この時、新しく難民救援を目的としたＮＧＯが日本の市民によって組織された。

当初は、タイ国内の難民キャンプで、ラオスやカンボジアなどの難民を対象とした活動を展開していたが、八〇年代半ばに入ると、タイ国内の人々を対象とした活動も同時に行うようになった。タイ国内の難民キャンプ周辺の農山村地域の人々の方が難民よりもはるかに貧しい生活を送っていることが分かり、難民救援に従事していた日本のＮＧＯの多くが、タイの開発問題にも目を向けるところとなった。

東北タイ・スリン県の寺院図書館。日本のNGO、シャンティ国際ボランティア会および仏教者の協力によってつくられた。（本書第Ⅲ部資料参照）

一九九〇年代に入り、難民の帰還が完了するとともに、日本のＮＧＯによるタイでの難民救援活動は終焉することになり、その一方でタイの高度経済成長の歪みの象徴としての農村地域の課題を対象とした活動が本格化する。また、八〇年前後に難民救援をきっかけにタイでの活動を進めてきた日本のＮＧＯの中には、タイでの法人化を進める動きが出てきた。その代表例が、社団法人シャンティ国際ボランティア会（ＳＶＡ。「シャンティ」は「平和」「寂静」を意味するサンスクリット語。タイ法人名はシーカー・アジア財団、ＳＡＦ）や幼い難民を考える会（タイ法人名は子どもの教育開発財団）などである。

一方、この時期、新しく結成された日本のＮＧＯが、次々にタイでの教育協力に従事するようになる。こうした新しいＮＧＯの多くは、一部を除いて、タイのNGO組織や連合体（NGO―COD）とは連携していない。むしろ独自のネットワークの中での活動や、自らプロジェクトを実施したり、学校や地域コミュニティに直接的に支援をするケースが多い(13)。ただ小規模ながら、地道に農村の貧困層を対象に活動を続ける日本のNGOも依然として存在することは特筆に値する。たとえばコーンケーン県に本拠を置くアジア子ども教育センター（ACEC）である。同センターは、村の出身者を活動責任者として、さらに村内で信望の厚い僧侶を代表にしながら、村人とともに活動を展開している。活動分野は貧困家庭の子どもの支援、図書普及と絵本等の読み聞かせ、自給のための養魚池の推進等である。こうしたNGOは、タイのネットワーク組織との連携を強めることでタイの他のNGOとの信頼関係をつくり、さらに的確な情報を入手できるようになると思われる。

二　経済危機後の農村社会――東北タイ農村の事例から

以上みてきたように、タイの政治・経済・社会状況の変化にともなって、タイNGOはさまざまな変遷をとげてきた。タイNGOは徐々に政府が主導する上からの開発《かいはつ》、西洋型の工業化を中心とした経済成長モデルに疑問を抱くようになり、タイ独自の発展、伝統文化（仏教）に基づくオルタナティブ発展を模索するようになる。こうしたタイNGOの主張は、これまで社会全体では少数派であった。しかし、経済危機をきっかけとして、多くの人々がこれまでの開発に疑問を抱くようになった結果、タイNGOの社会的役割は大きく変化しつつある。

一九九七年七月以降のバーツ危機やバブル崩壊に象徴される経済不況は、タイの国家経済が決して盤石ではないことを否が応にも世界に露呈することとなった。特に都市中間層や工場労働者等に深刻な影響が出たり、地方農村からの出稼ぎ労働者たちの仕事が激減した。出稼ぎ者たちが村に帰って農業に従事できる土地がある場合はよいが、土地を売って都会に出た農民たちは、帰る村もないという事態に陥った。また経済不況の影響は、農村そのものにも影響を与えている。たとえば、出稼ぎに行った者からの仕送りが途絶えているケースが目立つ。しかしその一方で、やみくもに出稼ぎに頼ってきた農村社会そのものを考え直し、真に自立的な農村経済を模索する動きも見え始めている。もともと出稼ぎそのものが、家族のあり方や人間生活にとって不自然であったことを認識し、出稼ぎをしなくてもすむ暮らしのあり方を考える人々が確実に増えていることも事実である。

以下、東北タイ農村の最近の事情を見ながら、農村社会の今後の方向を考える。またその中から、タイのＮＧＯが果たすべき役割についても触れてみたい。

筆者はこの三年間、毎年夏に、東北タイのある農村（Ａ村）を訪問し、村の一般状況調査や世帯別調査を実施してきた。さらに二〇〇一年夏には、比較のために別の村（Ｂ村）でも調査を実施した[14]。

Ａ村＝マハーサーラカーム県ブアゲーオ第二村（コーンケーン市から南東に約八〇キロ）　もともとはブアゲーオ村として、ひとつの集落を形成していたが、二〇〇〇年の段階で第一村と第二村に分割された。世帯数がタンボン（行政村）内の他村に比べて多かったことが理由。第一村の人口は四五六人（九〇世帯）で、第二村の人口は三四六人（七一世帯）。

Ｂ村＝コーンケーン県コックゴーン村（コーンケーン市から北西に約七〇キロ）　人口は一八三人（三六世帯）。

ここでは、こうした調査結果から見えてきた特徴的な側面を紹介しつつ、最近の農村がかかえている問題に触れてみたいと思う。

（1）出稼ぎと家族関係の変化

Ａ村の場合、全世帯の九〇％以上が出稼ぎに頼っている。家族の誰かが出稼ぎに出ており、これまではその仕送りが現金収入の大半であった。世帯別の調査によると家族の二〇～四〇代のうち何人かが出稼ぎ中で、村にはいなかった。平均的な世帯の場合、五〇代前半の両親のもとで、結婚した三〇代の娘が同居、二〇代の子ども二人がバンコクの工場や飲食店で働き、それぞれ月に一〇〇〇～二〇〇〇バーツ程度の仕送りをするというものである。極端な世帯では、両親と子ども八人（二一～四〇歳）中、六人の子どもがバンコクに出ていた。その職種は屋台の飲食店、縫製工場、電気工場、工事現場などである。仕送りはそれぞれ一五〇〇～三〇〇〇バーツ程度である。なお厳密にはこの世帯の場合、五人が結婚しているので、本来は別世帯として考えるべきではあるが、その子ども（両親にとっては孫）は年老いた親に預けてバンコク等に出稼ぎに出ているし、仕送りも両親に送られていることから大家族の形態をとっていると見た。いずれにしても経済危機の前は、確かにバンコク等での出稼ぎで、みな仕送りをしていたし、農村に暮らす者たちもそうした仕送りを当てにして生活をしていたわけである。しかし昨年と今年の調査で、かなりの世帯が仕送り額が減少するか全く途絶えていることが分かった。

（2）借金と農村の貧困

借金は出稼ぎと対の関係にある。A村の各世帯（一部）の借金状況を示したのが表3である。

三年以上前のことは不明であるが、少なくとも昨年から今年にかけて、平均的に各世帯とも借金額が圧倒的に多くなっていることが分かった。上記のａ家とｂ家を見た場合、明らかに借金額は増加している。単純に出稼ぎによる仕送りが途絶えたからという理由ではないものの、全体に経済危機とその後の不況の影響が借金額の増大という結果になったと見ざるを得ない。なおｋ家の場合、極端に借金額が少ないので、その理由を聞いたところ、台湾に出稼ぎに出ている家族がいた。日本の電機メーカーの工場で、高卒以上の資格がなければ採用されない職種についているという。その仕送りが多くあるため借金をしなくても暮らせるというのである。こうしたケースがｋ家に限らず見受けられたため、聞いてみると台湾への出稼ぎを斡旋する業者が近郊の村全体に入り込んでいるのだという。

一般に借金は、政府系の農協金融機関からの場合が多く、利子は年利九～一二％である。タイ政府統計資料によれば（National Statistic Office 1996）、農業中心のマハーサーラカーム県の世帯別平均月収は五一七一バーツ（一九九六年）である。年収にすると約六万バーツとなる。おそらくA村は、マハーサラーカーム県内でも平均以下の収入世帯（多くて月二〇〇〇バーツ程度、無収入の月もある）が多いと見られるので、借金額の大きさが目につくのである。

タイの場合、高利貸というよりも、政府系の金融機関が農民に対して融資を盛んに行う傾向がみえる。その結果借金もある意味で容易になった。問題は借金の返済能力であろう。日本でも住宅ローンを抱える世帯が多く、また日本の農家はそれこそ「億」の単位で借金がある。Ａ村の場合、出稼ぎからの仕送りに頼れなくなった分、返済よりも借金がかさむ傾向がしばらくは続くであろう。もともとこの村の人々は、米を主に作ってきた。しかし米一キログラムが五バーツで売れるのに対して、肥料や農機具のガソリン代、手伝いへの日当などの経費は同五・五バーツであるという。売らなければ経費ばかりかさむし、売っても現金が残るどころかマイナス勘定になってしまうという。もちろんどれだけの収穫量かによるし、もう少し経費削減の道がないかとも考えられるが、要は米を作ってもあまりにも価格が安いために現金収入の手段にはならないということである。農家は借金の利子返済のためにまた借金をしなければならない。親から子へ、子から孫へ借金が相続され、利子だけを払い続けても元金はまず減らないのである。ｂ家の場合、さまざまな事業に取り組んできた。例えば養鶏、養豚、観賞魚飼育、果樹園栽培などである。しかし多額の借金で作った養鶏場がことごとく失敗し、借金だけが残ったという。とにかくそれでも借金を重ねる。借りる方が悪いのか、貸す人間がいるから良くないのか。ただそれでも飢えて死ぬことはない。それどころかｂ家の子どもたちは、村では珍しく三人の子どもがみな大学まで進んでいる。ていねいに聞いてみると土地が四〇ライ（一ライ＝〇・一六ヘクタール）あって米などの主食は自給できている。また桑畑を所有し、桑の葉の収入が月平均二〇〇〇バーツになるという。それぞれの世帯の事情があり、一概には言えないところが多いが、村を訪問して人々と会うたびに、借金の多さと村人たちのゆったり

表３　Ａ村各世帯の借金状況

2000年夏調査			2001年夏調査	
世帯名	借金額		世帯名	借金額
ａ家	30,000		ａ家	53,000
ｂ家	50,000		ｂ家	140,000
ｃ家	60,000		ｆ家	300,000
ｄ家	60,000		ｇ家	150,000
ｅ家	50,000		ｈ家	110,000
			ｉ家	80,000
			ｊ家	200,000
			ｋ家	5,800

（単位：バーツ）

とした生活とが結びつかないと感じることが多い。表面的な調査だけでは、断定できない側面がまだまだ多い。しかし各世帯の借金額は厳然たる事実である。

三　経済危機への反省と価値観の変化——国王の演説と僧侶の役割

このように経済危機は、タイ社会、とりわけ農村に大きな影響を与えた。しかし、この危機を契機とし、タイ社会において今までの開発のあり方や価値観を見直す動きも出てきた。その例として、国王による「自立的経済」演説および、筆者が調査した農村における価値観の変化を見てみよう。

（1）国王による「自立的経済」演説

筆者が調査したタンボン・バーンムアのオー・ボー・トー（行政村の役所）[15]で興味深い話を聞いた。中央政府からの一三〇万バーツのうち、二〇万バーツは王室からの特別予算であるという。二〇〇一年度から計上されたこの予算は、村人たちの自給的な農業振興経費である。村人たちへの農業指導として、魚の養殖の仕方、野菜や果物の育て方などを行う。たとえば一〇ライの農業可耕地があった場合、五ライは米を、三ライは魚を、二ライは野菜・果樹をというように分割して耕せば、それぞれの家が自給できるという考え方で、換金作物ではなく、食べるための作物の奨励である。この考え方は、一九九七年一二月四日に国王が演説した内容である。国王は当時、経済危機が深刻化していたときに、タイの自然資源の豊かさにもっと依拠することを訴えた。国王は「タイはタイガー（大国）であることが重要なのではなく、必要な食料があり、道徳にかなった当たり前の生活（decent standard of living）ができること、そのために自立的な経済（self-sufficient economy）を確立することが重要である」（*Bangkok Post* Dec 5, 1999）と述べた。こうした国王の考え方が、数年の準備を経て実現したのだと言える。この自給的な農業振興は同時に、化学肥料や農薬などに頼るあまり借金が増えることをやめ、できるだけ有機肥料等を活用した農業を進めることにもつながっている。果たしてこの考え方がどこまで村人に浸透するかは今後次第であり、オー・ポー・トーの取り組みや、農業省など他の関係省の努力に期待したいところである。

（2）村人の価値観と僧侶の役割

二〇〇一年夏に初めて調査したＢ村と、これまで調査を続けてきたＡ村とを比較したとき、ある不思議なことに気が付いた。それは借金額の極端な違いである。Ｂ村はこれまでも訪問をしてきたが、その目的は村内の寺院を訪問し、ある僧侶に会うことであった。この僧侶の名はスティロー師と言い、親から譲り受けた土地に貧困層の子どものための家を作り、運営している。Ａ村訪問の折は、表敬訪問やアドバイスを得ることを目的に、必ずこの寺院にも立ち寄っていたのである。そのスティロー師の寺院がある村の家もぜひ訪問してみたいと考え、ようやく実現することができた。

この村は人口一八三人の比較的こじんまりとした村である。村を訪問して、人々がスティロー師を尊敬し、みなつましいながらも生き生きと生活している様が見てとれた。限られた訪問ではあったが、調査した世帯の多くは、おおむね七〇〇〇～八〇〇〇バーツの借金で、中には借金がない家もあったのである。かたやＡ村は一〇万バーツ以上の借金を抱える家が多く存在する。この違いはどこに起因するのか。物理的な理由がないわけではない。Ｂ村は比較的町に近いため、村人は日々収穫した野菜や果物を市場に運び、一日二〇〇バーツ程の日銭を稼ぐことができている。つまり土壌も悪くないことから、自分たちが食べる分の米はもちろん、野菜なども市場に持って売ることができるのである。それに対してＡ村は、東北タイの中でもさらに自然条件が悪いところで、土地、水、天候のどれもが悪条件の典型的な村である。収穫量が少ないだけでなく、どうしても天水まかせにならざるを得ない。

しかしそれだけではない。精神的な人々の価値観というか、生活の拠り所がＡ村とＢ村の人々で大きな相違があるように感じたのである。実は、Ａ村を訪問した際、村人から寺院に案内されたことは一度もない。僧侶の姿もあまり見かけず、村を回ったときにたまたま見つけた寺院は、草が生え放題で、本堂もどこにあるか見分けられない状態であった。物的充足度から言えば、むしろA村の方がよい。つまり村のなかには立派な家を持つ人々も多く、また車の所有も目立ち、何よりもさまざまな家庭電化製品が、大体どこの家にもそろっている。こうしたモノはおそらく出稼ぎ収入か借金によってまかなわれてきたのであろう。その場限りの現金収入に頼り、入ってくるものはすぐ使い果たし足りなくなったら借金をするという傾向が、A村の人々にないとは言い難い。それに対して、B村の人々は、概して「節度ある生活」を自然に受け入れているように思える。毎日野菜を売って、一〇〇〜二〇〇バーツの現金収入を得ている家の女性が、筆者たちの調査訪問にずっと同行し食事の世話などをしてくれた。その分市場に行けず、何百バーツかの日銭が入らなくなった。そのことに気が付いて、スティロー師の前で、お詫びと感謝をしたところ、スティロー師は「一日二〇〇バーツの現金を得るよりも、もっと良い行い、すなわちタンブン（積徳）をしたので、幸せですよ」と言った。その女性は、その通りといったようにうなずいたのである。もちろんこのことも早計に一般化するには、無理があることは承知である。しかし一般論として、人間の物的欲求は止まるところがない。ならばそれは一人ひとりの心のコントロールに待つしかない。その一方で、資本主義市場経済は、まさに一人ひとりの消費欲をいかにかき立てるかに奔走する。ここに人々の「心の開発《かいほつ》」（西川、二〇〇一年）が求められてくる。

「心の開発《かいほつ》」とは、瞑想などによって、自らの心をおさめ、人々や社会の苦の根源となる、貪り、怒り、無痴などを取り除いていくことである。また、心を静め、自らの苦況や貧困などの対象を観察し、智慧と慈悲をもってその苦しみを取り除く道を探ることである。ただ一人ひとりが心の中で納得しただけでは、心の開発《かいほつ》はなし得ない。自らを社会的な存在として考え、村の共同体の一員として、相互に助け合い、具体的に行動し、目に見える生活スタイルを転換させることが必要となる。その精神的な役割を担うのが、村のリーダーの一人である僧侶ではないだろうか。そして具体的な行動の先頭に立つのが村長であり、村人自身である。最近タイの村々で村人自身の協同組合が作られる傾向がある。こうした活動に対して、情報提供や研修の実施等でＮＧＯの役割が大きくなっている。

おわりに――節度ある中道社会に向けてのＮＧＯの新しい役割

タイのＮＧＯが、農村やスラムの限られた地域で、「点」としての成功例をいくつも実現してきたことは明らかである。しかし、これまでの急速な経済成長路線とその問題に対して、タイ社会全体に向けて、タイＮＧＯがいかなる提案をしてきたのかという意味では、残念ながらこれまでのタイＮＧＯは、どちらかと言えばタイ社会の中では少数派であったといわざる得ない。しかし経済危機を経て、タイ社会のあり方を根本から考え直そうという動きが、確実に一つの流れとして出てきた今、改めてタイＮＧＯの今日的な役割が見えてくる。タイＮＧＯの多くは、経済成長一辺倒のこれまでのタイ社会に、本質的な問題提起をするという役割を失ってはいない。ＮＧＯの存在意義はむしろ高まっていると考えられるのである。特に最近の大きな傾向である村人自身の社会的な活動(16)に連帯しながら、ＮＧＯの専門的能力を活用していくことが、極めて重要になっている。

その基軸として忘れてはならないのが、仏教のような伝統文化理念である。特に自発的な意思としての「節度をもった生き方」の希求についてである。欲望にかられた過剰な生産や消費に耽るのでもなく、過度な禁欲や貧困に苦しむのでもない、調和のとれた生き方、すなわち仏教でいう少欲知足に基づく「中道の生き方」である。これまでタイ社会で、仏教は時と場合によっては、両刃の剣になりかねない側面もあった。節度ある生活といえば、それは捉え方、使われ方によってはむしろ民衆とりわけ貧困層には苛酷なものであったのである。この「節度ある生き方」「中道の生き方」は、ややもすると支配構造の下で、「抑制・抑圧」の思想に転化した。すなわち、「前世が悪いから貧しいのだ」、「身分があることは仕方ないのだから、社会に不満をもってはだめだ」、「物欲に走るのは見苦しい」といった言説に転化し、結局現在の「持てる者」と「持たざる者」との支配構造を固定化する方策に、仏教の中道思想が利用されてきた側面があったことは否定できない。しかしある意味で、タイの高度経済成長とバブル経済は、そうした側面さえ蹴散らしてしまった。モノが市場にあふれ、誰もが借金でき、そして欲しいものをまず手に入れるようになった。

しかしこうした欲望を煽る物質文明の中で経済危機が起きた。こうした経済成長路線に警鐘を鳴らしてきたタイNGO、とくにタイの伝統文化である仏教に基づく内発的発展を、開発《かいほつ》僧らとともに実践してきたNGOは、以前から警告してきたことが現実となって、自らの主張に確信を持てるようになった。それに加えて先に見たように、タイ国王も自給自足の必要性を訴えている。文字通り、社会的支配の固定化としての「抑制・抑圧」ではなく、瞑想など心の開発《かいほつ》を通じて、貪欲・物欲をコントロールしながら、それが個人の領域にとどまるのではなく、社会的な活動として動き始めるときに、タイの人々は過剰も不足もない、節度ある中道の生き方、すなわち自然環境とコミュニティ・人間集団との調和を達成するのだと思う。それは西洋社会が成し得なかったことである。タイの人々の間には、ただ働き同然の奴隷のような労働や日雇いで貧困にあえいで一生を終わるのではなく、また逆に、欲望にかられて金品に振り回されるのでもない生活を見直す動きが生まれている。自らの貧困を諦めるのではなく、心の開発《かいほつ》を通じて貧困の現状や原因、そして解決方法を見出し、自給のための複合農業などに経費をかけずに手間をかける生活。そうした生活にもう一度立ち返って見ようという考え方が、ようやく農村や都市の人々に浸透しつつある。本物の「節度ある中道社会」の実現への第一歩である。

こうしたタイ社会の新しい模索から、日本社会に暮らす我々が学ぶべきところは多い。世界全体が市場経済の波の中で、自由競争こそすべてであるような風潮があるが、そのことに代わる新しい社会システムの思想を我々は十分に提起しきれていない。特に日本の場合、拠って立つ思想・原点を失ったまま、戦後の経済成長のみを追求してきた。だから何か大きな課題が現出したときに、帰るべき原点がないのである。日本のNGOは、単に自己満足的な援助にとどまるのではなく、タイのNGOと連携しながら、タイ社会のあり方と日本社会のあり方とを共に考えていくという踏み込んだ対応が求められてこよう。その意味で、日本の市民やNGOは、何よりもタイの農村に生きる人々の知恵と今後の行動に学びたいと思うのである。

＊本稿は、「タイにおけるＮＧＯ活動の歴史と現状」（『国際教育研究紀要』一九九九年一二月、東和大学国際教育研究所）を基に、大幅に加筆修正したものである。また新たに東北タイ農村での調査結果とその分析を加えた。

【注】

（１）一九九七年七月二日、タイの通貨であるバーツが変動相場制に移行して以来、タイは経済危機に直面した。

（２）たとえば一九九七年一二月四日、タイ国王が国民に対して自給自足経済の必要を訴えたことで、土地利用のあり方や有機農業についての関心が高まった（詳細は本文参照）。

（３）タイのＮＧＯとは、タイの人々自身が設立し運営している団体を指す。他にタイ国内ではカナダ、ドイツ、ノルウェーなどの欧米系ＮＧＯ、また日本のＮＧＯも多く活動している。

（４）*Thai Development Newsletter* NO. 27–28, p. 114–121 掲載のタイ・ボランティア・サービス（ＴＶＳ）デート事務局長などの話を基に筆者が分類した。

（５）プオイ・ウンパコーン（Puai Ungphakon）一九一七年生まれ。六四年タマサート大学経済学部長就任、六五年マグサイサイ賞受賞、七五年タマサート大学学長就任等。

（６）『月刊オルタ』一九九九年六月号、「アジアを記憶する――ＴＶＳデート事務局長の話」二四―二七頁。

（７）政治家の汚職、当時のタノーム政権への抗議運動が一九七三年に起こり、同年一〇月一四日タマサート大学で、これまで最大の学生デモが行われた。その翌日、タノーム政権が崩壊したことからこう呼ばれる。

（８）スラック・シワラック（Sulak Sivaraksa）氏は一九三三年生まれ。第二次世界大戦後イギリス留学。帰国後、雑誌「社会科学評論」創刊。タイを代表する知識人で、社会行動仏教者でもある。

（９）一九九四年以降、ＮＧＯ―ＣＯＤと改称。詳細は本文参照。

（10）タイ政府投資委員会（ＢＯＩ）によれば、一九八七年に同委員会に許可された日本企業数は二〇二に上り、その投資総額は、過去二七年間の日本企業の全投資額をたった一年間で上回ったという。

（11）たとえばＴＶＳ創設者で、同事務局長を長年にわたって務めたジョン・ウンパコーン氏の例がある。彼は後身に道を譲り、自らはエイズカウンセリング&教育サービス（ＡＣＣＥＳＳ）を設立した。なおジョン・ウンパコーン氏は、ＴＲＲＭを創設したプアイ・ウンパコーン氏の長男。二〇〇〇年三月上院選挙に当選し、現在は上院議員。

(12) 二〇〇一年八月現在の、筆者が四年間にわたり毎年訪問調査を行っている村の例である。二〇〇〇年九月の訪問時にはなかった。

(13) 筆者がインタビューしたＮＧＯ―ＣＯＤの責任者の一人は、日本のＮＧＯがタイの貧困層へ支援をすることには感謝をする一方で、タイのＮＧＯや、ＮＧＯ―ＣＯＤのような連合体とほとんど接触しようとしないことに危惧を抱いていた。日本とタイのＮＧＯが最低限情報交換を密に行い、連携してタイの社会問題に取り組みたいとの意向が示された。

(14) この調査は、國學院大学経済学部経済ネットワーキング学科の「社会経済調査」という科目の一環として、この三年間毎年夏に学生たちを同行して行っているものである。村に泊まり込みながら、グループに分かれ、家庭訪問を行い、聞き取り調査を行った。他にタンボン（行政村）の役所であるオー・ポー・トーや村の小・中学校なども訪問した。熱心に聞き取り調査を実施した学生たちに感謝する。なおこの調査は、東北タイのコンケン市に事務所をおくアジア子ども教育センター（ＡＣＥＣ）の杉浦直樹代表の全面的な協力・指導がなければ実現できなかったことを付記する。

(15) タイ中央政府は、以前から地方分権化の一環としてタンボン単位の地方自治を奨励してきた。各村でも村長選挙があるが、さらにいくつかの村を集合させてタンボンとし、その長（ガムナン）もまた選挙によって選出されている。ただしガムナンの被選挙者は各村の村長である。筆者が調査したＡ村はタンボン・ルンフェーに属する。このタンボンはＡ村を含め一五カ村で構成されている。タンボン・ルンフェーの全人口は七八七一人、一五七八世帯である（二〇〇一年六月現在）。各村は一〇〇〇人足らずの人口のため、このくらいの単位にタイ中央政府は予算をつけて、地方自治の一部を任せようというのである。タンボン・ルンフェーの年間予算は二〇〇一年度で四一〇万バーツで、その配分は、中央政府から一四〇万バーツ、タンボン独自で二七〇万バーツである。タンボン独自の予算は、村人からの税金でまかなわれる。土地税（いわゆる固定資産税）や所得税等である。ただし土地税については一ライ当たり五バーツであるという。二〇〇〇年度の決算によると、配分が多かった事業は、道路整備一四八万バーツ、議員歳費五二万バーツ、各村への補助金（農業振興、職業訓練、その他）一五万バーツ等であった。Ａ村の世帯調査で、村人の多くから、潅漑設備の必要性（水の補給）が強く言われていたので、そのための予算措置がないのかと考えて質問したところ、村人からはまず道路の整備が先だとの声が多いのでその配分が最も高いとの返答であった。真偽のほどは分からない。

二〇〇一年夏の調査では、はじめてB村が属するタンボン・バーンムアのオー・ポー・トーも訪問することができた。タンボン・バーンムアの全人口は三六六四人、七五四世帯である（二〇〇一年四月現在）。このタンボンは九カ村で構成されている。年間予算は三〇〇万バーツで、そのうち中央政府からは一三〇万バーツ、残りはタンボン独自の予算である。道路整備の予算は多くなく、議員歳費、村への補助金、学校支援費、農業振興等に配分されている。このうち学校支援費については、タンボン内の三つの小学校に給食サービス（牛乳パック、副食など）として子ども一人当たり一日六バーツの予算を組んでいる。しかし必要額の半分程度しか予算がなく、現在は一日おきの実施でしのいでいるという。

（16）たとえば一九九五年に結成された貧困者同盟（Assembly of the Poor）のような住民組織の活動に、ＮＧＯが支援をするようなケースがあげられる。（社）シャンティ国際ボランティア会ニューズレター（二〇〇〇年一月号）によれば、このフォーラムのメンバーは、タイの二一県にまたがり、その数は一〇万世帯に及ぶという。

【参考文献】

〔外国語〕

Amara Pongsapich and Kataleeradabhan, 1994, *Philanthropy NGO Activities and Corporate Funding in Thailand*, Bangkok : Chulalongkorn University Social Research Institute (CUSRI).

CUSRI, 1990, *Directory of Public Interest Non- Governmental Organizations in Thailand*, Chulalongkorn University.

Gohlert, Ernst W., 1991, *Power and Culture*, White Lotus.

National Statistic Office, 1996, *Report of the 1996 Household Socio-Economic Survey, Bangkok*.

——————, 1998, *The Impact of the Economic Crisis on Emplyment*, Unemployment and Labour Migration, Bangkok.

Royal Thai Government and United Nations System, 1994, *Thailand Countiry Strategy Note.*

Seri Phongphit and Robert Bennoun, 1988, *Turning Point of Thai Farmers*, THIRD.

Sulak Sivaraksa, 1986, *A Buddhist Vision for Renewing Society*, Bangkok, Tienwan Publishing House.

TDRI, 1995, *Thailand, Economic Information Kit*.

——, 1995, *Thai Development Newsletter*, No. 27-28.

TDSC, 1987, *Thai Development News Letter*, No. 14.

Thai NGO Support Project, 1995, *Thai NGOs– The Continuing Struggling for Democracy*.

TVS, 1987, *Directory of Non–Governmental Organizations in Thailand*.

〔日本語〕

赤石和則・三宅隆史他編著、二〇〇〇年、「タイ・スリン県バーンサワイ村支援事業評価報告書」社団法人シャンティ国際ボランティア会。

赤石和則、一九九四年、「解説――タイにおけるもうひとつの開発とＮＧＯ」（所収：セーリー・ポンピット『村は自立できる』野中耕一編訳、燦々社）。

赤石和則・重田康博、一九八九年、『南北ＮＧＯ間の新しい開発協力のあり方を探る調査報告書』国際協力推進協会。

国際協力推進協会、一九九五年、『タイ――開発途上国国別経済協力シリーズ』第六版。

西川潤編、二〇〇一年、『アジアの内発的発展』藤原書店。

日本タイ交流ニュースレター編集委員会、一九九五年、『ニュースレター』No. 24･25 合併号。

野崎明、一九九三年、「解説――社会開発に参画するタイの仏教僧」（所収：ピッタヤー・ウォンクン『村の衆には借りがある』野中耕一編訳、燦々社）。

プラサート・ヤムクリンフング、一九九五年、『発展の岐路に立つタイ』松薗祐子・鈴木規之訳、国際書院。

第9章 タイにおける仏教と自然保護

タイNGOの視点から

プリーダ・ルアンヴィジャトーン＋ピボップ・ウドミッティポン
〔野田真里＝訳〕

「木の出家」の活動を通じて森林保護に取り組む開発《かいほつ》僧、マナス・ナティーピタック師。

はじめに

タイにおいては、いうまでもなく近年の開発の動向は環境に対して破壊的な影響を与えてきた。都市部では、工業化の副産物である公害が広がっている。また、農村部でも、自然環境が急速に脅かされており、穀物の生産にも深刻な影響を与えている。このような状況は地球上の多くの国々で共通に見られるものである。

環境保護主義者の中には、「開発」そのものを悪者扱いし、脆弱な生態系に影響を与える恐れがあるとして、開発プロジェクトすべてに抵抗している者もいる。このため、開発《かいはつ》推進主義者と環境保護主義者との分裂が生じている。

ではこの分裂状態の中で、聖職者（仏教者）はどちらに与《くみ》するのであろうか。

約三〇年以上前に第一次国家経済開発計画（一九六一年に実施）が立案された直後に、政府は、タイの僧侶が人々に仏教の「少欲知足」の教え、つまり禁欲的生活を送り、持てる物に満足する教えを説くことを禁止した。この禁止令は、僧侶を統轄する公的な機関であるサンガによって承認された。この法令の背景には、少欲知足を教えることは経済成長、ひいては開発《かいはつ》に反するものである、という政府の考えがはたらいている。

これは、政府が宗教の役割を単に儀式を行うことだけに制限しようと試みたほんの一例である。タイ仏教者の社会行動は、二〇世紀になって、著しく制約を受けるようになった。

タイの偉大な僧侶、故プッタタート比丘《びく》は、少欲知足を説くことを禁ずる政府の措置に反対する議論を展開した。彼は、仏教が物質的な進歩よりも智慧の開発《かいはつ》に焦点を当てた、人間本来の発展に寄与するもであることを指摘した。「私たちは仏教者として中道に生きるよう努力している。私たちは、古いイデオロギーに固執して変化を拒絶せよと説いたり、新しい進歩的言説にただ追随せよと説いているのではない」。プッタタート比丘のこの考え方は、環境保護至上主義者と開発《かいはつ》至上主義者の間にある深い亀裂を考えるうえで有意義である。

開発と環境は、両方あいともなって考慮されるべきものである。私たちは経済成長を止めることはできないが、とはいえ人間が支えあって生きていくためには、自然との調和が保たれなくてはならないことも確かである。さらに、仏教の教えによると、物質的開発は精神的開発にも貢献するべきものなのである。これらの思想は、仏教的な開発《かいほつ》モデルの基礎となっている。

一　仏教的開発《かいほつ》

現代の著名なタイの学僧、P・A・パユット師が一九九三年の世界宗教者会議で発表した論文によれば、師は次の三つの危険な考えを推し進めれば、世界の開発は行き詰まると示唆している。

㈠人類は自然とは切り離されており、人類はその欲望のままに自然を制御し、征服し、改造することができる、という考え。
㈡元来は皆同朋である人類が、「人類は仲間である」と考え、人類としての共通性を重んじるのではなく、むしろその違いを強調しようとする考え。
㈢幸福とは物的所有の量に依存している、すなわち人類は物的所有という富を通じて、欲望を満たすことによってのみ幸せを得る、という考え。

上述した㈠および㈡の考えについては、いろいろなところでよく議論されていることなので、ここでは㈢の考えに議論を絞りたい。

仏教的開発《かいはつ》の実践者にとっては、物質的な満足を得ることのみが主な目的ではない。これは、現行の開発《かいはつ》モデルとは対照的である。仏教者のめざす幸福とは、官能に誘われたり、消費に耽ることなくして得られるような幸福なのである。仏教的開発《かいはつ》においては、物質的開発は精神的開発に貢献する限りにおいてのみ必要なのである。

こうした考えに基づき、パユット師は、開発《かいはつ》を次の四つの側面において考えなければならないと提唱した。物質的開発《かいはつ》、規律の開発《かいはつ》、心の開発《かいはつ》、精神的な開発《かいはつ》である。

物質的開発《かいはつ》という観点では、私たちは、人と自然の両方に恵みを与えてくれるよう、環境と開発との調和を保つように心がけなければならない。人間の基本的ニーズを満たす限りにおいて自然を開発することが許される。そして適切な消費がより持続可能な生活につながるのである。

規律の開発《かいはつ》、すなわち適切な振る舞いとは、他者や社会に害をもたらしたり、他者から搾取したりすることのないような行いを推進するのがねらいである。これを実施すれば、開発は地域社会を蝕むのではなく、逆に地域に貢献する営みとなる。

心の開発《かいはつ》は、一層意欲を充実させ、新鮮で楽しい気持ちを持てるように意識化することをめざしている。これは、現在の開発《かいはつ》概念が必ずしも人々に幸福をもたらさず、社会に競争原理を持ち込むことにより苦しみやストレスを引き起こすのと対照的である。

精神的開発《かいはつ》において仏教者は、自然に対する智慧を持ち自然を理解するために修行し、学ぶ。これは、芸術や科学にもつながっており、また自然をあるがままとして、すなわち、諸行無常（すべてのものは変化する）、一切行苦（すべての行いは苦である）、諸法無我（すべてのものには実体がない、ゆえにとらわれるべきでない）として理解しようと試みることになる。

以上のように、仏教的開発《かいほつ》とは、物質的充足を強調する理論でないことがわかる。仏教では、物質的な開発の領域については、それが精神的な開発を進めるうえで有効な範囲に限られると考えるのである。

二　環境保護において理想的な共同体・サンガ

ブッダは仏教を信仰する道を歩む者の共同体、すなわちサンガを作った。この共同体の生活様式は質素で、神聖であり、自然の法に従うことを旨としている。共同体の成員は自然の保護に真剣な関心を持ち、それを自らの生活で実践している。

仏教の僧／尼僧は、食料、衣料、住居、薬という四つの基本的ニーズを満たそうとする際に、自らを省みることを教えられる。彼らは、自らを生かすために必要なものだけを得ることを心がけるよう戒められている。衣料は装飾のために着るのでなく、食料は美食のために食べるのではない。また、住居は快適さを追求して建てるのではないし、薬は本当に必要なときにだけ飲むものである。

新たに出家した僧侶に与えられる、四つの基本的な戒めの一つに、森に住んで修行することがある。ブッダは森での修行を奨励した。僧侶の戒律の中には、すべての生きものの重要性を強調するものが多くある。たとえば、僧侶は木の葉一枚さえも取ったり、いわんや木を切ることなど絶対に許されない。また、森の中で火を起こす時には山火事を起こさぬよう注意を払わなければならない。自然に触れることは思索を深めるのに役立つと信じられており、そのため、森林は保存されるべきものとされてきたのだ。

タイでは何百年もの間、「森林僧」が自然の中を巡り、修行してきた。彼らは、その厳格で禁欲的な規律と薬草などによる医療技術で知られている。彼らの多くは著名な瞑想者として、国の内外で人々を導いてきた。

我々タイ人の歴史を通じて、サンガすなわち僧侶の共同体は一般民衆から尊敬され、敬愛されてきた。僧侶らは、民衆の日々の生活の中心にいて、人々に教育や伝統医療を施し、道徳の向上に努め、共同体の団結を強めてきた。

タイの大学の起源は仏教寺院であり、今日でも無数の小学校や中学校が寺院の中に建てられている。

だが近年では、西洋の影響が大波となって我々の社会に急速に押し寄せ、仏教の教えにも多大な影響をもたらした。西洋化にともなって僧侶は社会の中で主要な役割を果たすことがなくなっていった。僧侶らが伝統的に果たしてきた教育や保健医療の役割は、学校や病院などの現代的な機関に取って代わられた。さらに、政府がすべての生活面において権力の集中化を図ることによって、僧侶は三つのサンガ法(1)によって厳しくその統制下に置かれるようになってきた。

最初の法例は、約一〇〇年前、海外からの開国要求の圧力に対して始まった行政改革の時に制定されたものだが、これによって宗教的な事項は政府の統制下に置かれることになった。現行の法例は一九六二年、サリット独裁政権時代に制定されたものだが、これは政府が描く国家主導の物質的な開発《かいはつ》を推進するために僧侶を利用しようとするものであった。この結果、僧侶を絶対的に統制する公的機関「タイ王国サンガ」が設立された。

僧侶は、教育分野においても不利な立場に立たされている。僧侶のための高等教育機関は少なくなり、非宗教的な一般の大学に比べて少ない予算しか分配されていない。また僧侶は多くの場合、非宗教的な一般の大学への進学を許可されない。

以上のような状況は、タイ僧侶の社会開発への参加に大きな障害となっている。しかし、こうした困難な状況の中で、タイ僧侶の中には地域や社会の中で活動し、その宗教的責務を果たしている者もいるのだ。

次節では、仏教の原理と智慧をその地域特有の考え方と融合させることに成功し、現代の社会構造の下で環境問題に取り組んでいる僧侶の実践例を二つ挙げよう。一つはナーン県のマナス・ナティーピタック師、ピタック・ナンタクン師らによる「木の出家」と自然保護の事例、もう一つはヤソートーン県のスパ・ジャワワット師らによる伝統医療と自然農法の事例である。

三　「木の出家」と自然保護

(1)「木の出家」とそのひろがり――ナーン県マナス・ナティーピタック師の思想と実践

タイは、自然資源に恵まれていることで知られていた。北部地域は緑の濃い森林に覆われた山地であった。興味深いことに、シャム（タイの旧称）という地名はインドの「緑」という言葉に由来する。

しかし、王立森林局が全土の森林管理一〇〇年の記念を祝っていたとき（一九九六年）には、皮肉にも、森林被覆率はわずか二〇％となっていた。これは公式の数字なので、これでもまだ過剰に見積もられていると思われる。ある東北部の地域では、森林被覆率は一％にまで減少している。これが事実だとすると、自然環境において正常な空気バランスを保つのに四〇％の森林被覆率が必要であるとする研究機関での実験結果を考えれば、タイの森林減少は壊滅的ともいえる。

森林の減少によって、そのもたらす便益が失われつつあり、いくつかの地域では深刻な問題を引き起こしている。たとえば、近年各地で洪水、干ばつなど気象の異変にともなう自然災害がより頻繁に見られるようになってきた。

村人たちに自然の富をもたらしてきたタイの森林は産業化にともなって激減した。不法伐採も絶えない。

タイの産業化が進めば進むほど、森林保護の見通しは暗いように思える。だが、僧侶たちの中には、希望に燃えて立ち上がり、伝統的な文化価値に基づいて、「木の出家」を行い環境危機に立ち向かっている者もいるのだ。

出家の儀式とは、人が仏門に入る時、僧侶となるために行うもので、通常は人間が対象である。この儀式が、木を神聖化するために用いられるようになったのだ。「木の出家」では、僧侶が身につける黄衣を木の幹に巻いて木を神聖化する。伝統的に、寺院の境内にある菩提樹には神聖さを示すための黄衣が巻かれてきた。これを森林の樹木に応用したのである。

マナス・ナティーピタック師は、北部タイにあるボーダラマ寺院の住職である。この僧がタイで最初に「木の出家」の儀式を行い、木を神聖化したのだといわれている。人々は干ばつが過去の森林伐採によってもたらされることを理解していない、という点に師は気づき、人々に環境の大切さと伐採のもたらす危険性について教える効果的な手段として、この儀式を考え出した。

一九九二年に筆者らが師をインタビューした時に、師は次のように語った。「もし、木に黄衣が巻き付けてあれば、人々はあえてその木を切ろうとはしません。だから私は、この方法が伐採を断念させるのに有効と考え、寺院の近くにある森の木に黄衣を巻く儀式を執り行ったのです。私はこの儀式を『出家』と呼んで、ことの重要性を人々に喚起しました。『木の出家』とは、人々にとってものめずらしく聞こえたのでしょう。タイの人たちは、出家は人間のことだとずっと考えていましたから。このものめずらしさから口コミで『木の出家』は広く伝えられていったのです」。

師が「木の出家」を始めたのは次のような経緯からである。師の住んでいる地域で、一九八七年に木材業者がわずかに残されていた森の木を切り倒そうとした。地域の人々の尊敬を集めていたマナス師は、彼らを代表して業者に伐採の中止を申し入れた。しかし、この要請は失敗に終わった。そこで、師は森を守る手段として「木の出家」を思いつき、さまざまなNGOやマスコミと連携し、ついには森の伐採を中止させることに成功したのである。

それ以来、師はこの活動を継続してきた。師は、民衆のために分水嶺地域の森を歩く体験旅行を企画したり、説法に環境教育を取り入れたりしている。今では、木を伐採すれば森林に守られた安定した環境が損なわれ、干ばつや洪水が引き起こされるのだということを村人は理解するようになった。

さらにマナス・ナティーピタック師の活動は、環境に対する関心を全国で高めることに役立った。政府も、その後何年かにわたって森林伐採禁止令を施行し、また他の僧侶たちも森林保全の手段として「木の出家」を執り行いはじめた。

東北タイのブリーラム県、ドン・ヤイの森に住む有名な環境保護主義者である僧侶プラチャック・クッタチット師も一九八九年に木の出家を始めた。だが師はこの環境運動により「反政府的」との非難を受けて投獄され、のちに還俗させられた。だがその一方で、タイで二番目に大きな都市チエンマイの政府機関が、ランプーン県に通じる道沿いに生える大きなチークの木々にこの儀式を行うという現象も見られるようになった。このように開発僧《かいほつ》による「木の出家」はタイ各地に広がりを見せており、[2] またそれを通じて政府機関やNGOが、自然保護に関わる仏教原理に興味を持ちはじめている。

（2）仏教による自然保護の強化とNGO——ナーン県ピタック・ナンタクン師の思想と実践

ピタック・ナンタクン師もまた、この「木の出家」の儀式を環境保全活動に有効に応用した僧侶の一人である。師はナーン県の出身である。ナーン県は北部の山岳地帯であり、かつては青々と繁った森林で知られていた。しかし、国が第一次国家経済開発計画を実施してから約三〇年後には、ナーン県の森林被覆率は約三〇%に落ちていた。

歴史的には、伐採は外国企業、とくにイギリスの企業により始められ、大木が次々と伐り出された。その後、地元の企業がタバコの栽培等のために森を切り開き、また、国内市場向けに大小を問わず森林を伐採しはじめた。一九六〇年代になると換金作物、とくにトウモロコシの栽培が急速に拡大する一方、焼畑農業や道路建設のために広大な面積の森林が伐採された。加えて、政府は北部の反政府運動への対抗策として、森を切り開いて道路を敷設し、そうした活動を取り締まりやすくした。

ピタック師は、一九七五年、一七歳のサーマネーン（沙弥《しゃみ》=見習い僧）の時に森林保全の運動を開始した。師は、故郷のケウ・ムアン村の人々に森林の重要性について説き、植林を促した。師は村では一番教養のある人間だったので、地元の人々は師の言うことに耳を傾け、師の努力は大きな成果をあげた。チークや他の木々が、土壌侵食の進んだ地域に植林され、分水嶺地域は保全された。年々師の活動は広がっていった。また、師は他にも道路やため池の建設、地域の協同組合の開設、換金作物栽培や森林伐採に代わる収入源となる作物の導入などを始めた。

その後、師は学問を続けるため、また地域開発に関する実践的な研修を受けるためにケウ・ムアン村を三年間離れることになったが、その間師の環境保全活動等は村人たちに引き継がれていった。

師が村に戻って来た頃、地方政府はナーン県の経済成長を活性化させようとユーカリの植林計画を打ち出していた。そして師は直ちにこの計画に反対する運動を指導し、これに成功した。この計画のために選定されたユーカリはひどい土壌流出を起こす品種であったばかりか、このユーカリのプランテーションを作るために森林は皆伐されることになっていたのである。この計画が中止されたのは、ピタック師がＮＧＯや地元の民衆と団結して抵抗したからである。

一九八七年、ナーン県を深刻な干ばつが襲った。その原因の根本には、とくに分水嶺地域において続けられた森林伐採があった。この干ばつの後、村人は森林保全に一層大きな関心を持つようになった。そしてピタック師の関心や活動は、ポン分水嶺地域を囲むポン山地へと拡大していった。分水嶺地域の一角だけでの森林保護活動ではまだ不十分だということに師は気づいたのである。八八年に師は、民衆やＮＧＯとともにケウ・ムアン保全クラブを結成し、六つの村で森林保護活動を立ち上げた。というのも、従来この地方の森林管理は村の共同体に任されてきたが、政府はこの地域を保護区とする政令を出そうとしたのである。もし保護区になってしまえば、地域の民衆による管理はできなくなってしまっただろう。それゆえピタック師は地元の人々に対し、ケウ・ムアン保全クラブの活動を通じて森林管理能力を強化して、自分たちが資源を管理するのに十分な技術を身につけていることを政府に示すよう呼びかけた。政府があらゆる口実を使って人々から森を取り上げ、伐採業者の手に渡してしまうことを恐れたのである。

一九八九年を通じ、師は見習い僧や地元の子どもたちを対象として研修や森歩きを企画し、環境に対する関心を

北タイを流れるナーン川に禁漁区を設け自然保護をはかっている。開発《かいほつ》僧ピタック師が始めたＮＧＯ「ナーン県を愛する会」（ＨＭＮ）の活動の一環。

高めようと努力した。師は、森林に関する知識とともに、環境に優しい農法も教えた。子どもたちに森林や環境について教えておけば、子どもたちを通じて、親たちの関心も高まるだろうと考えたのである。

さらにピタック師は、マナス・ナティーピタック師の始めた「木の出家」の成功をふまえつつ、独自の運動を展開しはじめた。

師は、「木の出家」をパァ・パーと結びつけた。パァ・パーは一般民衆がお金や品物を僧侶に寄進する伝統的な仏教の儀式である。この儀式を資金や物ではなく木の苗木を手に入れることに応用したのである。一九九一年、師は「木の出家」と苗木の寄付をケウ・ムアン村で行った。儀式には地元の民衆、役人、ＮＧＯ職員らが参加して、一緒に植林も行った。仏像を安置した仏壇が森の一番大きな木の傍らに建てられ、その森は聖域となった。

その後も師は数年にわたって、ポン分水嶺のあちこちの森で「木の出家」の儀式を執り行った。師はマスコミ関係者を儀式に招待し、ナーン県全体で環境への関心が高まるよう配慮した。

ピタック師は、このプログラムの成功は数々のＮＧＯや政府機関の協力なしには不可能だと考え、民衆と政府の橋渡し役も演じた。

一九九一年、師は地域の村々や政府機関、ＮＧＯの人々を集めたハック・ムアン・ナーン（ＨＭＮ、ナーン県を愛する会）を結成した。ＨＭＮはそれ自体がＮＧＯであるとともに、さまざまな機関を結んで、各メンバーの活動を調整するネットワーク組織でもある。また、研修を行ったり、ナーンの各グループに環境への配慮を深めてもらうための材料を提供している。

ピタック師はこのＨＭＮの活動を通じて、ナーン川愛好プロジェクトを発足させた。タイの主要河川であるナーン川の現状を調査し、人々に川について学んでもらうための運動を始めたのである。また、一九九三年にはナーン川の長寿を祈願する儀式が執り行われた。通常、長寿祈願の儀式は人間や家畜に対して行うものであるが、ナーン川が末永く恵みをもたらすようにとの意味で行われた。この儀式では僧侶たちが読経をして川を聖域とした。参加者は数百人にのぼった。このとき川のいくつかの地点を禁漁区とし、漁業資源の回復を図ることも宣言された。この禁漁区の設置は、「寺院の境内では生きものを獲ってはならない」という伝統的習慣にならったものである。そこでは鳥などの野生生物は人に危害を加えられることなく生きることができたのだ。

こうしたピタック師の活動はナーン川流域の他の僧侶たちにも伝わり、同様の儀式が行われ、禁漁区が設けられることとなった。今では流域で九つの禁漁区が設けられている。

もともとピタック師の活動は山地の森で始まったのであるが、それが低地や河川にまで広まったのである。

四　伝統医療と自然農法――ヤソートーン県スパ・ジャワワット師と開発僧《かいほつ》たち

仏教による環境保全運動で順調に成果を上げているもう一つの例として、ヤソートーン県のスパ・ジャワワット師と彼のサンガ、アサール・プッタナに集まるボランティアの開発僧《かいほつ》の活動を挙げることができる。

興味深いことに、この僧侶の開発プロジェクトは、二〇年前に村人たちの差し迫った問題に関わったことが契機となっている。師は学問的な知識を持っているわけではなかったが、自分の故郷であるヤソートーン県クドゥム地方にあるターラッド村の生計を向上させることに成功してきた。師が見たところ、村人たちの差し迫った一番の悩みとは健康問題であった。以前は、村人たちは大金を出して現代的な病院に通っていた。そこではもちろん、西洋の非生物系の化学薬品の世話になる。特に、痛み止めとして常用されている薬の中には、カフェイン等の中毒性のある物質を含むものもある。

一方、昔は村人たちは健康管理を自分たちで行っていた。薬草療法、マッサージ、針療法、加熱療法等の伝統療法は、世代から世代へと受け継がれ、貧しい農民でも自分たちで処方することができた。しかし、今日では西洋的な近代療法一辺倒の中で、民衆は伝統療法を軽視し、信頼しなくなってきたのである。

師は政府およびＮＧＯと協力して、薬草療法と伝統的なマッサージを復活させることに成功した。伝統療法に関する展示や教育活動を村から村、町から町を回って行う運動が始まった。またこの運動を通じて、多くの薬草園が薬草を原料として売却する契約を結ぶことができた。師の真摯な努力は地域経済への貢献という意味でも報いられたのである。

豊かな森林は、当然、薬草の宝庫でもある。そのため村人たちは、薬草療法を学びその重要性に気づくと、残っている森林を入会林《いりあいりん》（村人の共同管理による森林）として保全しはじめた。それと同時に、荒らされた森林を回復するためにいろいろな種類の薬草が植えられた。この事業を長期的に管理するために、村にはいくつかの薬草クラブが結成され、この動きが村から村へ、そして他の地方へと広まっていった。

スパ・ジャワワット師は、地域住民の幸福の実現のために、仏教の教えに従い、僧侶たちのグループに大きく支えられながら、これらの啓蒙活動を行った。僧侶らは、さまざまな地域に出向いては伝統医療や薬草栽培の大切さについて人々に説いて回った。

このような運動により、古くから村の墓地として利用されてきた森の保全に村人たちの関心が向かうようになった。この地域には、友人や親戚が亡くなると、火葬して死者の住んでいた場所に近い森や農地に埋葬する習慣があり、死者の不滅の魂への信仰から、村人たちはみだりに森に立ち入らなかった。しかし、産業化にともない薪や木材の需要が高まってくると、多くの村人たちがこの禁則を無視して、木を切り倒し、森の奥へと耕作地を広げざるを得なくなった。こうした森林の減少によって干ばつが生じ、かつては簡単に回復できた自然の恵みも得にくくなった。

スパ師は、森林の危機状況を訴え、師に師事する僧侶たちとともに自然環境の大切さを人々に説き、森林を保全し回復するプロジェクトを始めた。近隣の多くの村の人々が僧侶を招き、木々を祝福して、神聖化する儀式を行うようになった。もちろんそこでも「木の出家」が行われた。森を管理する委員会が設置されるとともに、自然林の適切な利用を促すための規則が定められた。またある村では、森に寺院を建立し、僧侶に住んでもらい森林の世話を手伝ってもらっている。

薬草療法が軌道に乗ってくると、スパ師は地元の村民が抱えているもう一つの悩みである貧困問題に取り組んでいった。過去三〇年以上にわたって政府が推し進めてきた換金作物の栽培導入により、村人たちの自給自足の生活は壊され、泥沼の借金と貧困化がもたらされていた。生産性を上げるために、近代農法を採用することが奨励された結果、化学肥料、殺虫剤、除草剤などを購入するための出費が大きく増えていた。収入も増えたが、種や肥料に費やす高額の出費には見合わなかった。

問題の原因が近代農法の弊害にあると見て取ったスパ師は、新しく複合農業と自然農業をまず自分の親戚の田畑から導入しはじめた。当然、周囲の村人たちは何十年ものあいだ近代農法に親しんできたので、最初のうちは師の助言に従わなかった。しかし、この新しい農法を実験した師の親戚の農地で実りある成果が実証されると、何人かがこれを学び見習いはじめた。時が経つごとにその数は増え、今では多くの村人たちがこの農法によって利益を受け、多量の化学肥料や殺虫剤の使用を中止している。また師らは、年間を通じて自分たちの作った果物や野菜を食べている。さらに師らは、土地の主要作物である米とは別の作物も植えはじめた。農地は、鶏やアヒル、魚の養殖にも利用されている。こうした米以外の作物を栽培する一連の活動により、村の家庭の消費も徐々に賄えるようになった。この種の農法はまた、生物多様性や生態系の維持、土壌の保全にも役立っている。

伝統・近代いずれの農業にも偏しないこうした「第三の農法」が普及し、ターラッド村全体が除草剤を使わなくなり、ほとんどの世帯が化学肥料の使用を控えるようになり、この農法は他の村にまで波及していった。スパ師は、この「第三の農法」をさらに奨励するため、村のリーダーや政府およびＮＧＯの職員らとともに地元に精米工場をつくり、これを「ラック・タンマチャート」(3)（自然を愛する）と名づけた。この工場ができたことにより、農民が地域の外のシステムに依存することも少なくなり、このクドゥム地方の村人は今では適正価格で精米サービスを受けられるようになった。この精米工場を管理する委員会は村人自身によって直接運営されている。これは、精米工場の資金調達や運営管理が地域社会の人々の参加によってなされていることを意味している。とはいえ、初期には比較的多額の資金を外部からかき集めてくる必要があった。また、管理運営のための人材はいくつかの大きな都市で新しい農業を普及させているネットワークから派遣されてきた。地元の自前の資金や人材だけでは足りなかったためである。しかし、工場は村人のものであり、村人によって運営されているということは確かである。この工場は、環境のために良い、環境に無害な農業を推進するために、化学物質の含まれない作物を生産するのに役立った（農薬をまったく使わない農業の普及については、開始から二～三年間の猶予が必要であった）。

以上、スパ師とそのグループが、地域社会の団結を強め、社会開発と仏教を結びつけるために果たした実績を概観した。師は最近、村人が集い楽しみ宗教的な儀式に参加する場である寺院の祭りを利用して、人々を寺院の境内に招き、読み書きを教えたり、説法する機会を作ろうとしている。また、同じ地域にいる僧侶、とくに若い僧侶たちの能力をセミナーや集会を通して高めようと努めている。僧侶が生涯にわたって社会に関わり続けていくうえで大切なことは、師によれば、僧侶自らが賢人として、また精神的なリーダーとしての地域や社会での役割を取り戻していくことである。

さらに師は人々に、西洋に盲目的に追随するのではなく、経済、文化、とくに智慧において自立することを奨めている。そのため師は、人生最期の使命として、村の教育制度を建て直すことに命を捧げ、自分が他界しても村が難なく自立できるようにしようと考えている。どんなにプロジェクトが立派に機能しても、その背景にある価値観や世界についての物の見方が人々に完全に理解されていないならば、その社会はいずれ破滅に向かうと師は信じている。ここに、師が最近、社会の教育や文化に強い関心を示している理由がある。師は、物質的な要素に加えて精神的な要素を開発過程に盛り込まなければならないと確信している。精神と物質との調和が取れれば、地域社会は自ずと幸福を得られるであろう、と説くのである。

おわりに

数カ月前、筆者らは友人とナーン県の地元の市場で買い物をしたさい、その土地で採れるタイのローズアップル(2)と呼ばれる果物を見つけた。しかし、その房はちょっと変わっていた。それぞれの実の形が違っており、虫喰いの穴がいっぱいあいていた。友人は筆者らに「どうしてこの実はバンコクで見るものと違うのか」と聞いた。化学肥料や農薬を使わずに育てればこの実は本来こういう姿なのだ、と筆者らは説明した。自然の果物が「奇妙」に映り、化学物質を含んだ科学的に作られたものが健康的で普通に見えるとは奇異な話である。筆者らと友人は、見栄えの悪い実を買って食べた。

そこで筆者らはこう思った。自然と調和して生き、本当に持続可能な生活を送るには、そうした生活について語り、行動することが大切である、と。その土地固有の品種を復活させ、生物の多様性を保っていくことももちろん大切なことに違いない。しかし、変化はもっと奥深いものでなければならない。その変化は、我々の姿勢や態度に生じなければならないのだ。つまり、我々は「見栄えのする」果物を選ばずに「できそこない」に見える果物を食べるなど、多くの習慣を変える必要がある。

これは、聞く人によっては急進的に響くかもしれないが、仏教では、すべての行動は人の内面から生じると考えている。この考えは、現在幅をきかせている科学万能の近代的世界観に対して多くの示唆を与えるのではないかと筆者らは考えている。

自然や環境に対してはさまざまな考え方がある。多くの人々は、自然は人間の需要や欲求を満たすために存在すると考えている。他方、経済の専門家の中には、産業化が進んでいけば、やがては環境保護にも目が向くようになると考える人もいる。環境保護主義者たちの中には公害や環境悪化を食い止めるには法律で規制すればよいと考える者もいる。また、数年前、ある科学者たちは地球温暖化防止のために過剰な二酸化炭素を吸収できる巨大な装置を作ればよいとも言った。

残念なことに、現代社会が物質的にも精神的にも絶滅の危機に瀕しているという事実に多くの人々が気がついていない。だがその一方で、人々は、現在の社会が十分に秩序が保たれ安全だと感じているわけではないし、実際どこに行っても犯罪は増えている。

こうした現状を解決する唯一の方法は、人々の態度を根本から改めることであろう。我々は、生活様式を自己中心的なものから共生的なものに変えなければならない。自然を我々の狂気に順応させるのではなく、我々が自然に順応せねばならない。これに関しては、自然との調和を重視する仏教やその他の伝統的な宗教が貢献すべきことは多いのではないか。仏教の教えによれば、我々は覚者や自然界の主《ぬし》ではなく苦悩する凡夫《ぼんぶ》であり、自然の一存在にすぎないのである。我々すべては、自然の法則に従って生きている。仏教や他の伝統的な宗教は、我々の愚かさを我々に気づかせる可能性を持っている。我々は、それを学ぶと同時に実践しなければならない。そうすることで、我々の姿勢や態度には根本的な変化が求められるようになるであろう。そしてこれらの変化は、少しずつ「悟り」すなわち気づきへと向かっていくように感じられる。

科学の貢献を軽視しているわけではない。むしろそれらは、本来私たちの将来の可能性を膨らませるものであるべきだろう。しかし、科学的な調査だけでは不十分なのである。精神的な変化が求められている。頭で理解するのではなく、心で感じて自然を大切にすることから始めなければならない。私たちは、「正しい気づきの心（正念）をもちなさい」と説くベトナムの有名な禅僧ティク・ナット・ハン師のように、心を開発《かいほつ》し、より意識して、心穏やかにならなければならない。

「木の出家」はいわば自然保護に関する外側の形式をととのえるためのものである。これに人々の内側からの気づきがともなわなければ、この儀式が行われるだけでは未来が開かれるとはいえないであろう。

＊原著者のプリーダ氏とピボップ氏はタイにおいて開発《かいほつ》僧らとともに仏教的開発《かいほつ》をおしすすめるＮＧＯ「開発のための宗教委員会」（ＴＩＣＤ）のスタッフとして長年活動してきた。本章はそうした現場の経験をふまえて書かれたものである。（訳者）

【訳注】

（１）一九〇二年に制定された「ラタナコーシン暦一二一年サンガ法」以降、サンガの組織が国家の規制下に置かれるようになった。仏教行事はこの「サンガ統治法」によらなければ法律違反に問われるようになったのである。その後、立憲革命を経て、一九四二年に「仏暦二四八四年サンガ法」が制定され、六二年、サリット政権下では現行の「仏暦二五〇五年サンガ法」が制定された。現行のサンガ法では、サンガの管理の全権をサンカラート（管長＝サンガの長）およびサンカラートを長とする大長老会議に集中しつつ、政府がサンカラートの任免権をもつことによって、国家による仏教の支配をより強固なものにしている。

（２）たとえばチャイヤプーム県で森林保護に取り組む開発《かいほつ》僧にパイサーン師がいる。師は在家者の時代にスラック・シワラック氏のＮＧＯ、「社会に関わる宗教者のための連絡委員会」で活動するなどＮＧＯとの関連も深い。仏教者国際連帯会議（ＩＮＥＢ）の主要メンバーであり、日本にも在日タイ人の人権保護活動のために滞在するなど、若手の国際派の開発《かいほつ》僧である。

（３）「タンマチャート」というタイ語にはいわゆる「自然」の他に「生あるものすべてが生かされている秩序（法然）」の意味もある。

（４）東南アジアに分布する熱帯果実の一種で赤いイチジク状の実。別名レンブ、和名はふとももの実。

第Ⅲ部資料

日本のＮＧＯと開発《かいほつ》僧

東北タイ・スリン県サワイ村の事例から

秦　辰也

日本のＮＧＯと協力して村の教育・社会開発に取り組むパンヤー師。寺子屋のパーリ語教室で教鞭を取っている。

はじめに

社団法人シャンティ国際ボランティア会（ＳＶＡ、旧称＝曹洞宗国際ボランティア会。現地法人名＝シーカー・アジア財団、ＳＡＦ）が、タイでもとりわけ深刻な貧困問題を抱える東北地方（イーサーン）の農村開発活動に関わり出したのは、一九八四年のことである。それまでＳＶＡは、当時タイとカンボジア国境に散在していた難民キャンプにおいて、カンボジアの文化や伝統に根ざした教育や職業訓練などの支援事業を展開することで、彼らの自立の一助となればと活動していた。

だが、単に教育や文化支援といったところで、それまで全く違った環境下で生活してきたカンボジアの人々のことを、私たち日本人がそう簡単に理解することはできない。ましてや、下手をすれば日本人の考えを押しつけてしまい、相手を傷つけてしまうことにもなりかねないという危険性もはらんでいる。そこで私たちは、歴史的に関係が深く、しかも同じ民族でありながらタイとカンボジアという国境を画して隣り合わせに生活してきたクメール（カンボジア）系タイ人の協力を得ながら活動展開を図っていくことにしたのであった。

クメール系タイ人の村々が数多くあるところといえば、イーサーン地方で、ブリーラム、スリン、そしてシーサケートの三県にそのほとんどが散在している。イーサーン地方の農村開発に取り組んでいるＮＧＯの多くは、カンボジアと国境を接するこれらの県からさらに北東に広がるトゥンクラー・ローンハイと呼ばれる地域に集中している。

トゥンクラー・ローンハイとは、昔住んでいた「クラーという民族の人たちも泣いてしまうほどの不毛の平原」であるという意味だが、その名の通り、年間降雨量は平均一〇〇〇～一二〇〇ミリ程度で、タイでも最も自然環境の厳しい地域の一つと言われている。現在でも七〇団体ほどのＮＧＯが、地域開発、農業支援、環境保全、教育支援などの分野で活動しているが、私たちは中でも難民キャンプの多かったスリン県のクメール系タイ人の僧侶や、教育者たちの力を借りることとなったのだった。

このことが縁で、私たちは難民キャンプやそこに住んでいたカンボジア難民の人々の状況を詳しく知ることができた。また、カンボジアの文化や宗教観ばかりではなく、タイとカンボジアの関係やイーサーン地方の農村の実状など、どの情報もＮＧＯとして活動を行っていくうえで大いに役立つものばかりであった。

「同じクメール民族として、不幸にも難民となってしまったカンボジアの同朋のことを、このまま放っておくわけにはいかないと思いました」。ＳＶＡの現地スタッフの中でも、カンボジアの難民たちがタイに流入してまもない一九八一年頃からこの問題に関わったスリン県出身のクメール系タイ人の一人、ティラポン・スリントラブーン氏（五七歳）は、その時の心境をこう振り返る。

元教師で僧侶生活も長かったティラポン氏は、ＳＶＡがとくに重点を置いて進めていたコミュニティづくりのための図書館活動を担当していた。日に日に体力的にも精神的にも回復していく難民たちの姿を見て、彼はぜひとも自分の出身地であるスリン県のサワイ村でも、こうした教育活動を実践したいという思いにかり立てられていったのだった。

一　スリン県ムアン郡サワイ村

毎年一一月に行われる象祭りでタイでも有名なスリン県は、バンコクから約四〇〇キロ北東に行ったところにある。車でならバンコクから約六時間、列車だと七時間ほどの距離だ。近年では街の中心地にショッピング・センターや高級ホテルなども見られるほど賑やかになったが、一方では劣悪な環境のスラムも存在する。

サワイ村は、そのスリン市内からさらに二〇キロあまり北西にある。隣のブリーラム県との県境に近く、雨量の少ないイーサーン地方では貴重な水源となっているチー川の支流が村の西部を流れている。

村には一三の集落があり、世帯数は二〇八六、人口は一万八〇〇人。スリン県にはタンボン（行政区・村を意味し、日本の町村にあたる）が二四あるが、サワイ村はその中でも比較的大きなタンボンである。私たちは、そのサワイ村でも中心地にあたる第六区から活動を始めることになった。

ティラポン氏の自宅もその第六区にあり、彼の強い要望もあってまずは数百冊の子ども向けの絵本を準備し、彼の家の軒先に「家庭文庫」を開くことから始めた。そこを通して、とりあえずは村人たちの実態を把握してみようという手法であった。

村の関係者の話によると、この村では非識字者が多いとのことであった。小学校には欠食児童も四割近くいるし、中学校への進学率も二～三割程度と低く、多くの農民たちが小学校を卒業するとせっかく覚えたタイ文字を忘れてしまうという話であった。ましてや村の人たちは普段クメール語で話しており、そうした意味でもタイ文字を日常生活で読むということに抵抗があったのかもしれない。

この「家庭文庫」を開いた時、周辺にいた子どもたちは最初は何ごとかといった様子で集まってきた。多い時には利用者が一日で一〇〇人を越えた。普段から絵本などに触れた経験はほとんどなかったし、興味津々だったからである。だが、親たちは子どもたちのそうした行動に反発した。

「農民たちが本を読んで何になる！　農民の子は朝や夕方に水牛の世話をするのが当たり前じゃないか」。大人たちは、子どもが家の手伝いをしなくなるのではないかと恐れ、時にはティラポン氏に食ってかかった。

しかし、子どもたちが水牛の世話をしながら本を読むのに文庫から次々と絵本などを借りていく姿に、周囲の大人たちも動かされた。ビニール袋やカバンに本を詰め、農作業の合間に子どもたちが田圃の縁に腰掛けて読むようになったのである。

この小さな教育活動に注目し出したのは、サワイ村小学校のプラサート・スックウィット校長であった。プラサート校長は、「村の周辺の小学校の図書館には全くといっていいほど本がないのに、ここにはいい本がたくさんある」と喜んだ。そこで、周辺にある三つの小学校を対象に、移動図書館活動を始めてみてはどうかと私たちに話を持ちかけてきた。

さらに、何よりも心強かったのは、村人たちにこの小さな教育活動の意義を伝えようと努めてくれた、「家庭文庫」からすぐそばにあるセーンブラパー寺の住職、パンヤー・ウティスントーン師の協力であった。パンヤー和尚は、図書館活動の中でもとりわけ謄写版による教材づくりや識字活動に着目し、ＳＶＡが教師や図書館員などの養成のためのワークショップなどを開く際には、自らが弟子たちを引き連れて参加してきた。勉強熱心なパンヤー和尚は、ティラポン氏やプラサート校長などとも話し合い、サワイ村に六カ所ある寺院の境内を利用して、「寺院文庫」を開設する計画を立てた。

もともとタイの国としての宗教は南方上座部仏教であり、サワイ村の人たちもほぼ一〇〇％仏教徒であるということがその根底にあったということもあるだろう。寺は村人たちの精神的な拠り所というだけでなく、教育の場として、あるいは福祉の場としてこれまでも深く村に根ざしていたため、図書館を寺につくることで村人も僧侶もそれを活用できると考案されたのである。

私たちのささやかな活動は、こうして村の中心的なリーダーたちの協力を受けることになった。そして、「家庭文庫」から村民図書館、移動図書館、さらには「寺院文庫」という形で次々に拡がっていった。

二　パンヤー・ウティスントーン和尚

ところで、サワイ村での活動開始直後は村人からなかなか理解が得られなかったものが、なぜ寺の住職や学校の先生たちが参加することで急速に村へ浸透していったのか。そもそも、村における僧侶の役割とは何なのか。裏を返せば、私たちが出会ったパンヤー・ウティスントーンという和尚の村おこしの精神が、どういうものであるのかに気づけば気づくほど、私たちの活動は深まったといえるのかもしれない。

パンヤー和尚は、一九二九年四月、サワイ村の平凡な農家の長男として生まれた。旧姓はクン・ピッチャナリー。タイの農村においては今日も通例として残っているが、当時の少年たちにとって、勉学に励むためには仏門に入ることが最も近道であった。クンは小学校を卒業してからずっと家の農作業を手伝っていたため、ようやく二一歳でセーンブラパー寺に出家し、勉学に勤しんだ。

和尚は、その後先輩たちを頼ってバンコクにあるスープティダー寺院に移り、修行を重ねた。そうしているうちに、自然とは何か、農村開発とは何かといったことについて考えはじめ、自分の村というものを客観的に見つめるようになったのである。

和尚は、バンコクから時々里帰りをし、サワイ村の緑化運動に着手した。村人のお布施などにも支えられ、苗木を育て、まずはセーンブラパー寺の境内にチークの木を植えることから取り組み始めたのである。

この植林運動は、パンヤー和尚が一九六八年に正式に住職としてサワイ村に迎えられた頃からさらに本格化した。六〇年代末から七〇年代といえば、ベトナム戦争が始まり、軍事政権下で厳しい反共政策がとられ、それと同時に工業化のための「開発」も急速に進められていた時代である。村人たちが開墾作業を進めていったこともあいまって、村の周辺の森林面積は、和尚が子どもの頃に比べて激減していた。

この変化に大きな衝撃を受けたパンヤー和尚は、ただ単に在家の人たちが木を植えるというだけではあまり意味がないことに気づいた。「どうせそんな木は業者や村人たちにすぐに伐採されてしまうに違いない。それなら寺が村人たちのお布施で自ら土地を買い取って、公共地として村人に返し、そこに住職や小僧たちが植林をしていけばきっと村人たちもついてくるだろう」。そう考えた和尚は、さっそくこれを実行に移したのだった。

住民の仏教に対する信仰心や、農村における寺や住職の役割とは何なのかを自分自身のものとしてしっかりと摑んだパンヤー和尚は、こうして住民たちの意識を刺激した。和尚曰く、「寺は村の重要な社会教育の場であり、村人の健全なる精神を支える拠り所である」と。そして、自らが鍬を持ち、土を耕すことで「住職があれだけやっているんだ。俺たちもやらないと」と村人たちのやる気を奮起させ、彼らの参加を促す結果となったのである。

これまでパンヤー和尚が手がけた植林地域の広さは、八〇ヘクタール以上にも及ぶ。そして、公共地に植えられたチークやサダオ、桑、豆類などの木は、すでに十万本をはるかに越えている。

三　和尚の活動に参加する

パンヤー和尚の活動は、環境を柱とする植林活動だけにはとどまらない。村には貧しい家庭も多く、「みな子どもたちを寺によく預けにきたよ」と和尚は昔を振り返る。村の自然を回復させようと試み始めてまもなくの頃、和尚は手始めとして二〇人の子どもたちの里親になった。その中には、女児たちも当然含まれていた(注)。

その後、この奨学金制度を多くの子どもたちの自立のために恒久化させていくために、村人たちのお布施で教育基金を設けた。和尚は、のちにこの基金でセーンブラパー財団を設立、その利子で年間約一〇〇人の子どもたちの面倒をみることにしたのである。

こうしてみると、私たちがサワイ村に関わる以前から、パンヤー和尚は長年にわたってすでに住民たちの参加による農村開発のための教育基盤を充分に作り上げていたことになる。したがって、ＳＶＡの現地スタッフであり、子どもの頃からパンヤー和尚にさまざまな面で影響を受けていたティラポン氏は、図書館活動が村の中で定着するためには、実践を通して成果を上げ、パンヤー和尚の理解を得ることが不可欠であることを承知していたのである。

ところが、活動経験の浅かった日本人ボランティアの方は、最初の頃はまだサワイ村と村人たちのそうしたメンタリティや和尚の実践活動について不勉強であった。そして、村についてただ単に「貧しくて開発していくのが大変な農村」という認識しか抱いていなかったことは否めない。日本人は「援助する側」、サワイ村の人々は「援助される側」といった感覚が、無意識のうちに出来上がっていたような気がする。

しかしながら、「家庭文庫」の活動から村の小学校を対象とした移動図書館が始まり、そしてサワイ村の寺院で「寺院文庫」活動が展開される中で、私たちの認識も変化していった。政治的な権力者で、利害関係による勢力争いが見え隠れする村長や地区長をはじめとする行政の役割と違い、僧侶たちの慈悲心に基づく教育活動が、村人たちを安心して参加させる大きな要因となっていることに気づきはじめたのである。

四　地域での活動の拡がり

翻って、タイの農村開発を考える場合、各村に設けられている村民議会の決定を無視した形で活動を進めていくことは容易ではない。タイの場合、一九九七年に新憲法が発布され、地方分権化を進めていくために、TAO（Tambon Administrative Organization、村自治体のことで、タイ語ではオンコーン・ボリハーン・タンボンと呼ばれている）の設置がさかんに行われているが、中央政府機関である内務省がバンコクを除く各県の県知事や郡長を任命しており、村から選ばれた村長や地区長に対して強力な権限を行使しながら開発が行われてきた経緯がある。また、村長や地区長は公務員であり、六〇歳の定年制がとられているのが現状だ。

村の議会には、こうした村の実力者のほかに、学校の校長や警察、内務省の地域開発員、保健員などが入っているが、月に一度の割合で開催されるこの議会で、村のあらゆる問題が話し合われてきた。したがって、私たちの活動内容や今後の方向性なども現地のコーディネーターによって議会に提出され、そうした人たちの理解を得たうえで実践に移していくといった方法が取られた。

そこで議会の出席者との信頼関係を築いていくことにより、私たちの活動はさらに好転した。村の中心部にある公共地が提供されて村民保育園の事業が始まり、サワイ村小学校の敷地を利用して有機農業の研修施設や欠食児童のための補助給食プログラムも始まった。また、セーンプラパー財団とも協力を図る形で、奨学金制度も導入することになった。

とはいえ、ＳＶＡの内部では、この議会との関係や小学校との関わりについてさまざまな議論があったことも事実である。つまり、一つには私たちの活動の目的が充分村人たちに伝わらないまま、トップダウン方式で事業が行われるのではないかという懸念、あるいは、土地なし農民など、村の最貧困層の人たちへの協力が充分行われない危険性があるのではないかなどの不安であった。

そこで私たちは、パンヤー和尚をはじめとする村の僧侶たちに常に相談をしながら事業を進めていった。幸い、村の実力者と住職との関係は癒着でも対立でもなく、私たちは常に中立的な立場で活動を進めていくことができた。村人たちの参加による活動を展開していくためには、労力の提供や募金、収益事業といった形が取られた。たとえば、村の幼児教育を進めるための保育園の建設事業がそうであったが、和尚や見習い僧たちが毎日金槌を打ち、村人たちもそれに加わった。同じく教育活動である図書館活動の推進についても、年に一回、識字キャンペーンの一環として村でコンサートやバザーなどの催しを開き、その収益金を予算に回すという方法が取られた。また、貧困農民の現金収入を増やすためには、寺院の所有する農地があてられ、野菜作りや伝統的な絹織物をつくるための桑などが植えられるようにもなった。

五　村との交流と人材育成

村の政治的な背景や村人たちの慈悲心などを学んだ私たちは、この村の伝統文化に根ざした農村開発をより多くの人に知ってもらおうと、多くの訪問者をサワイ村に受け入れた。タイ国内はもとより、日本からも学生やボランティア関係者が村を訪れ、寺院や農家などに寝泊まりして村人との交流や学習活動に取り組むようになった。

また、訪問者はただ訪問して帰るのではなく、滞在中に植林活動や農作業などを手伝ったりするワークキャンプ方式が取られたり、村で行われているさまざまな事業の支援活動を帰国後は自分たちの国内で始めたりする方法も考えられた。もちろん、私たちは自分たちの訪問目的をサワイ村の人たちに伝え、歌や踊りなどの日本文化を紹介することも実施したが、逆に日本から来た人たちがサワイ村の地域性を生かした住民参加型の村づくりに多くを学んだことの方が多かったであろう。

私たちは、こうしたスタディーツアーと呼ばれる活動を通して、サワイ村の人たちを日本に招聘するといった活動にも取り組むことになった。教師や子どもたちを中心とした視察やサワイ村の伝統文化の紹介、「開発僧《かいはっそう》」と呼ぶにふさわしいパンヤー和尚たちの訪日などである。しかも、こうした招聘事業の際の日本の受け入れ側が、サワイ村を実際に訪問した人たちの地域であったことがより効果的であったといえる。

さらには、一九九四年に村人たちの協力によって、和尚を中心にパンヤー・ウティスントーン財団がサワイ村に設立されたことも注目される。この財団は、村づくりの後継者を育成していくための教育活動や、国際交流を目的として設立されたものである。その手始めに、同じクメール民族の僧侶として何とかカンボジアに協力したいと願うパンヤー和尚は、一九九五年の初め、仲間とともにカンボジア東部にあるスヴァイリエン州の村を訪ねた。そして、長年の戦禍で疲弊しきっていた農村を生き返らせようとようやく農村開発に取り組み出した地元の和尚たちに、「開発は村人が僧侶を心から理解し信頼し、村人自身が参加してこそ達成できる」と激励してきた。

これも、サワイ村での長年にわたる実績があってこそカンボジアで活きる道徳的な支援といえるのではないだろうか。

おわりに——今後の展望と課題

過去十数年間にわたって私たちが関わってきたサワイ村では、小さな文庫から図書館、保育園、農業研修施設、奨学金制度、植林、そして国際交流という形で総合的な農村開発がなされるようになった。そして、その一つひとつの活動が分離し独立して運営されているのではなく、相互につながり、村人たち自身のイニシアティブによって運営され、僧侶やリーダーたちが村人たちを支援していく形で進められてきた。これらの成果をふまえたうえで、私たちは大きく分けて現在二つの課題を抱えていると思っている。

第一の課題は、農村開発のこうした事業を進めていくうえで欠かせない後継者づくりの問題である。パンヤー和尚の教えを引き継ぎ、精神的なリーダーとして村を支えていくべき僧侶の存在が今後も必要であろうし、また、それを具体化していく村人たちという人材が必要である。近代化がもてはやされ、農村離れが若者たちの間で進む今日、果たしてどれだけの真の後継者をサワイ村で育てていくことができるのだろうか。

第二の課題は、財源の確保である。これまでは日本からの資金援助が少なからずあったが、今後はそれに頼ることなく経済的にも自立して事業が運営されることが望ましいであろう。すでに、村人たちによる識字キャンペーンやバザーなどが行われているが、今後は伝統的な文化を生かした地場産業の開発や生活協同組合づくりなども計画されている。この他、前記のパンヤー・ウティスントーン財団の活躍も期待されるが、これからは日本やカンボジアだけではなく、他のアジア諸国との協力関係も構築していくことで、今後の農村開発を考えるネットワークづくりができれば、村を活性化させていく活動の選択肢も増えるに違いない。

新たな世紀を迎え、サワイ村のいっそう充実した発展を願ってやまない。

【注】

伝統的なタイ社会では、男性のみが寺子屋において優先的に教育される慣習があった。したがって、女児には充分な教育を受ける機会が与えられておらず、近代になって教育制度が整備されてからも、しばらくの間女児の就学率が低い状況にあった。

タイの仏教・開発・NGO　関連年表

西暦	タイの近代史と仏教・開発・NGO
一七八二	トンブリー朝の軍最高司令官チャクリン、精神錯乱に陥ったタクシン王を廃してバンコク朝の王に即位（ラーマ一世）。仏教の振興に努め、国家統治の基礎を固める。
一八三五	モンクット親王による仏教改革運動「タンマユット」運動始まる。
一八五五	シャム、イギリスとのボウリング条約（不平等条約）で王室独占貿易廃止。
一八六八―一九一〇	ラタナコーシン朝のチュラーロンコーン王（ラーマ五世）によるシャムの近代化が進む（一八九二年―行政改革）。
一八九三	「シャム危機」。フランスがチャオプラヤー川を封鎖、以後ラオス、カンボジア等の領土割譲。
一八九六	王立森林局設立、近代的環境管理が始まる。
一八九八	日・シャム友好通商航海条約締結。
一九〇二	サンガ統治法「ラタナコーシン暦一二一年サンガ法」制定、国家による仏教の管理が本格化。
一九〇六	プッタタート比丘、スラートターニー県に生まれる。一九二六年得度。
一九一七	第一次世界大戦に連合国として参戦。

世界の近代史と開発

一七八九	フランス革命勃発。
一八四〇―四二	アヘン戦争。
一八六八	明治維新。
一八六九	スエズ運河開通、イギリスの帝国主義政策始まる。
一八八七	「フランス領インドシナ連邦」発足。
一八九四―九五	日清戦争。
一九〇四―〇五	日露戦争。
一九一〇	日韓併合。
一九一四―一八	第一次世界大戦。
一九一七	ロシア革命。

一九二〇年代	欧米との不平等条約を改正。
一九三二	タイ人民党（プリーディー、ピブーンら）の立憲革命、絶対王政の終焉、初の憲法公布。
一九三八	プッタタート比丘、スラートターニー県に「スワンモーク」開設。
一九三九	ピブーン内閣成立、国家主義的政策を次々に打ち出す。国名をシャムから「自由」を意味するタイに改める。「ラッタニヨム（国家信条）運動」を展開。
一九四〇―四一	タイ・仏印戦争。ピブーンの独裁化。
一九四一	タイ・仏印平和条約。日本・タイ攻守同盟条約、日本の軍事行動に協働。
一九四二	タイ、英米に宣戦布告。
一九四四	日本の劣勢とともに勢力衰え、ピブーン下野。
一九四五	摂政プリーディー、英米宣戦布告を無効と宣言、翌年プリーディー政権成立。国連加盟。国名を再びシャムと改める。
一九四七	変政団クーデター（戦後の混乱収拾に失敗しプリーディーら文民派失脚）、再びピブーン復帰の動き。
一九四九	新憲法制定、国名を再びタイと改める。
一九五〇	朝鮮戦争に参戦、米、ゴム等の輸出拡大。アメリカと軍事援助同盟。
一九五一	ピブーン独裁の再現。

一九二〇	国際連盟設立。
一九二三	関東大震災。
一九二九	世界大恐慌。
一九三一	満州事変。
一九三三	ヒトラー政権、日独国際連盟脱退。
一九三三―四五	ニューディール政策。
一九三七	日中戦争開始。
一九三九	第二次世界大戦勃発。
一九四一	太平洋戦争勃発。
一九四五	国際連合設立。
一九四五	世界銀行設立。
一九四六	東西冷戦と封じ込め政策始まる（鉄のカーテン）。
一九四八	コロンボ・プラン発表。先進国による南・東南アジア発展途上国援助、経済開発始まる。
一九四九	NATO結成。
一九四九	中華人民共和国成立。
一九五〇―五三	朝鮮戦争。

一九五四	東南アジア条約機構（SEATO）成立、加盟。
一九五七—五九	陸軍のサリット元帥率いる「革命団」がクーデター、翌年サリット政権発足、国家開発を推進。
一九六〇	国家経済開発庁（NEDB）設置。「開発の三〇年」始まる。
一九六一	第一次国家経済開発六カ年計画実施。
一九六二	産業投資奨励法改正、外資導入。
	サンガ統治法「仏暦二五〇五年サンガ法」公布、仏教組織の集権化。
一九六〇年代初頭	サリット首相、国民統合と国家開発のために、仏教の世俗機能を重視。各仏教大学による「タンマパッタナー」（仏法による開発）、サンガによる「タンマチャーリック」（仏法の巡礼）等の仏教プログラムが行われる。
一九六三	サリット首相病死。タノーム大将が首相に就任。
一九六六	第二次国家経済社会開発五カ年計画実施。
一九六七	ASEAN発足、加盟。
	スリン県のナーン和尚、開発僧として道路・灌漑の整備等、村の社会開発活動を始める。
一九七〇	「タンマカーイ」、バンコクにてクンヤーイ尼とその弟子たちによって設立される。
一九七一	第三次国家経済社会開発五カ年計画実施。
一九七二	日本品不買運動、反日感情盛り上がる。
一九七三	タノーム首相クーデターにより失脚、議会停止。この学生革命により、文民内閣誕生。「民主化の時代」始まる。

一九五五	ワルシャワ条約機構成立。
一九五九	イギリスのロイズ銀行会長オリバー・フランクス卿、「南北問題」を提唱。
一九六〇	OECD、開発援助グループ（DAG）発足。のち開発援助委員会（DAC）に改称。
一九六一	第一回非同盟諸国会議。
一九六二	国連総会「開発の一〇年」を決議。
一九六四	第一回国連貿易開発会議（UNCTAD）開催。
一九六〇年代半ば	ベトナム戦争激化、アメリカ、タイの基地使用。
一九六七	ASEAN結成、バンコク宣言採択。
一九七一	ドル危機。ブレトンウッズ体制崩壊。
一九七三—七四	第一次石油危機。
一九七三	ベトナム、カンボジア侵攻、カンボ

一九七四	田中角栄首相訪タイ、反日デモに遭う。
一九七五	プッタタート比丘、「仏法共同体原理」を提唱。 ククリット・プラーモート内閣成立。「タンボン（行政区・村）計画」設置、地方主体の農村開発を進める。
一九七六	第四次国家経済社会開発五カ年計画実施。 十月六日、軍人官僚によるクーデターで軍部主導のターニン内閣成立、「民主化の時代」終わる。 スラック・シワラック、「社会に関わる宗教者のための連絡委員会」（ＣＧＲＳ）設立。
一九七八	アグリビジネス本格化。ＮＡＩＣ路線に沿って、農産物の輸出拡大、高成長。
一九七九	チャイヤプーム県のカムキエン師、「木の出家」による森林保護運動を始める。また、米協同組合の設立等、社会開発活動も開始。 「開発のための宗教委員会」（ＴＩＣＤ）設立。
一九八〇	プッタタート比丘の弟子パヨーム師、ノンタブリーにて「都市のスワンモーク」、スワンゲーオ寺院設立、社会開発運動を始める。
一九八一	ナーン和尚、「サハバーン・カーウ」（米銀行）を設立、仏法に基づく村落開発に本格的に取り組む。 第五次国家経済社会開発計画にて、「農村貧困解消計画」（ＲＰＡＰ）が実施される。
一九八〇年代半ば	ＮＥＴ財団設立。 開発僧《かいほつ》が一〇〇名を超える。
一九八五	パランタム（法力）党がサンティ・アソークの信者によって結成され、チャムローン氏がバンコク都知事に選出。

	ジア内戦激化。タイにも難民流入。
一九七〇年代半ば	国連、世界銀行等による「基本的人間ニーズ」（ＢＨＮ）戦略。
一九七八―七九	第二次石油危機。
一九八〇	世界銀行・ＩＭＦによる構造調整政策開始。
一九八〇年代初頭	南米、アフリカ等を中心に累積債務危機。
一九八三	世界銀行・ＩＭＦ、部門別調整政策開始。
一九八五	プラザ合意。
一九八〇年代半ば～後半	アジアの新興工業国（ＮＩＣｓ）、引き続いてＡＳＥＡＮ諸国が急成長、のち「東アジアの奇跡」と呼

一九八五	農村開発に関するタイNGO連絡調整委員会（NGO-CORD）設立。		ばれる。
一九八六―九一	東北タイの貧困解消プロジェクト「イーサーンキオ計画」実施。		
一九八六	第六次国家経済社会開発計画実施。		
一九八八	タイ投資ラッシュ。工業製品の輸出が伸び、高成長。NIEs化。		
	チャートチャーイ首相就任（文民内閣）、「インドシナを戦場から市場へ」。		
一九八九	ナーン和尚、「セーキヤタム」（開発のための仏法連合）を設立、開発僧のネットワーク、人材育成が本格化。		
	「仏教者国際連帯会議」（INEB）発足、開発等社会問題に関わる仏教者の国際的ネットワークが本格化。	一九八九	東西冷戦終結。
	ブリーラム県のプラチャック師の「木の出家」をはじめ、仏教者による環境保護運動が注目を集める。	一九八九	OECD『九〇年代の開発協力』出版、参加型開発、環境の持続性を強調。
	サンティ・アソークのポーティラック師、サンガ法違反で逮捕。		
	エイズ問題タイNGO連合（TNCA）設立。		
一九九〇	IMF八条国以降、為替・金融の規制緩和。	一九九〇	世界銀行『世界開発報告』で貧困を特集。八〇年代を「失われた一〇年」と総括。
一九九一	和軍によるクーデター。国家安全維持評議会設置。		
	世銀・IMF総会バンコクで開催、NGOが抗議行動、国際集会開催。		
一九九二	五月政変、民主化運動によりスチンダ軍事政権倒れる。パランタム党党首チャムローン氏、副首相に。	一九九〇	UNDP『人間開発報告』出版。
	アロンコット師、ロッブリーのプラバットナンプ寺にて、エイズ患者のための仏教による末期医療センター設立。	一九九二	国連環境開発会議（UNCED）がリオで開催、「持続可能な開発」が提唱される。
一九九三	プッタタート比丘、没す。	一九九三	世界銀行『東アジアの奇跡』出版。
一九九六	チャワリット政権成立。経済施策を打ち出す。	一九九五	国連世界社会開発サミット（WSSD）開催、「貧困軽減の一〇年」
一九九七	タイ金融・経済危機。タイへのIMFによる融資決定。新憲法公布。		

	チュアン内閣成立、選挙法制定、経済問題への対応などで成果を上げる。
二〇〇〇	新憲法に基づき、タイ初の上院選挙実施。

	始まる。
一九九六	DAC「新開発戦略」採択。
一九九七	アジア金融・経済危機。

プッタタート比丘が開いた寺院、「スワンモーク」のホームページで、師の死後も、弟子のサンティカロー師が中心となって活動している。http : //ksc.goldsite.com/Suanmokkh あるいは http : //www.suanmokkh.org

女たちの会訳、明石書店、1994年）
タイの「上からの開発」のあおりを受けた民衆たちの証言。なお、同じ視点からのジャーナリストのルポに、伊藤章治**『現地報告・タイ最底辺』**（勁草書房、1994年）、永井浩**『される側から見た「援助」』**（勁草書房、1994年）がある。

タイの歴史・文化

（1）**『タイ—歴史と文化』**（田中忠治、日中出版、1989年）
タイの歴史・文化について社会学的観点から紹介した入門書。タイ社会の特色を保護—被保護関係に求めている。同じ著者（1998年）の**『タイ入門』**には総合的な参考文献の紹介がある。

（2）**『ピブーン—独立タイ王国の立憲革命』**（村嶋英治、岩波書店、1996年）
タイ近代化のきっかけとなった1993年の立憲革命を遂行したピブーンの伝記。今日のタイ政治社会の原点がわかる。

（3）**『タイに民主主義を—清貧の政治家チャムロン闘争記』**（チャムロン・スィームアン／北村元・佐々木咏子訳、サイマル出版会、1993年）
本書にも登場するチャムローン氏の、仏教に基づく民主主義実現をめざした演説集。

タイ仏教

（1）**『タイ仏教入門』**（石井米雄、めこん、1994年）
タイ仏教の歴史、構造、タイ社会との関係等について平易に説明している。

（2）**『蛇』**（ウィモン・サイニムヌアン／桜田育夫訳、めこん、1992年）
タイにおいてタブーとされていた上座部仏教の腐敗・堕落について書かれた小説。無垢な農民からタンブンを求めつづけ、仏教を食い物にする寺・僧侶をその貪欲さから蛇にたとえている。

（3）**『人生読本』**（プッタタート比丘／三橋ヴィプラティッサ比丘訳、プッタタート財団、非売品、1998年。英語版：Buddhadasa Bhikkhu, 1988, *Handbook for Mankind,* Ariyananda Bhikkhu trans., Nonthaburi : The Dhamma Study & Practice Group.）
プッタタート比丘の法話を編集した仏法の入門者への手引書。師の思想がわかりやすくまとめられており、我執と貪欲とからの解放等が説かれている。

（4）Buddhadasa Bhikkhu, 1986, ***Dhammic Socialism,*** (trans. & eds. Swearer, Donald) Bangkok : Thai Inter-religious Committee on Development.
仏教革新者であり、開発《かいはつ》僧に大きな思想的影響を与えたプッタタート比丘の「仏法共同体原理」に関する代表的著作。

雑誌／インターネットホームページ

（1）International Network on Engaged Buddhism (INEB), ***Seeds of Peace*** 各号（雑誌）
仏教者国際連帯会議（INEB）の機関誌（1，4，9月発行）で、タイをはじめ各国の社会行動仏教の思想や実践について紹介されている。INEB のホームページは http : //www.bpf.org/ineb.html

（2）Think Sangha, ***Think Sangha Journal*** 各号（雑誌）
行動する仏教者の視点から、現代社会の問題を学術的・実践的に研究している研究グループ、Think Sangha の論集。Think Sangha のホームページは http : //www.bpf.org/think.html

（3）**Suan Mokkh web site**

関連図書・雑誌・ホームページ一覧

開発／発展、内発的発展

（１）『人間のための経済学―開発と貧困を考える』（西川潤、岩波書店、2000年）
内発的発展論と経済社会学の観点に立ち、今日の開発／発展問題を整理している。

（２）『内発的発展論』（鶴見和子／川田侃編、東京大学出版会、1991年）
内発的発展に関する初めての総合的な概論書。

開発《かいほつ》僧・仏教的開発《かいほつ》

（１）『村の衆には借りがある―報徳の開発僧』（改訂増補版、ピッタヤー・ウォンクン／野中耕一編訳、燦々社、2001年）
タイを代表するスリン県の開発《かいほつ》僧、ナーン和尚の思想と実践について紹介している。

（２）Seri Phongpit, 1988, *Religion in a Changing Society : Buddhism, reform and the role of monks in community development in Thailand,* Hong Kong : Arena Press.
タイの東北部における代表的開発《かいほつ》僧８名の思想と社会開発実践について紹介している。

（３）Sulak, Sivaraksa, 1994, *Buddhist Vision for Renewing Society,* Bangkok : Ruan Kaew Printing House.
タイを代表する知識人、スラック・シワラックが仏教者の視点から現代社会の問題と新しい社会のビジョンを述べている。

タイの経済・開発・社会

（１）『タイ―開発と民主主義』（末廣昭、岩波新書、1993年）
1950年代から90年代初めに至るタイの開発体制の検討。「タイの歴史・文化」（２）に挙げる『ピブーン―独立タイ王国の立憲革命』と通読するとタイ近現代史の流れを理解するのに役立つ。

（２）『第三世界におけるもうひとつの発展理論』（鈴木規之、国際書院、1993年）
近代化、NIEs化に向かうタイ社会の構造変化分析、都市・農村格差、バンコク一極集中の分析とともに「不安定な民主主義」の社会学的分析があり、興味深い。

（３）『2000年に向けてのタイ経済』（プラバン・サヴェタナン／林愛昭訳、アジア経済出版会、1995年）
タイの第７次経済社会開発計画（1991‐96年）の時点でのタイ経済の主要問題を概観する。環境・社会問題への目配りがある。

（４）『転機に立つタイ―都市・農村・NGOから』（新津晃一・秦辰也編、図響社、1997年）
タイの急進的開発と近代化が都市や農村に及ぼす影響と、そこで興ってきている民衆運動を分析する。

（５）『語りはじめたタイの人びと―微笑みのかげで』（サニッスダー・エーカチャイ／アジアの

人名索引

マ行

ヤ行

ラ行

ワ行

タ行

カ行

サ行

事項索引

（開発《かいはつ》、開発《かいはつ》僧の項は立てていない）

略号

ア行

協力者紹介

ヌッチャリー・シリビロジャーナ　国際NGO「ポピュレーション・カウンシル（人口評議会)」タイ事務局スタッフ。「タイ仏教の社会思想と社会行動」研究会タイ事務局。1969年生まれ。子ども財団スタッフ、開発のための宗教委員会（TICD）人材育成トレーナー、スイス援助庁研究員等歴任。

ア』(明石書店、1996)。『ボランティアの考え方』(岩波ジュニア新書、1999)。『学び・未来・NGO—NGOに携わるとは何か』(共著、新評論、2001)。E-mail : khunhata@asianet.co.th
……………………………………………………………………………………………第Ⅲ部資料

ピピット・プラチャーナート(ナーン和尚) 東北タイ・スリン県サマキー寺住職。1929年スリン県生まれ。小学校を卒業後、家業を助けて働き、20歳で出家得度、ブリーラム県等で修行。1959年故郷のスリン県ターサワーン村のサマキー寺住職に迎えられる。村の貧困に直面、以来止観瞑想法や米の共同管理(サハバーン・カーウ)等を通じて物心両面から開発《かいほつ》に取り組む。自らのNGOピピット・プラチャーナート財団を設立、仏教的開発《かいほつ》の普及および開発《かいほつ》僧のネットワークのためにセーキヤタム(開発のための仏法連合)を設立、他多くのNGOの代表や理事を務める。1999年スリン県名誉市民賞受賞。ナーン和尚について書かれた本に『村の衆には借りがある—報徳の開発《かいほつ》僧(増補改訂版)』(ピッタヤー・ウォンクン/野中耕一編訳、燦々社、2001)がある。……………………………………………………………………………第Ⅱ部資料1

ピボップ・ウドミッティポン 国家人権委員会事務局勤務。1969年生まれ。タマサート大学卒業。開発のための宗教委員会(TICD)スタッフとして、タイはもとより世界各国の開発《かいほつ》僧・社会行動仏教者とともに活動する。スピリット・イン・エデュケーション運動(SEM)コーディネーター、オルタナティブな政治・教育・環境に関する季刊誌『パカラサヤ』編集長、子ども財団海外特派員等を歴任。*Tuen Farang Duey Wang Dee",* a collection of Sulak Sivaraksa's articles (1994). *No Destination : an Autobiography of Satish Kumar* (1995). *Gaia Atlas of City* (Herbert Giradet, 1993). *Letters From Burma* (Aung San Suu Kyi, 1997). ……………………第9章

プリーダ・ルアンヴィジャトーン 開発のための宗教委員会(TICD)スタッフ。1966年生まれ。1990年より今日まで12年間、仏教的開発《かいほつ》を推進するタイの代表的NGOであるTICDで農村開発や環境保護に取り組む開発《かいほつ》僧/尼僧の人材育成に現場レベルで携わる。………………第9章

マハ・チェム・スヴァジョ 上座部仏教僧、マハーチュラーロンコーン仏教大学仏教研究所所長。1957年生まれ。同仏教大学修士課程修了。同研究所において開発《かいほつ》に携わる青年僧のトレーニングプログラムを設立、コーディネーターを努める。セーキヤタム(開発のための仏法連合)理事、第7次国家教育計画小委員会委員等を歴任。…………………………………………第Ⅰ部資料

訳者紹介

浅見靖仁(あさみ・やすひと) 一橋大学大学院社会学研究科助教授。1960年愛知県生まれ。専門は比較政治学、社会開発論、東南アジア現代史。………………………………………第Ⅱ部資料1

野田真里(のだ・まさと) 編者紹介参照。
………………………………………………第2章・3章・9章・第Ⅰ部資料・第Ⅱ部資料2(構成)

Printing, forthcoming). ……………………………………………………………第２章

高橋秀一（たかはし・しゅういち）　全国朝日放送（テレビ朝日）報道局勤務。1971年福島県生まれ。早稲田大学政治経済学部経済学科卒業、同大学院経済学研究科修士課程修了。大学院在学中にタマサート大学に留学し、開発僧の活動について研究。E–mail : shu@tv–asahi.co.jp
……………………………………………………第Ⅱ部資料３・第Ⅱ部資料１（構成）

チャムローン・シームアン　元パランタム（法力）党党首、タイ王国副首相。1935年バンコク生まれ。陸軍士官学校を卒業後、アメリカに留学。帰国後、タイ陸軍特殊部隊司令官としてラオス戦線、ベトナム戦争に赴く。プレム首相秘書官、陸軍少将を歴任。タイの新仏教サンティ・アソークに入信し、他の信者とともにパランタム（法力）党を結成。「清貧の政治家」としてバンコク都知事選に出馬・当選。1992年の民主化運動のリーダーとして活躍後、総選挙に出馬、副首相を務める。1992年「アジアのノーベル賞」といわれるマグサイサイ賞受賞。『タイに民主主義を―清貧の政治家チャムロン闘争記』（北村元・佐々木咏子訳、サイマル出版会、1993)。
……………………………………………………………………………第Ⅱ部資料２

西川　潤（にしかわ・じゅん）　編者紹介参照。 ………………………序章・第１章・第Ⅱ部資料２

野崎　明（のざき・あきら）　東北学院大学経済学部教授。1946年青森県生まれ。東北大学大学院経済学研究科修士課程終了、東北学院大学経済学部助手、スリランカ・コロンボ大学経済学科客員研究員、チュラーロンコーン大学政治経済学研究センター客員研究員を経て現職。専門はタイ社会経済論、アジア経済論、開発経済学。「タイの新しい農村開発運動―東北タイの開発僧の事例研究」(『東北学院大学論集（経済学)』129号、1995)。「タイにおけるもうひとつの開発―東北タイの伝統織物開発プロジェクトに関する研究」(『東北学院大学論集（経済学)』139号、1998)。「タイ人の海外出稼ぎ労働の現状と課題―日本におけるタイ人出稼ぎ労働者を中心に」（所収：『「ヒト」の移動の社会史』刀水書房、1998)。E-mail : nozaki@tscc.tohoku–gakuin.ac.jp ……………………………………………………………………………第５章

野田真里（のだ・まさと）　編者紹介参照。 ……………………………………序章・第７章

野津幸治（のづ・こうじ）　天理大学国際文化学部タイ学科助教授。1962年奈良県生まれ。大阪外国語大学卒業、シーナカリンウィロート大学ソンクラー校大学院修士課程修了。天理大学おやさと研究所助手、同国際文化学部タイ学科講師を経て現職。専門はタイ学。「仏教僧侶による地域開発―タイ国における開発僧侶の活動をめぐって」(『南方文化』第19輯、1992)。「プッタタート比丘の母親観―『正法母』の思想」(『南方文化』第27輯、2000)。 ………………第４章

秦　辰也（はた・たつや）（社）シャンティ国際ボランティア会（SVA）理事・国際総局長。1959年福岡県生まれ。アメリカ・サウスウエスタン・ルイジアナ州立大学経済学部卒業。アジア工科大学人間居住開発専攻修士課程修了。1984年、曹洞宗ボランティア会（現SVA）に参加し、バンコクのスラムをはじめ、カンボジアやラオス難民キャンプ等で国際協力活動に従事。同会バンコク・アジア地域事務所所長、事務局長を経て現在に至る。『バンコクの熱い季節』『アジア発、ボランティア日記』（いずれも岩波同時代ライブラリー、1993/1994)。『体験するアジ

執筆者紹介（50音順）

赤石和則（あかいし・かずのり） 東和大学国際教育研究所教授。1948年岩手県生まれ。早稲田大学政治経済学部経済学科卒業。（財）国際協力推進協会研究員、立教大学経済学部講師、チュラーロンコーン大学社会調査研究所客員研究員、一橋大学社会学部講師等歴任。現在は国学院大学経済学部講師、東京都立短期大学文化国際学科講師、開発教育協議会代表理事、国際協力NGOセンター相談員、（社）シャンティ国際ボランティア会（SVA）理事等兼務。専門は国際協力NGO論、開発経済学。日本の国際協力NGOの動向、開発及び開発教育の理論、東南アジア農村の社会経済変容などが最近の主要テーマ。「NGO—市民連帯への道標」（久保田順編『市民連帯論としての第三世界』文真堂、1993）。『NGOの教育援助のあり方に関する研究』報告書（FASID、1997）。『開発問題と国際協力』（IIEブックレット、東和大学国際教育研究所、2001）。E-mail : JDT 00266@nifty.ne.jp ……第8章

鈴木規之（すずき・のりゆき） 琉球大学法文学部教授。1959年東京都生まれ。国際基督教大学教養学部卒業。筑波大学大学院博士課程社会科学研究科修了、博士（社会学）。1988年より92年までチュラーロンコーン大学大学院に留学。専門は国際社会学、東南アジア地域研究。『第三世界におけるもう一つの発展理論—タイ農村の危機と再生の可能性』（国際書院、1993）他、論文多数。E-mal : nsuzuki@ll.u-ryukyu.ac.jp ……第6章

スラック・シワラック サンティ・プラチャ・タンマ（平和・民衆・仏法）研究所所長。1933年バンコク生まれ。イギリスSt. David's大学卒。BBC放送局、ロンドン大学東洋アフリカ学院（SOAS）ティーチング・アシスタント等を経て帰国。帰国後はタイを代表する知識人として『社会科学評論』の創刊・編集長をはじめ多くの著作・出版活動に携わる。カリフォルニア大学バークレイ校、コーネル大学、トロント大学、ハワイ大学において客員教授を歴任。また、アジア文化開発フォーラム（ACFOD）、開発のための宗教委員会（TICD）、仏教者国際連帯会議（INEB）等のNGOを設立。『タイ知識人の苦悩—プオイを中心として』（赤木攻訳、井村文化事業社、1984）。*Siamese Resurgence : A Thai Buddhist Voice on Asia and a World of change* (Bangkok : Asian Cultural Forum On Development, 1985). *A Socially Engaged Buddhism* (Bangkok : Thai Inter-Religious Commission for Development, 1988). *Seed of Peace : A Buddhist Vision for Renewing Society* (Berkeley : Parallax, 1992). ……第3章

スリチャイ・ワンゲーオ チュラーロンコーン大学政治学部準教授、同社会開発研究センター所長。「タイ仏教の社会思想と社会行動研究会」タイ代表。1949年北タイ・ランプーン県生まれ。チュラーロンコーン大学卒業、東京大学大学院博士後期課程（社会学）満了。法政大学、立命館大学の客員教授および国立民族学博物館、サセックス大学開発学研究所（IDS）の客員研究員を歴任。タイを代表する社会学者で、日タイ関係、タイの開発問題やNGOに詳しい。*Theories of Development : A Selection of Translated Articles* (Editor. Written by D. Seers, A. G. Frank, F. C. Lo , and P. Streeten, Bangkok : Social Research Institute). "The Making of Thai National Culture" (in Edwin Thumbo ed., *Cultures in Asean and the 21*st *Century,* Singapore : Unipress, 1996).*Globalism, Development and Japanese Studies* (Editor. Bangkok : Amarin

編者紹介

西川　潤（にしかわ・じゅん）　早稲田大学政治経済学部・同大学院アジア太平洋研究科教授。「タイ仏教の社会思想と社会行動」研究会主査。1936年台湾生まれ。早稲田大学第一政治経済学部、パリ大学高等学術院研究員卒業、早稲田大学大学院経済学研究科博士後期課程終了。メキシコ大学院大学客員教授、国際連合研修所特別研究員（在ニューヨーク）、ラサール大学（マニラ）、パリ第一大学、フランス社会科学高等研究院、北京大学、チュラーロンコーン大学（タイ）、パリ国立政治学院の各客員教授を歴任。社会発展ＮＧＯフォーラム、アジア人権基金、日本ネグロスキャンペーン委員会等ＮＧＯ活動にも携わっている。専門は経済発展論、経済学史、平和研究。主な著書に『アジアの内発的発展』（編著、藤原書店、2001）、『人間のための経済学』（岩波書店、2000）、『社会開発論—経済成長から人間中心型発展へ』（編著、有斐閣、1997）、『世界経済入門』（岩波新書第２版　1991）、『内発的発展論』（共著、東京大学出版会、1991）、『援助と自立—ネグロス島の経験から』（編著、同文館、1991）、『飢えの構造』（ダイヤモンド社　新版　1985）等がある。
http : //faculty.web.waseda.ac.jp/jnishi/index-j.html

野田真里（のだ・まさと）　名古屋大学大学院国際開発研究科助手。「タイ仏教の社会思想と社会行動」研究会事務局長。1964年三重県生まれ。早稲田大学政経学部卒業、同大学院経済学研究科修士課程修了、ロンドン大学ＬＳＥ市民社会センターＭＳｃ修了、名古屋大学大学院国際開発研究科博士後期課程満了（ＡＢＤ）。(社)シャンティ国際ボランティア会（ＳＶＡ）スタッフをはじめ国内外の多くのＮＧＯ／ＮＰＯで活動。また社会行動仏教者として開発や平和の問題に取り組む。専門は社会開発政策、市民社会（ＮＧＯ／ＮＰＯ）論、開発経済学。「サルボダヤ運動による目覚めと分かち合い」（西川潤編『アジアの内発的発展』藤原書店、2001）。「宗教と内発的発展」（川田順造他編『岩波講座　開発と文化第７巻』岩波書店、1998）。「ＮＧＯマネジメントにおけるアカウンタビリティ向上と組織学習」（『国際開発研究フォーラム』第18号、名古屋大学大学院国際開発研究科、2001）。E-mail : noda@wa 2.so-net.ne.jp

仏教・開発《かいほつ》・ＮＧＯ——タイ開発僧《かいほつそう》に学ぶ共生の智慧　（検印廃止）

2001年11月30日　初版第１刷発行

編　者　西川　潤・野田真里
発行者　武　市　一　幸
発行所　株式会社　新　評　論

〒169-0051　東京都新宿区西早稲田３-16-28
http : //www.shinhyoron.co.jp
TEL 03（3202）7391
FAX 03（3202）5832
振替 00160-1-113487

定価はカバーに表示してあります
落丁・乱丁本はお取り替えします

装幀　山田英春
印刷　新栄堂
製本　協栄製本

ISBN4-7948-0536-5　C0036

H.ヘンダーソン／尾形敬次訳
地球市民の条件
A5 312頁
3000円
ISBN4-7948-0384-2 〔99〕
【人類再生のためのパラダイム】誰もが勝利する世界（WIN－WIN WORLD）とはどのような世界か。「変換の時代」の中で，地球規模の共同体を構築するための世界初の総合理論。

諏訪雄三
公共事業を考える
A5 344頁
3200円
ISBN4-7948-0510-1 〔00〕
【市民がつくるこの国の「かたち」と「未来」】どうして造るのか！公共事業の政治的な利用を排し、「行政＋住民」で公（パブリック）を形成して意思決定ができる市民層確立を説く。

中里喜昭
百姓の川　球磨・川辺
四六 304頁
2500円
ISBN4-7948-0501-2 〔00〕
【ダムって、何だ】人吉・球磨地方で森と川を育み、それによって生きている現代の「百姓」―福祉事業者、川漁師、市民、中山間地農業者たちにとってダムとは。渾身のルポ。

津田守・田巻松雄編著
自然災害と国際協力
四六 291頁
2800円
ISBN4-7948-0520-9 〔01〕
【フィリピン・ピナトゥボ大噴火と日本】20世紀最大の自然災害といわれる「ピナトゥボ大噴火」におけるODA、NGOの検証を通して、日本と日本人の国際協力の将来を問う。

江澤　誠
欲望する環境市場
四六 306頁
2500円
ISBN4-7948-0504-7 〔00〕
【地球温暖化防止条約では地球は救えない】環境問題を商品化する市場の暴走。地球温暖化防止を掲げた京都議定書の批准をめぐる、「地球環境保全」という名の世界市場戦略。

江原裕美編
開発と教育
A5 380頁
3500円
ISBN4-7948-0529-2 〔01〕
【国際協力と子どもたちの未来】開発と文化のあり方を考えるもう一つの視点！大手国際協力機関による教育開発活動を検証し、その歴史的変容と思想的オルタナティブを提示。

C.ド.シルギー／久松健一編訳
人間とごみ
A5 280頁
2800円
ISBN4-7948-0456-3 〔99〕
【ごみをめぐる歴史と文化，ヨーロッパの経験に学ぶ】人類はごみといかに関わり，共存・共生の道を開いてきたか。ごみを巡る今日的課題を歴史と文化の視点から逆照射。

E.マインベルク／壽福眞美・後藤浩子訳
エコロジー人間学
四六 312頁
3200円
ISBN4-7948-0524-1 〔01〕
【ホモ・エコロギクス―共-生の人間像を描く】「人間とは何か」を根底から問い直し、身体そして自然と調和し、あらゆる生命への畏敬に満ちた21世紀の＜共-生＞的人間像を構築。

A.パーシー／林　武監訳・東　玲子訳
世界文明における技術の千年史
四六 372頁
3200円
ISBN4-7948-0522-5 〔01〕
【生存の技術」との対話に向けて】生態環境的視点により技術をめぐる人類史を編み直し、再生・循環の思想に根ざす非西洋世界の営みを通して「生存の技術」の重要性を探る。

湯浅赳男
環境と文明
四六 362頁
3500円
ISBN4-7948-0186-6 〔93〕
【環境経済論への道】オリエントから近代まで，文明の興亡をもたらした人類と環境の関係を徹底的に総括！現代人必読の新しい「環境経済史入門」の誕生！

湯浅赳男
文明の人口史
四六 432頁
3600円
ISBN4-7948-0429-6 〔99〕
【人類の環境との衝突、一万年史】「人の命は地球より重いと言われますが，百億人乗っかると，地球はどうなるでしょうか」。環境・人口・南北問題を統一的にとらえる歴史学の方法。

湯浅赳男
コミュニティと文明
四六 300頁
3000円
ISBN4-7948-0498-9 〔00〕
【自発性・共同知・共同性の統合の論理】失われた地域社会の活路を東西文明の人間的諸活動から学ぶ。壮大な人類史のなかで捉えるコミュニティ形成の論理とその可能性。

表示の価格は全て消費税抜きの価格です。